녹두 전봉준 평전

녹두 전봉준 평전

초판 1쇄 2007년 6월 11일 발행

초판 3쇄 2013년 11월 1일 발행

2판 1쇄 2023년 7월 17일 발행

3판 1쇄 2024년 12월 2일 발행

지은이 김삼웅

펴낸이 김성실

펴낸곳 시대의창   **등록** 제10 - 1756호(1999. 5. 11)

주소 03985 서울시 마포구 연희로 19 - 1

전화 02) 335 - 6121 **팩스** 02) 325 - 5607

전자우편 sidaebooks@hanmail.net

페이스북 www.facebook.com/sidaebooks

트위터 @sidaebooks

ISBN 978 - 89 - 5940 - 859 - 7 (03990)

녹두 전봉준 평전

김삼웅 지음

시대의창

일러두기

1. 책표지, 본문에 배치한 사진은 저자와 유족의 소장 및 이미 발표된 자료를 모은 것이다.
2. 책·잡지·관보·신문은 겹꺾쇠표《 》로, 작품·논문·성명서·선언문·통신문·포고문·강령 등은 꺾쇠표〈 〉로 표시했다.
3. 중국 인명이나 지명은 신해혁명을 기준으로 표기를 달리한다는 외래어표기법이 있지만, 이 책의 특성상 그에 따르지 않고 한자의 한국어 독음 그대로 표기한 부분도 있다.

새야 새야
파랑새야 녹두밭에 앉지마라
녹두꽃이 떨어지면
청포장수 울고간다
새야 새야
녹두새야
전주고부
파랑새야
새야바삐
어서바삐
날아가라
댓잎솔잎 푸르다고 하젓
인줄 알았더니 백설이 펄펄
엄동설한이 되었구나.

녹두 전봉준(1855?~1895)

역사에서 걸어 나온 사람

만일 조선사에서 반역아를 모조리 베어버린다면 발랄한 기백
이 그만큼 사라질 것이요, 따라서 뼈 없는 기록이 되고 말 것이다.

—호암 문일평, 〈역사상의 기인〉

호걸이란 세계와 맞대면하면서 유유히 넓은 세상을 헤쳐 나가
는 인물을 일컫는다. 조선시대부터 오늘날까지로 한정하면, 우리
역사에 지사志士는 많았다. 절의節義의 이름으로 죽어간 사람이
얼마나 많았던가! 재사才士도 많았다. 문화 예술의 여러 분야에서
뛰어난 재능을 보인 사람은 또 얼마나 많았던가. 예사禮士는 더
많았다. 행동 하나 말 한마디마다 전례와 규범을 따지며 몸가짐
을 단속했던 사람들은 부지기수이다. 하지만 단 하나, 뜻과 기상
이 세상을 덮고 천지간에 독립독행獨立獨行했던 호사豪士를 본 것
이 언제던가! 시선을 천년부동의 태산교악에 두고 가슴은 천년
부절의 장강대하와 호흡하는 그런 호걸로 우리는 누구를 꼽을
것인가?

—이승수, 《거문고 줄 꽂아놓고》

함석헌의 표현대로 "상투 밑에 고린내 나는" 조선왕조 500년 말기에 그나마 전봉준이 있어서 '뼈 없는 기록'을 모면할 수 있었다. 전봉준은 조선 말기 척박한 이 땅에서 토우인土偶人과 같은 존재로 태어나서 무너져가는 나라를 바로 세우고자 역사의 수레바퀴를 굴렸으나 그 바퀴에 깔린 불우한 혁명가이다. 무릇 대부분의 혁명가는 역사의 수레바퀴에 깔리지만 자신의 핏자국으로 거기에 새로운 길을 내는 사람들이다.

　전봉준도 그랬다. 어느 시인의 표현을 빌리자면 "길이 끝나는 곳에서도 길이 되는 사람"이다. 압제와 수탈로 얼룩진 '전통'을 깨부수고 분연히 일어선, 비범非凡한 범인凡人이었다. 그들이 태어난 골짜기와 지평선을 거의 넘어본 적이 없는 무명의 농민들을 이끌고 처음에는 관군과, 나중에는 현대식 병기로 무장한 일본군과 맞서 싸웠다.

　'반봉건' '척왜척양'의 기치는 그 시대 상황에서 의혈장부라면 마땅히 들어야 할 시대적 요구였다. 그것을 '잘난' 사람들이 모두 몸을 사릴 때 전봉준이 일어섰다. 반봉건이 전봉준의 첫 주장이라면 척왜척양은 그가 남긴 마지막 뜻이었다. 전봉준은 소용돌이치는 역사의 아픔을 자신의 상처로 껴안으면서 동학농민군을 이끌고 농민혁명을 주도했던 영웅이다. 그러나 부패한 봉건지배층과 틈을 노리다 침입해온 일본군의 현대식 무기 앞에 무참하게 쓰러졌다.

　세상의 영웅호걸·위인들이 세월의 유전과 함께 두꺼운 역사책 속으로 사라지는 것이 통례인데, 전봉준은 역사에서 뚜벅뚜벅 걸어 나오는 몇 사람 안 되는 사람이다. 그의 목은 잘렸지만 그의 꿈과 이상은 살아서 '역사현장'으로 걸어 나온다.

동학농민혁명이 그 정명正名을 찾기까지 근 100년의 세월이 흐를 만큼 전봉준이 추구한 반봉건·반외세의 가치 또한 긴 시간이 요구되거나 현재와 미래의 과제로 남아 있다. 부질없는 가정이지만, 그때 동학농민혁명이 성공하여 전국에 집강소가 설치되고, 조정이 전봉준의 구상대로 유능한 '공화주의자들'에게 맡겨졌다면 한국의 근현대사는 크게 달라졌을 것이다. 일본의 메이지유신 체제와 경쟁하면서 동양의 정세도 크게 바뀌었을 것이다.

전봉준에 관한 자료는 적었다. 동학이나 농민혁명과 관련한 연구와 자료는 적지 않은데, 막상 그 주인공에 관한 자료는 거의 찾아보기 어려웠다.

본인은 처형되고 처자와 권솔들에게 죄를 함께 씌우는 '노륙지전孥戮之典'의 연좌죄를 겪은 비운의 혁명가의 자료가 남아 있을 리는 없을 것이다. 이해는 가지만, 그래도 출생지와 효수된 사체의 행방조차 찾지 못한 채라면 너무 심한 편이 아닌가 싶다.

전봉준 평전을 쓰면서 그 시기, 그 시골 구석에서 어떻게 그와 같은 영걸이 나타났을까 하는 의문이 들었다. 아무리 백골징포白骨徵布와 황구첨정黃口簽丁의 탐학이 심한 시대라 해도 시골의 마흔 살 무명 접주가 수십만 농민을 종횡으로 엮어

혁명군으로 동원한 것은, 세계 혁명사에서도 유례가 드문, 불가사의한 대목이다. 이 부분을 포함하여 김개남 장군과 소원해지게 된 배경, 대원군과의 관계 등 규명해야 할 몇 가지 과제를 미제로 남겨둔 것은 저자 역량의 한계 때문이다.

이 평전은 오랜 세월 동학농민혁명(전쟁)을 연구해온 선학들의 성과에 의존한 바 크다. 일제강점기 때부터 동학농민혁명사를 연구하여 이 분야를 개척한 분들이 있었고 해방 이후 최근까지 연구에 매달리는 분들이 계신다. 지방의 향토사학자도 전공자 못지않는 훌륭한 업적을 남겼다. 일일이 소개하지 않고 주註에서 처리하였음을 밝힌다.

《백범 김구 평전》,《단재 신채호 평전》,《심산 김창숙 평전》,《만해 한용운 평전》에 이어 다섯 번째로《녹두 전봉준 평전》을 펴낸다. 민족의 혼과 겨레의 얼을 잇고자 하는 정신으로 평전시리즈를 읽고 격려해주시는 독자님들께 경의를 표하면서,《약산 김원봉 평전》을 새로 시작했음을 삼가 보고드린다.

아울러 평전 발간에 열과 성을 아끼지 않는 '시대의창' 김성실 사장님과 직원 여러분의 애정과 노고에 감사의 말씀을 전한다.

2007년 오월을 맞아
김 삼 웅

‖ 차 례 ‖

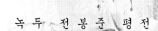

녹두 전봉준 평전

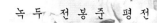

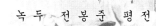

녹두 전봉주 평전

녹두 전봉준 평전

제 **1** 장

작은 거인, 태풍의 눈이 되다

영웅을 필요로 하는 시대는 불행하다.
그러나 영웅을 낳지 못하는 시대는 더욱 불행하다.
– 베르톨트 브레히트, 《갈릴레오 갈릴레이의 생애》

세계열강, 조선으로 밀려와

역사는 강물과도 같다. 평원을 지날 때는 천천히 흐르고 경사지를 지날 때는 급속히 흐른다. 큰 바위라도 만나면 돌아서 가고 절벽에 부딪히면 뛰어내린다. 깊은 곳에서는 못을 이루지만 얕은 곳에서는 실개천을 만든다. 흐르다가 막히면 둑을 무너뜨리기도 하고, 강둑이 강고하면 역류하여 범람하기도 한다. 그래서 강물은 역사와도 같고 민중과도 같다.

19세기 후반 조선사회는 수천 년 동안 지층에서 소리 없이 흐르던 물길의 수맥이 막히면서 분출하여 작은 내를 이루고, 계곡을 지나 고을을 휘돌면서 하천을 만들었다. 여기에 빗방울이 모여들고 토민土民들의 눈물이 섞이면서 강물은 도도한 위세를 형성하였다. 이 시기의 민중도 비슷한 형상이었다.

불길은 풍세風勢에 따라 변하고 물길은 지세地勢에 따라 바뀌는 법, 조선의 강산을 굽이굽이 돌아 흐르던 물길이 바뀌었다. 물길을 바꾼 것은 1894년 초에 불어닥친 거센 태풍의 힘이었다. 키 작은 한 사내가 '태풍의 눈'이 되었다. 사내는 역사의 물굽이를 바꾼 비범한 평민이었다. 사내는 잘못 가고 있는 역사의 수레바퀴를 바로잡으려다가 그 수레바퀴에 깔려 죽는다.

역사의 물굽이가 소용돌이친 1894년, 조선은 국내외적으로 심각한 도전에 직면한 상태였다. 외우내환이라는 말이 적합한 그런 시점이었다. 쇠락한 조선왕조를 앞에 놓고 세계열강은 날을 세웠다. 1866년 7월에는 중무장한 미국 상선 제너럴셔먼호general Sherman號가 대동강을 따라 평양 가까이 침입하고, 같은 해 8, 9월에는 프랑스 군함이 강화도를 점령하여 외규장각 도서와 금·은괴 등을 약탈한 '서양 오랑캐'의 양란洋亂이 일어났다.

이 무렵 서양인들은 흥선대원군의 아버지 남연군의 묘를 도굴하고, 1870년 5월에는 독일 외교관이 일본 관리와 함께 군함을 타고 부산으로 와서 통상을 요구하며 난동을 벌였다. 1871년 4월에는 85문의 대포와 1230명의 군사를 실은 미국 군함 다섯 척이 강화도 초지진과 덕진포를 점령했다가 우리 군대에 쫓겨 갔다.

일본 군함 운요호가 해로 탐사를 이유로 강화도에 출몰한 데 이어 영종도에 상륙하여 관아와 민가에 불을 지르고, 30여 명의 주민을 살해한 사건은 1875년 8월의 일이다. 이듬해 1월에는 조선이 외국과 맺은 최초의 근대적 조약인 동시에 불평등 조약인 강화도조약(조일수호조규 또는 병자수호조약으로도 불린다)이 일본 군함 8척과 600여 명이라는 병력의 위세 아래 굴욕적인 상황에서 체결되었다. 이 조약을 계기로 일제의 조선 침략이 본격적으로 시작되었다.

1885년 1월에는 영국의 극동 함대 군함 3척이 한국의 남쪽에 위치한 거문도를 점령하였다. 거문도는 여수와 제주도를 연결하는 바닷길의 중간에 있어 러시아 동양 함대가 태평양으로 진출하기 위해 필요한 전략적 요충지였는데, 이를 간파한 영국이 선점한 사건이다. 조선 정부는 한 달이 지난 뒤에야 외신을 통해 이 사실을 알고 엄세영을 외교 고문 묄렌도르프와 함께 거문도에 보내 영국 함대에 항의했으나 소용이 없었다.

실정과 탐학으로 민란 속출

국내 상황도 어지럽기는 마찬가지였다. 1864년 3월, "어리석은 백성을 구제한다"는 뜻으로 스스로 이름 지은 동학 교주 최제우崔濟愚가 대구에서 사형을 당하였다. 서학의 전래에 대항, 민족 고유의 종교가 필요하다고 생각해 종래의 무속신앙을 토대로 유교·불교·도교를 혼합하여 동학을 창시했다가 이단으로 몰려 혹세무민의 죄목을 뒤집어쓰고 처형되었다.

1865년 4월 백성들의 원성 속에서 경복궁이 중건되었다. 1866년 1월에는 병인박해가 시작되어 천주교 신자 수천 명과 프랑스인 베르뇌 선교사 등이 처형당하고 천주교 서적이 불태워졌다. 1868년 8월, 정덕기가 《정감록》을 이용하여 난을 일으키려다가 붙잡혀서 사형당하고, 1869년 3월에는 전라도 광양현에서 민란이 발생하였다.

이를 시작으로 8월에는 경상도 고성현에서 민란이 일어

나고, 1871년 3월에는 이필제가 동학교도들을 이끌고 경상도 영해를 점거했다가 체포되어 서울 서소문 밖에서 능지처참을 당했다.

1873년 10월에는 최익현이 대원군을 비판하는 상소를 올렸다가 제주도에 유배당하고, 고종(광무황제)의 친정親政이 선포되었다. 이와 함께 민씨 일파의 세도정치가 시작되었다. 1875년 1월에는 울산에서 민란이 발생하고, 흉년이 계속되었다. 1876년에는 생활이 어려워 땅을 버리고 도적질을 일삼는 이른바 명화적明火賊이 급증하여 밤에 횃불을 들고 관청을 습격하는 일이 잦았다. 1877년 8월에는 훈련도감 소속 군병들이 급료를 받지 못하여 반란을 꾀하다 주동자 5명이 유배당하고, 1879년에는 일본에서 전파된 콜레라가 전국에 만연하여 많은 사람이 죽었다.

1882년 6월, 13개월이나 급료를 받지 못한 군인들이 봉기하는 임오군란이 일어나고, 7월에는 대원군이 청나라 군대에 납치되어 톈진天津으로 호송된 데 이어 제물포조약이 체결되었다. 1883년 5월, 경상도 동래에서 민란이 일어나고, 1884년 10월에는 갑신정변이 발발하여 다수의 정부 요인들이 처단되었다.

1885년 2월에는 경기도 여주에서, 1888년 7월에는 함경도 영흥에서 민란이 발발하였다. 이어 전국 각지에서 민란이 발생했는데 1890년 1월의 안성 민란, 8월의 함창 민란, 1891년 3월의 제주 민란, 8월의 고성 민란이 대표적이다. 1892년에도 함흥에서 민란이 일어나고, 11월에는 동학교도 수천 명이 충청도 삼례에서 교조 신원伸冤과 포교의 자유를 요구하면서 대규모 군중집회를 열었다. 동학교도들은 1893년 2월에는 서울 광화문에서 3일간 복합상소伏閤上疏를 올렸다. 왕궁 앞에 엎드려 국왕에게 진정하는, 이 복합상소에는 정부 간당奸黨을 소탕하고 국정을 개혁하라는 요구 조건이 들어 있었다.

1893년 3월에는 동학교도 2만여 명이 보은에서 집회를 갖고, "일본과 서양을 물리치고 의를 펼친다"는 '척왜양창의'斥倭洋倡義의 기치를 내걸었다. 7월에는 황해도 재령에서 민란이 일어나고, 11월에는 황주·강계·회령·운산·양주 등 전국 각지에서 민란이 계속되었다. 이해에 전국 각지에서 65건의 민란이 발생하였다.

국제적으로는 한반도를 둘러싼 열강의 침략 야욕이 노골화하고, 국내적으로는 무능한 정부가 국력을 결집하여 외세의 침략에 효율적으로 대처하지 못한 가운데 민란이 거듭되었다. 그뿐이 아니었다. 광무황제와 대원군, 대원군과 명성황후, 개화파와 위정척사파 등 황실은 황실대로 조정은 조정대로 대립과 갈등이 깊어가고, 여기에 거듭된 흉년과 탐관오리들의 탐학으로 민생은 도탄에 빠져들었다. 따라서 민심이 크게 이반되었다. 엎친 데 덮친 격으로 전염성이 강한 돌림병까지 퍼졌다. 전국 각지에서 일어난 민란은 점차 조직화하고 폭력화하였다.

밖으로는 외세 침략의 파도가 거세지고, 안으로는 지도층의 무능과 분열로 종사가 흔들렸다. 백성들은 배고픔과 불안에 떨었다. 거대한 폭우를 동반한 태풍이 조선을 위협했다. 이런 시기에도 떨치고 나서는 사람이 없다면 그것은 죽은 사회, 곧 공동묘지와 같은 나라다. '태풍의 눈'은 몸집이 작은 전봉준이었다. 그는 맨 밑바닥의 핍박받는 사람이다.

왜란 · 호란 겪고도 정신 못 차린 지도층

조선시대 최악의 국난이었던 임진왜란 때 왜군의 침략으로 한양을 떠나 의주로 몽진한 선조는 참담한 심경으로 시한 편을 남겼다. 국난을 막지 못한 선조의 책임은 적잖지만, 그가 남긴 시에는 정사를 제대로 돌보지 못한 통한과 함께 왜란 이후 탕평의 소망이 오롯이 담긴 듯 보인다. 다음은 시의 뒷부분이다.

> 관산의 달을 보아도 통곡이 나오고
> 압록강 건너오는 바람을 쐬도 마음이 상할 뿐이로다.
> 신하들아. 이 부끄럼, 이 쓰라림을 당하게 된 것은
> 다들 나라 생각 않고 당파싸움만 하였기 때문인데,
> 이런 일을 당하고도 또 동인이요 서인이요 하겠는가.[1]

---

1 함석헌, 《뜻으로 본 한국역사》, 제일출판사, 1982, 269쪽.

痛哭關山月
통 곡 관 산 월

腹心鴨水風
복 심 압 수 풍

朝臣今日後
조 신 금 일 후

寧後更西東
영 후 경 서 동

　그러나 임진·정유의 국난을 당하고도 조선왕조 지배층의 이권 싸움은 별로 달라지지 않았다. 왕조 말기에 이르러서는 더욱 심화되었다. 싸움은 사색붕당에서 몇 개의 가문이 국정을 농단하는 세도정치로 바뀌고, 따라서 독단과 부패는 극한에 이르렀다.

　7년 전쟁이 끝나고 39년 만에 다시 불어닥친 병자호란은 임금이 적장에게 엎드려 신하의 예를 올리고도, 어김없이 백성들의 살점이 찢기고 피를 말리는 또 한차례의 참혹한 전란이었다. 이 같은 두 차례의 국난을 겪고도 지배층은 여전히 자신들의 뱃속 채우기와 '가문의 영광'을 위해 나라의 안위나 백성의 곤궁에는 관심을 두지 않았다.

　1637년 1월, 인조가 청나라에 항복한 그해 5월부터 명나라의 연호 사용을 중단하고 청의 연호를 쓰기 시작한 이래 250여 년 동안 조선은 자주성을 잃고 청의 예속에 들어갔다. 효종의 북벌 정책이 없지 않았지만, 누대에 걸쳐 조선의 군신들은 강약부동强弱不同을 핑계 삼아 예속의 생활에 안주하니 나라는 병들어가고 백성은 삶의 터전을 잃었다.

정암 조광조, 율곡 이이 등이 국정개혁론을 제기하고, 실학사상이 전개되었지만 기득권 세력의 강고한 벽을 뛰어넘지는 못하였다. 다시 200여 년이 지난 1809년, 전라도 강진에 유배된 다산 정약용은 탐관오리들의 횡포와 백성들의 참혹함을 지켜보고 '민란의 조짐'이 있다고 내다보면서 그 소회를 이렇게 적었다. "무주·장수 사이에는 노숙하는 사람들이 산골짜기에 가득하고, 순창·동복 사이에는 유민流民이 길을 메웠으며, 바닷가의 여러 마을에는 촌락이 쓸쓸하고 논과 밭의 값이 없으니, 그 모양을 보면 황황遑遑하고 그 들리는 소리는 흉흉洶洶합니다."[2]

다산의 예언대로 정확히 85년 뒤에 그 지역에서 '민란'이란 이름의 동학농민혁명의 불길이 타올랐다. 동학농민혁명은 예정된 곳에서 예정된 원인으로 예정대로 일어난 것이었다. 눈 밝은 사람에게는 오래전부터 보이는 역사의 물길이었다. 역사는 가야 할 방향으로 갈 만큼 흘러간다. 이것은 역사의 법칙이다. 지배층도 민란의 조짐을 모를 리 없었건만 기득권의 잇속을 놓치기 아까워서 개혁을 외면하고 현상에 안주하다가 결국 망국에 이르게 되었다.

---

2 정해렴 편역주, 《다산서간정선》, 현대실학사, 2002, 213쪽.

동학농민혁명과 정명사상

1880년대 후기 조선에서 민란이 집중적으로 일어난 데는 그만한 이유가 있었다. 우선 백성들은 위정자들의 실정과 지방 관리들의 탐학으로 생존권을 위협받게 되었다. 먹고살기가 어렵고 희망은 어디에서도 보이지 않았다. 희망이 없는 곳에는 좌절과 분노만 쌓인다.

앞에서 살펴본 대로 농민들은 전국 각지에서 민란을 통해 자신들의 살 길을 찾고자 하였다. 민란이 얼마나 무서운 행동인지를 농민들은 잘 알고 있었다. 성공할 확률은 거의 없었고, 크게 기대하지도 않았다. 그들은 살기 위해 죽음의 방법을 택한 것이다. 조선의 형률刑律은 반란·반역을 참형으로 다스렸기에 자칫 삼족이 멸하는 정치 보복이 따랐다. 그럼에도 그렇게 죽어가는 사람들을 지켜보면서 농민들은 거듭하여 난을 일으키고 처절하게 죽어갔다.

동학농민혁명도 민란의 형태로 시작되었다. 돌이켜보면

역사상 모든 혁명이 초기에는 민란으로 시작되었다. 프랑스 혁명도 그렇고 러시아의 10월혁명도 그랬다. 프랑스혁명 때 루이 14세가 시민들의 봉기를 보고 "이것은 반란이다"고 하니 곁에 있던 신하가 "폐하, 이것은 반란이 아니고 혁명입니다"라고 정정했다는 비화는 잘 알려진 일이다.

동학농민혁명은 30만~40만 명의 희생자를 내고 동양 3국의 정치 지형도를 바꾼 거대한 혁명운동이었지만, 발발한 지 1세기가 훨씬 지난 지금까지도 통일된 이름을 갖지 못하고 여러 가지 명칭으로 불린다. 1894년 동학혁명운동, 동학혁명, 동학농민운동, 갑오농민전쟁, 동학농민항쟁, 동학농민전쟁, 갑오농민혁명 등 가지각색이다.

1960~1970년대까지도 동학란이란 호칭이 일반적이었고, 1894년 당시에는 '동학란' 또는 '동비東匪·토비土匪의 반란' 등으로 불렸다. 매천 황현도 《매천야록梅泉野錄》에서 '토비' 또는 '동비'라고 쓰고, 유고 《동비기략초고東匪紀略草藁》를 남겼다. 정부의 각종 기록에서도 '토비'와 '동비'의 용어가 쓰였다. 당시 기득권 세력이었던 유림들은 비적匪賊·비도匪徒라 하고 더러는 동도란 또는 동비란東匪亂이라 불렀다. 농민군 자신들은 동도東徒 또는 의병義兵이라고 불렀다. 동도는 동학교도의 준말이고, 의병은 의로운 일을 위하여 궐기한 병사라는 뜻이었다.

중국에서는 고대로부터 반란 농민을 비匪라고 불렀다. "정치 질서의 수호자이며 토지 소유권의 옹호자인 관리들에게 반란 농민은 도적 떼를 지칭하는 서양의 밴디트bandit 비슷한 비匪였다. '비'라는 용어, 특히 서양의 밴디트는 추방령을 받아 타인들로부터 고립되는 형벌을 받은 자를 말한다. 즉 '법의 보호를 박탈당한 자'다. '비'는 무조건 존재의 권리, 존재한다는 사실 자체를 거부당한다."[3]

동학농민혁명이 지나가고 2년 뒤에 창간된 《독립신문》과 4년 뒤에 창간된 《황성신문》도 동학농민혁명을 '토비' 또는 '동비의 난'이라고 표기하였다. '토비'는 농사를 짓는 '농사꾼 도적 떼'를 말하고, '동비'는 '동학의 비적匪敵'의 줄임말이다. 비적이란, 무장을 하고 떼를 지어 다니면서 사람을 해치는 도둑을 일컫는다.

전라도 고부古阜에서 시작되어 삽시간에 삼남 지방을 휩쓸고 조선 8도로 번진 동학농민혁명은 지배층에게는 외적보다 더 두려운 비적의 무리로 인식되었다. 그들은 용서할 수 없는 반란군이고 역도들이었다. 외적에게는 항복하여 그 밑에서 사대事大하고 충성하면 기득권을 지킬 수 있었지만, 토비나 동비들에게는 그럴 수가 없었다.

실제로 조선의 지배 세력은 명나라가 상전일 때는 명나라를, 청나라로 상전이 바뀔 때는 청나라를 모시면서 여전히 지배 세력이 되었다. 그네들은 일제강점기에는 일본을, 해방 뒤에는 또 미국을 상전으로 받들면서 영화와 부귀를 누리고

3 J.세노 지음, 김효 · 최필승 옮김, 《중국농민운동사》, 한마당, 1987, 14쪽.

이를 세습해왔다. 그들에게는 상전이 누가 되는 것보다 자신들의 재물과 지위를 지키는 게 더욱 소중한 일이 된다.

동학농민혁명은 오랜 세월이 지났음에도 정명正名을 찾지 못하고 가치가 복권되지 못한 상태로 잊혀왔다. 조선왕조에서는 반란군으로 배척되고, 일제강점기에는 농민의 저항이 두려워 숨겨지고, 이승만 정권과 박정희 정권은 의식화하는 농민 집단이 두려워서 복권시키려 하지 않았다. 예부터 민중(농민)은 지배자의 배를 띄우기도 하지만 성이 나면 배를 뒤엎어버리기도 한다. 그래서 고대 이래로 농민반란은 반역으로 매도되고 반란 지도자는 무도한 수괴로 낙인 받아 주살朱殺당한다.

한국을 비롯한 동양에서는 오래전부터 '이름을 바르게' 하는 정명사상正名思想이 전한다. 공자가 자로子路에게 밝힌, "이름을 바르게 한다必也正名乎"는 정명사상의 본질은 "이름이 바르지 않으면 말씀이 옳지 않고, 말씀이 옳지 않으면 일이 이루어지지 않으며, 일이 이루어지지 않으면 예악이 흥하지 않고, 예악이 흥하지 않으면 형벌이 정당함을 잃으며, 형벌이 정당함을 잃으면 백성이 어찌할지 모른다"는 데 있다.

조선왕조의 설계자 정도전은 《삼봉집三峰集》에서 "일은 반드시 이름을 바르게 한 다음 이루어지고, 이름은 반드시 예例가 있는 다음에 정해진다"고 하였다. 이름을 뜻하는 명名은 저녁 석夕 자 변에 입 구口를 받친 글자다. 어두운 밤에는 사람이 보이지 않아 입으로 이름을 부른다. 그래서 이름이 그 사물의 성질을 나타낸다는 뜻이다. 동양에서 '치국의 요체'로 인식되는 정명사상의 본질은 용어가 얼마나 중요한 것인가를 보여준다.

접두사로 쓰이는 '동학'과 '갑오'

우리는 여기서 1894년 태풍과도 같은 대변혁 운동을 동학 농민혁명으로 부르기로 한다. 동학을 신봉하는 농민들이 중심이 된 변혁 운동이었기 때문이다. 학계에서는 근년에 호칭 문제를 둘러싸고 여러 의견이 분출하였다. 토비나 동비, 동학란 등으로 폄훼되어온 농민혁명에 대한 뒤늦은 정명 찾기와 복권 운동이 벌어진 셈이다. 하지만 아직까지도 통일된 정명을 찾으려면 더 많은 시간이 필요한 듯하다. 배항섭 교수는 1894년 농민봉기와 관련하여 전문가들의 견해를 다음과 같이 정리하였다.[4]

이이화(역사문제연구소) 소장은 〈동학과 전쟁의 연결고리〉라는 글에서 이제까지 상반된 주장의 초점이, 첫째는 접두사로 '동학'을 붙이느냐 '갑오'를 붙이느냐였으며, 둘째는

4 배항섭, 〈1894년 농민봉기, 어떻게 부를 것인가〉, 《역사비평(10호)》, 1990, 359~360쪽.

전쟁이냐 혁명이냐의 문제였다고 파악하였다. 동학은 광범위한 민중사상이 수렴되어 있으며 단계적으로 민중운동의 전개 과정에서 지도 원리로 접목하게 되었다는 의미에서 '갑오'라는 부정확한 간지를 접두사로 씌우기보다는 '동학'이라는 보국 종교 또는 사회 종교의 이름을 얹어두는 게 타당하다고 하였다. 또한 '전쟁'이라는 개념도 국제법상의 개념과 맞으므로 1894년의 일대 사건을 '동학농민전쟁'으로 호칭하기를 제의하였다.

이윤갑(계명대, 사학) 교수는 〈'1894년(갑오)농민전쟁'론의 재검토〉라는 글에서 농민전쟁으로 규정하는 여러 근거들을 재검토한 후 농민전쟁과 농민혁명이라는 개념을 구분하여 정의하였다. 또한 이 봉기의 역사적 성격을 과학적으로 규명하기 위해서 그것이 어떠한 사회경제적 조건 속에서 발생하였는가를 해명해야 한다고 강조하였다. 이 시기는 객관적 정세가 부르주아혁명기인 만큼 봉건적 수탈과 지배의 완화를 목적으로 한 농민반란(=농민전쟁)이라기보다는 봉건제의 해체와 근대 변혁의 구체적 방향을 둘러싸고 봉건 세력과 부르주아 세력, 농민군이라는 3개 세력이 대립하였던 국면에서 발생한 농민반란이 아닌가라는 문제를 제기하였다. 따라서 이 전쟁은 비록 미숙하고 불철저했지만 발전 과정에서 그 한계를 급속히 극복해가고 있었던 '농민혁명운동(=근대적 농민전쟁)'으로 규정될 수 있다고 하였다.

신복룡(건국대, 정치학) 교수는 〈1894년의 사건에 대한 명명命名 논의〉라는 제목으로 동학과 민란의 요소가 갖는 관계를 살폈다. 이 사건의 전개 과정에 비추어 양자의 함수 관계를 해석해보면 결국 민란의 요소가 주맥主脈을 이루는 것이고 동학은 하나의 종속 변수에 불과하며, 특히 전봉준도 교도가 아니었고 갑오전쟁이 갑오개혁에 반영되어 사회·문화적 혁명을 이루었기에 '갑오농민혁명'이 사실에 가장 가까운 이름이라고 하였다.

최재현(서강대, 사회학) 교수는 〈동학농민전쟁의 성격〉이라는 글에서 기본적으로 농민전쟁으로 일컫는 것이 정당한 개념 사용법이라는 점에 동의하지만 동학의 이념적 공헌을 과소평가해서는 안 되며, 특히 동학사상이 새로운 대체 세계관으로서 가지는 기능, 세포 조직으로서 동학의 역할 등에 비추어 '동학농민전쟁'이라는 명칭이 합당하다고 주장하였다. 그리고 이 사건의 혁명적 성격에 대하여 논했는데, 사회 혁명의 개념에 부합하는 대중의 폭력에 의한 정부의 전복, 생산 관계의 전면적인 개편이라는 조건을 충족하지 못했으며, 반외세의 민족적 열정도, 근대 부르주아적 개혁 이념으로나 사회주의적 농민혁명 이념으로 발전되지 못한 채 동아시아적 평등사상의 전통 영역 안에 머물고 말았다고 하여 이념의 내적 한계성을 지적하였다.

역사적 사건에 대한 '이름 짓기'가 쉬운 일은 아니다. 4·19혁명은 폭동, 학생 소요, 4·19의거 등으로 폄하되다가 뒤늦게 4월혁명으로 자리매김되고, 광주민주화운동은 광주폭동, 광주사태, 광주반란 등을 거쳐 정명을 회복하였다. 동학 농민혁명은 좀 더 길고 고된 인고의 사력史歷을 갖고 오늘에 이른다.

제 2 장

한국 민중저항사상의 뿌리

시대는 소란하지만 스스로 깨어날 것이다.
비가 온 다음에 아름다운 해가 나오듯,
많은 싸움과 거대한 대립이 있은 다음에 평화가 오고 불행은 끝난다.
그러나 그러기까지 우리는 얼마나 많은 고통을 겪을 것인가!

– 마르그리트, 〈도트리슈의 노래〉

민은 누구인가

전봉준이 "보국안민輔國安民" "척왜척양斥倭斥洋"의 기치를 내걸고 동학농민혁명의 전면에 나서기까지 우리 역사는 면면하게 전개된 민중사상의 맥과 수많은 민초들의 희생을 담보로 한다. 전봉준을 제대로 알기 위해서는 먼저 '민民'의 본질과 실체부터 알아둬야 한다.

현대는 민의 시대다. 동양과 서양, 자본주의사회와 공산주의사회를 막론하고 민을 내세우지 않고는 체제를 유지할 수 없다. 우익 군부독재국가나 좌익 공산독재체제에서도 민을 내세우기는 마찬가지다. 물론 현대에 와서 그런 것만은 아니다. 인간 사회에 지배와 피지배의 종속 질서가 형성된 이래 어느 시대, 어느 사회를 막론하고 표면적으로 민을 내세우지 않았던 적은 없었다.

봉건주의 시대에도 "민중은 나라의 근본이요, 근본이 튼튼해야 나라가 편안하다民惟邦本 本固邦寧"는 맹자의 논리가 경국의 대본으로 받아들여져 왔다. 유교의 통치 이념은 바로 민본사상이었다.

그러나 실제에서는 어떠했는가. 소수의 지배층은 정치적으로 권력을 독점하고, 경제적으로 생산 수단을 장악하고, 사회적으로 특권적 신분을 향유하고, 문화적으로 교육과 지식을 독식하면서 민을 억압하였다. 민을 가장 내세우면서, 민을 억누르고 짜먹는 데만 열중하였다. 민이 성장하고 세력화하는 것을 막기 위해 갖가지 제도적 장치를 마련했다.

특히 동양에서 민은 근대에 이르기까지 피지배층으로 노예적인 생활을 영위해왔다. '아시아적 봉건제'는 곧 참담한 민의 노예 상태를 의미한다. 몽테스키외가 "아시아에서는 노예제의 정신이 지배하고 한번도 소멸한 일이 없다. 아시아의 역사에서는 자유정신의 흔적을 찾아볼 수 없다. 거기에서는 노예제와 영웅주의만을 볼 수 있을 뿐이다"라고 《법의 정신》에서 적었을 정도다. 또 헤겔은 "동양에서는 자유인이란 왕 하나뿐이다. 그 외 즉 민중은 노예다"라고 단언했다.

민은 사士와 구별된다. 맹자는 민은 노력자勞力者이며, 사는 노심자勞心者라고 하였다. 민은 사의 물질생활을 보장해주고, 사는 사회 전체의 질서와 윤리를 통해 민을 보호해준다고 하였다.

우리 역사에 있어서도 민에 대한 개념은 동양 전체의 흐름과 별반 차이가 없었다. 신분을 반상班常으로 엄격히 구분하고 이것을 강제해왔다. 왕조 시대의 신분 질서는 노력에 따라 성취되는 게 아니라 출생에 따라 결정되었다. 이것은 세습되고 상속되었다.

한국 고대사회에서 민의 자각적인 인식은 희박했다. 그러나 고대 원시사회에서는 특별한 지배층이 형성되지 않았기 때문에 민은 사회의 주체였다. 부족사회, 삼한시대에 와서 민은 '두레'라는 공동체를 조직하여 스스로 이익을 지키며 지역 자치를 유지하였다.

집단적인 민의 위치가 좀 더 뚜렷해지기 시작한 시기는 고구려가 한사군을 정벌하고 수·당과의 전쟁에 많은 백성들이 참전하고서부터다. 전쟁 참여를 통해 민은 국가로부터 대우와 신분 향상을 도모하게 되었다. 민의 이러한 신분 향상은 고구려·백제·신라의 전쟁으로 인한 국가 의식, 그리고 백제·고구려의 멸망 뒤 대당항전對唐抗戰으로 더욱 높아졌다. 전쟁 참여를 통해 정치 참여, 신분 향상의 길을 넓힌 것이다.

그러면 민은 누구인가. 한국 전통사회에서는 총체적으로 민을 시대에 따라 여러 가지로 호칭하여왔다. 백성을 비롯하여 백정白丁, 서민庶民, 여민黎民, 제민齊民, 증민蒸民, 세민細民, 전정田丁, 전객佃客, 전부佃夫, 전민佃民, 우민愚民, 우맹愚氓, 민초民草, 검수黔首, 검우黔愚, 인민人民 등 대체적으로 천민의 개념으로 불러왔다.

민이 어떤 명칭으로 불려왔든지 간에 민의 존재는 역사의 흐름과 더불어 각성되고 성장해왔다. 다스림의 객체이면서도 역사의 주체로서 역할을 끊임없이 행하고자 도전해온 사실을 어느 시대에서나 찾아볼 수 있다.

삼국시대에 와서 민의 자각 현상은 두드러진 반면 관의 지배체제도 더욱 강화되기 시작했다. 고대 부족사회의 공동체적 유제遺制는 무너지고 골품제骨品制와 같은 엄격한 신분제도를 토대로 하는 귀족사회가 형성되었다. 그런 가운데에서도 민은 여전히 성장했다. 고구려에서는 민중봉기가 세 차례에 걸쳐 일어나는 것을 볼 수 있다. 민이 왕권을 전복할 만큼 성장한 것이다.

한국 민중운동의 기점起點을 고구려의 반정反正 의거로 잡는 경우도 있다. 고구려 봉상왕이 왕궁을 증축하느라고 백성을 심하게 괴롭힐 때 국상 창조리倉租利를 중심으로 민이 궐기하여 맨주먹으로 독재자를 몰아내고 평화적 정권 교체를 실현한 사실을 민중운동의 효시로 잡고 있다.

신라에서도 9세기 말에 민중봉기가 격렬하게 전개되었다. 상주 지방의 원종元宗과 애노哀奴, 원주의 양길梁吉, 죽산의 기훤箕萱, 전주의 견훤甄萱, 양길의 부하 궁예弓裔 등이 민을 앞세워 민중봉기를 일으키고, 이 가운데 일부는 나라를 세우기까지 하였다.

민을 중심 세력으로 하여 이들이 봉기하면, 초적草賊 또는 적과적赤袴賊이라고 불렀다. 이들은 무리를 이루어 전국 각지에서 반란을 일으키거나 나라를 세우기도 하였다. 역사적으로 살펴보자면 이들의 소행이 단순한 도둑질이나 산적 노룻에 그친 게 아니라 중앙 정부에 도전할 만큼 큰 세력이 되고 나라를 세우기까지 했음을 알 수 있는데 이는 민의 세력이 그만큼 성장했음을 보여준다고 하겠다.

민중의 실체

《홍길동전》의 작가 허균許筠은 민을 항민恒民 · 원민怨民 · 호민豪民으로 분류했다. 항민은 어리석은 백성으로 지배자의 수탈을 끊임없이 당하고도 힘이 없는 것을 한탄하거나 자신들의 박복으로 돌리고 체념하는 계층이고, 원민은 지배자의 수탈을 당하면 원망에 찬 눈으로 바라보면서 이를 갈고 있기는 하나 용기가 없고 현실 순응적이어서 직접 행동으로 옮기지 못하는 계층이며, 호민은 자의식이 강해 지배자의 억압과 수탈을 보면 자신이 직접 당한 것이 아니더라도 정의감에 불타 개혁 의지를 행동으로 옮기는 계층이다. 허균은 호민이 원민을 충동하여 민중봉기를 일으키게 된다고 하였다.

민중봉기가 일어나게 된 배경을 보면 대체적으로 지배층의 부패, 3정(전정田政 · 군정軍政 · 환곡還穀)의 문란과 민중의 자각에 의해 일어난다. 이 밖에도 왕권의 교체를 바라는 반정거사도 나타나며, 외세의 도발로부터 국가의 방어를 목표로 하는 민족주의적인 저항운동도 가능하다.

지배층은 민중봉기를 민란民亂, 또는 민요民擾라고 하여 그 정당성을 인정치 않고 토벌의 대상으로 삼는다. 심하면 가담자의 삼족을 멸하는 정치 보복을 자행한다. 그런 속에서도 민은 성장하고 저항은 거듭된다. 민의 복합어가 민중이다. 민이 무리를 이루게 되면 민중이 된다.

민중은 넓은 의미에서 피지배층 일반을 의미한다. 명칭은 시대에 따라 달랐지만 피지배자, 짓밟히는 사람, 억압당하는 사람, 빼앗긴 사람, 차별 받는 사람을 일컫는다. 정치적으로 눌리고, 경제적으로 빼앗기고, 사회문화적으로 차별 받는 피지배층을 총칭한다고 보면 된다.

한국에서는 1970년대 이후 민중이란 용어가 '시대 용어'로 역사 전면에 갑자기 부상하였다. 민중이란 말은 이데올로기성이 강한 정치 언어로 인식되었다. 전문가들은 백성 · 국민 · 인민 · 대중 등 기성관념에 때 묻지 않고 오염되지 않은 민, 즉 영어의 피플people에 생명력을 부여한 것이 민중이라고 설명한다. 사회 계급의 기층基層에 속하여 생산의 주체이면서도 지배 받고 억압당하고 수탈당하는, 그 사회의 절대 다수의 성원이 민중이다. 지배자에 의해 억울하게 빼앗기고 눌리고 차별당하면서도 그것을 극복할 저력을 갖는 피지배자가 민중이다.

한완상이 좀 더 체계적으로 정리한 것처럼 "원칙적으로 자기들의 주장을 표현할 수 있고, 그들의 생명과 재산에 영향을 끼치는 결성 과정에 참여할 힘을 갖고 있지만, 실제로는 그렇게 표현할 수 없고 참여할 수 없는 피지배자들"을 민중이라고 부를 수 있다.

이러한 민중이 한국에서는 1970년대 이후 역사 현장의 한복판에 나타나 민중정당, 민중문학, 민중신학, 민중경제, 민중사회학, 민중사학, 민중예술, 민중미술 등 각 분야에 접두사로 붙지 않으면 그 분야는 보수적인 인상까지 주게 될 만큼 시대적인 용어가 되었다. 갑자기 민중이 지배하는 '민중시대'가 온 게 아닐 터인데도 불구하고 민중이 역사 현장의 전면에서 각광을 받게 된 것은 그만한 이유가 있다.

고려시대의 민중운동

고려시대 무인 정권 아래 일어난 민중운동은 우리의 민중운동사에 큰 의미를 갖는다. 반상班常의 신분 질서가 철저했던 고려사회에서 민중이 갑자기 역사 현장에 부상한 것은 무인들의 정변으로 신분 질서가 파괴된 데서 연유한다.

1170년 정중부의 쿠데타는 고려사회의 전통적 지배 질서의 붕괴를 가져왔다. 무인란을 통하여 귀족제도가 해체되고, 이에 따라 문벌 신분에 대한 인식이 변화하여 최하위에 위치한 노비 신분에게도 해방 의식을 낳게 했다. 무인 쿠데타의 반작용으로 천민 계층의 대두를 가져오게 된 것은 역사의 아이러니다. 12세기 후반, 그러니까 고려 명종, 신종 시대의 무인 집권기 약 30여 년에 걸쳐 민중의 자각 운동이 집중적으로 일어났다. 당시 각지에서 천민 노비와 농민을 중심으로 민중봉기가 거세게 발발하였다.

명종 6년에 공주의 명학소鳴鶴所에서 일어난 민란은 노예들에 의한 반란은 아니었지만 천민 계층에서 일어난 최초의 봉기라는 데 의의가 있다. 명학소의 반란은 망이亡伊·망소이亡所伊 등 천민들이 신분적 반항의 성격을 띠고 난을 일으켜 공주를 함락할 만큼 세력이 강성했다. 망이·망소이의 난은 천민 집단인 소所와 더불어 양민과 구별되는 천민 집단으로서 비록 독립적 생활을 영위하고는 있었으나, 정치적 사회적으로 노예와 같은 천민의 대우를 받고 있던 사람들이 중심이 되어 일으켰고, 목적이 신분 해방에 있었다는 점에서 큰 의미가 있다. 명종 12년에는 최초의 노예해방운동이 전개되었다. 전주의 관노官奴인 기두旗頭, 죽동竹同 등 6인이 중심이 되어 지방관과 지방 향리의 탐학에 항거하여 난을 일으켰다.

그러나 본격적인 노예해방운동은 신종 원년(1197년) 개경에서 사동私僮 만적萬積이 일으켰다. 《고려사》〈최충헌 열전〉에 따르면 다음과 같다.

사동 만적, 미조이, 연복, 성복, 소삼, 효삼 등 6인이 북산에서 나무를 하다가 공산의 노예를 불러 모아 모의하기를 "국가에서 경인(1170년), 계사(1193년) 이래로 고위고관이 천예에서 많이 일어났으니 장상이 어찌 종자가 따로 있으랴. 때가 오면 가히 할 수 있을 것이다. 우리 무리는 어찌 능히 근골을 괴롭게 하여 채찍 밑에 곤욕을 당할 수 있느냐" 하니 많은 노비들이 그렇게 여겼다.

이들은 황지 수천 매를 잘라 모두 정丁 자를 새겨 표식을 삼고 약속하기를 "부디 무리는 흥국사 보랑으로부터 구정에 이르러 일시에 군집하여 북치고 소리치면 대내에 있는 환자宦者가 반드시 호응할 것이며, 관노 등은 대내에서 베어 없애고 우리 모두는 성중에서 봉기하여 먼저 최충헌 등을 죽이고, 인하여 각각 그 주인을 쳐서 죽이고, 천적을 불살라서 삼한으로 하여금 천인이 없게 하며 공경장상은 우리 무리가 모두 얻어할 것"이라고 하였다.

이 사료에 나타난 만적의 난을 평가한다면 천민도 평등한 인간으로서 집권자가 가능하다는 점, 천민이 없는 삼한사회의 건설, 스스로의 항쟁으로 권력을 쟁취하겠다는 저항 정신을 들 수 있다.

무인 집권 기간에 천민이나 노비들의 항쟁뿐 아니라 농민들의 봉기도 거세게 일었다. 명종대의 농민난은 초기부터 시작하여 신종대에 이르기까지 전국적인 규모에서 전개되었다. 특히 명종 20년에 김사미·효심을 중심으로 일어난 농민난은 농민 스스로가 정국병마正國兵馬, 즉 나라를 바로잡는 당사자로 자부하며 봉기하였다는 데 큰 의미가 있다. 이들은 단순히 중앙 정부나 지방 관청의 학정에 반항하여 봉기한 게 아니라 무인 지배 체제의 정통성을 부정하고 자신들이 나라를 바로잡겠다고 나섰던 것이다.

고려시대 민중운동에 있어서 초적草賊의 활동을 빼놓을 수는 없다. 초적이란 "국내 통치 계급의 학정에 반대하여 궐기한 농민반란의 폭동군"(강진철)[5]이라고 정의되고 있지만 단순한 통치 계급에 반란한 폭동군이 아니라, 대외 항전에 앞장서기도 했다.

초적은 고려시대에 처음 생긴 게 아니다. 신라시대에 각 지방에서 골품 귀족 관료들에 대항하여 일어났다는 기록이 있다. 《삼국사기》 신라본기 헌덕왕 11년 3월조에는 "초적이 편기遍起하니 여러 주군의 도독과 태수로 하여금 그들을 잡아들이라 하였다"는 기록을 비롯해 비슷한 내용이 여러 곳에 나타난다. 초적은 산적이나 비적 등 일반 도적과는 달리 결코 힘없는 백성이나 선량한 관료를 해치지 않았다. 또 나라가 위태로울 때는 서슴없이 구국 대열에 앞장서기도 했다.

고려시대의 초적들은 단순히 통치 계급의 학정에 궐기한 농민반란군에 머물지 않고 대몽 항전을 전개하여 전공을 세운 민중 세력이었다. 몽골병이 침입해 오자, 초적들은 솔선하여 항몽전에 나설 것임을 정부에 제의하였다. 《고려사절요高麗史節要》 권16 고종 18년의 기록에 따르면 "마산 초적의 괴수 2명이 스스로 찾아와 당시 집권자 최우崔瑀에게 '저희가 정병 5000명으로 몽골병을 격퇴코자 합니다' 하니 우가 기뻐하여 크게 상을 내렸다"고 하였다. 항몽전에 초적들이 투입되어 큰 전과를 올린 기록도 보인다.

묘청 등 개혁론자들의 서경 천도와 칭제건원稱帝建元, 금국

〰〰 **5** 강진철, 《한국사회의 역사상》, 일지사, 1992.

정벌金國征伐 등도 고려조 민중운동의 일환이었다. 당시 유·불교의 기존 사상이 지배층 중심의 이데올로기인 것과는 달리 풍수지리설은 민중의 종교였다. 묘청은 승려라기보다는 풍수지리설의 대가로서 민중적 신앙을 등에 업고 권좌에 올라, 역시 정치적 혁신론을 편 정지상·백수한 등과 함께 15개 조항의 유신정교維新政教를 택하여 개혁을 단행하고자 하였다.

그러나 김부식을 중심으로 한 문신 지배 세력이 거부하자 서경에서 반란을 일으켰다. 신채호가 이 사건을 "조선 역사 천 년 이래 제1대 사건"이라고 말할 정도로 묘청의 개혁론은 국풍파 대 한학파, 독립당 대 사대당, 진취사상 대 보수사상의 대립이었고, 새로운 자각에 눈뜨기 시작한 민중세력의 정치적인 도전이었다.

조선시대 사민신분과 민중세력

조선시대는 사농공상 사민四民의 신분이 엄격했다. 대체적으로 양반·중인·상민·천민 계급으로 나뉘고, 양반·중인은 상류 계급, 상민·천민은 하류 계급으로 분류되었다. 같은 계급 안에서도 여러 계층을 이루어 신분을 일률적으로 논하기는 어렵지만 "형刑은 양반에게까지 올라가지 않고 예禮는 천민에게까지 내려가지 않는다"는 말에서 보듯이 양반층과 천민층 사이에는 엄청난 신분의 차이가 있었다.

양반 계급은 농·공·상업은 물론 기술 분야에도 종사하지 않고 오로지 유학儒學에만 열중해 관리가 되면 국가로부터 전지田地와 녹봉祿俸을 받아서 생활하고 병역·부역·납세의 의무를 전혀 지지 않았다. 이들은 지배 계급, 치자治者 계급이다.

중인 계급은 역학譯學, 의술, 법률, 천문, 지리, 산술 등 기술 관직을 갖는 기능 관리와 서울 이외의 지방 관청에서 실무를 맡는 하급 관리를 총칭한다. 정3품 이상의 관위에 중인이 오를 수 없도록 엄격히 제한돼 있었으며 양반으로 가는 계급 상승도 없다. 이들 계급은 양반과 평민 사이에 놓여 있어 중간 계층을 이루었지만, 그 기능을 보면 민중세력에 넣기는 어렵다.

상민 계급은 농·공·상업에 종사하면서 세금과 군역 및 노역努役을 담당하는 농민 계층이다. 이들은 경작지를 부여받지 못하고 양반의 사전이나 국가 기관에 소속되는 전지를 빌어 경작하고 수확에서 조세를 납부한 나머지로 생활하는 계층이다. 16세 이상 60세까지의 남자는 병역과 부역의 의무를 졌다.

천민 계급은 역리驛吏, 율정律丁, 백정白丁, 재인才人, 노비 등을 일컬었다. 천민은 사유재산과 같이 매매, 양여, 상속되기도 하는 노예 신분이었다. 천민은 소속에 따라서 공천公賤(공노비公奴婢)과 사천私賤(사노비私奴婢)으로 구분된다. 사천이 공천보다 더 무거운 노역에 종사하였다. 노비의 값은 대략 말한 필 값보다 더 싸고 신분은 세습되었기 때문에 속탈을 할 수 없었다. 노비 외에도 노비 신분이나 다름없는 천민 계층으로 광대, 무당, 창기, 그리고 도살업에 종사하거나 제혁, 유기 그릇 등을 만드는 백정이 있었다.

앞에서 살펴본 바와 같이 고려 무인 정권 이후 천민 계층의 자기해방을 위한 투쟁이 전개되었지만 이성계의 개국 이래 조선왕조는 유교를 정치 이념으로 택하고, 주자학은 다시 엄격한 사민의 신분 질서를 요구하였다. 이런 결과 조선왕조에 와서 농민과 천민 계층의 신분은 고려사회보다 오히려 비참했다. 더욱이 왕조 후기에 들어오면서 양반층이 급격히 늘어나 이와 더불어 정쟁이 심화되고 국정의 문란과 기강 해이로 농민에 대한 가렴주구는 더욱 심해졌다.

조선왕조에서는 신분 질서가 능력과 노력에 따른 성취가 아니라 출생에 따라 결정되고 이것이 세습되고 상속되므로, 국가를 형성하고 있는 절대 다수의 하층 계급이 발전과 활력을 가질 수 없었다. 이런 상황에서 민초들의 민중봉기는 조선왕조의 통치 이념이기도 했던 민본주의 이데올로기에 명실상부하게 접근하고자 하는 자기해방을 위한 투쟁이었다. 따라서 민중운동의 대부분이 상민과 천민 계층에서 일어나 민란民亂의 형태를 취한다.

민란이란 "민중이 난을 일으켰다"고 하여 지배층이 이름 붙인 일종의 반란 행위다. 그러나 지배층 내부에서 일어난 반란이 군병을 동원하는 등 무력적인 데 비해 민란은 민중 자신들이 스스로를 내맡긴, 직접 나선 투쟁이다.

왕조 시대의 민란은 바로 역적 행위였다. 실패하면 삼족이 멸문을 당했다. 그런데도 민중의 반란은 끊이지 않았다. 대부분의 민란이 실패하여 권력의 혹독한 보복을 당하게 되었지만, 그러면서도 민란은 계속되었다. 어쩌면 이런 점 때문에 우리 민족은 자생력을 유지했고, 왕권은 활력의 메커니즘을 지닐 수 있었을지도 모른다. 또 민중이 각성하는 계기가 된 것은 물론이다.

"조선의 역사에서 반역아를 없애면 그만큼 기백이 사라지고 뼈 없는 기록이 되고 말 것"이라는 호암 문일평의 지적은 정곡을 찌르는 말이 아닐 수 없다. 조선왕조 후기에 이르러서 특히 민중의 저항이 치열해진 것은 정치 부패, 지방 관리의 탐학과 더불어 실학사상, 천주교 전래, 동학사상 등이 민중에게 각성의 계기를 마련해주었고, 외세의 침탈에 대한 자기 방어 수단으로 집단 저항운동을 택하게 했기 때문이다. 극도로 부패한 정치 때문에 농민층은 최저생활조차도 지탱하기가 어려웠고, 농민들은 '살기 위해 죽음의 길'인 민란을 택하기도 했다.

조선시대의 민란 가운데 16세기 중엽 황해도 지방에서 임꺽정이 중심이 되어 일으킨 민중봉기와 임진왜란의 의병 투쟁, 19세기 초 서북 지방에서 일어난 홍경래의 난, 19세기 중엽의 삼남민란과 대한제국기의 동학농민혁명까지의 민중항쟁을 간략히 살펴보자.

의적 임꺽정의 도전

임꺽정 일당은 1559년부터 1562년까지 3년 동안 황해도를 중심으로 반란을 일으켜 중앙 정부에 도전하였다. 조선왕조 개국 이래 처음으로 일어난 대규모 민란이기에 임꺽정의 난이 가지는 의미는 크다. 임꺽정은 양주 지방에서 백정 노릇을 하던 천민이었다. 당시 조정에서는 정쟁으로 기강이 문란해지고, 특히 황해도 봉산 지역의 천민들이 생업으로 하는 유기장柳器匠[6]들에 대한 착취와 탄압이 심했다. 유기장으로서 심한 착취를 직접 당한 임꺽정은 머슴, 백정 등 천민들과 수탈에 신음하고 있던 농민들을 규합해 황해도 구월산을 근거지로 삼아 난을 일으켰다.

이들은 주로 양반 토호나 부정한 관가의 재물을 털어 가난한 농민에게 나누어 주거나 탐관오리를 잡아다 죽이기도

---

6 버드나무나 갈대로 삿갓, 식기 등을 짜는 데 종사하는 사람.

하였다. 선량한 백성은 해를 끼치지 않고 착취 계급만을 상대로 하는 의적 노릇을 하여 세력이 크게 형성되었으며 이런 세勢를 믿고 "왕후장상의 씨가 따로 없다"고 외치면서 중앙 정부를 전복할 움직임까지 보였다.

임꺽정은 농민들의 호응을 받아 황해도와 경기도 일대까지 세력을 뻗쳤다. 그는 관군에 붙잡혀 명종 임금이 국문하는 자리에서도 굽히지 않고 당당하게 조정의 부패를 질타하였다고 한다. 임꺽정의 난 이후에 많은 도둑들이 그를 본받아 의적 행세를 하고자 하였다.

임진왜란에 일어선 농민 의병

조선은 1592년 일본 도요토미 히데요시의 침략으로 풍전등화와 같은 국가 위난에 처했다. 임금 선조는 의주로 몽진을 가고, 관군은 도처에서 참패를 당했다. 임진왜란이 발발하자 민중들은 초기에 경복궁에 불을 지르는 자, 반란을 일으킨 자, 양반 귀족을 습격하는 자, 일본군에 투항하는 자 등 봉건적 억압에 대한 계급적 반발을 보였다.

그러나 외세의 침략에 대한 자기 방어적인 민족의식을 깨우치게 되면서 곧 계급적 대립을 초월한 민족적 동맹 관계가 성립되었다. 이것은 의병의 주도층은 지방의 유생儒生이었지만 민병의 대부분은 글자 그대로 농민·천민 계급인 민중이었다는 사실에서 잘 입증된다.

전라도 지방의 최대 의병군이었던 고경명高敬命 군軍은 "사서士庶가 많이 응모하여 6000여 명의 병兵을 얻었다"[7]는 기록에서도 서민에 의한 의병 활동상이 잘 나타난다.

임진왜란 당시의 국민적 항전은 유생과 민병뿐 아니라 승병僧兵과 행주산성의 여성군까지 망라한다. 이순신 장군을 도와 해전에 참여한 농민과 어민들, 가장 먼저 의병을 일으킨 곽재우 군에 참여한 의령의 농민들, 백수서생 고경명 삼부자와 함께 기병한 장흥의 농민들, 김천일과 기병하여 촉석루에 피를 뿌린 진주 의병들, 금산에서 중봉 조헌과 함께 끝까지 항전하다 장렬히 전사한 700명의 의병, 숭유억불책에 밀려 사회적으로 천대 받던 승려들이 묘향산에서 서산대사를 필두로 기병하여 전국 사찰의 승려가 참여한 전무후무한 승병 항전 등 전국 각지에서 민중이 일어나 백척간두에 선 국가의 위난을 막아냈다. 지배 세력에게 수탈과 착취를 당해 온 민중의 호국 의지가 국권을 보위했다.

7 이긍익, 〈壬辰義兵 高敬命條〉, 《練藜室記述》.

홍경래의 서토 민중 저항

19세기에 들어와서 조선왕조는 외척의 세도정치勢道政治가 심해지면서 국정은 더욱 문란해지고 기강이 흐트러져 민심이 크게 이반되었다. 정조에 이어 순조가 열한 살의 나이로 왕위에 오르자 장인 김조순이 권력을 농단하기에 이르렀다. 이른바 세도정치가 자행된 것이다.

세도世道란 원래 "세도인심을 바로잡아 나가는 도의적인 지도력"을 말하는 것으로서 긍정적 의미의 정치 형태를 가리켰다. 조선왕조는 이런 세도정치의 구현을 위하여 언관과 사관을 두어 여론을 모으고 책임을 묻는 제도를 관제로써 장치했다. 특히 왕권과 신권의 균형, 현직 관료와 재야 사림 간의 균형, 삼사 육조 간의 상호 견제 균형의 장치를 갖추었다. 그런데 외척의 등장으로 권력의 균형이 파괴되고 여론이 막히는 등 이른바 세도정치가 나타났다.

세도정치는 단순한 권력의 집중만이 아니고 사림 정치에

대한 근본적인 변혁을 의미했다. 때문에 민심의 이반離反은 더욱 가속화할 수밖에 없었다. 여기에다 설상가상으로 흉년이 거듭되고 각종 봉서 사건, 비기秘記, 참설 등이 난무하여 민심이 흉흉한 데다 중앙 정부의 서북인 차별 대우까지 겹쳐 지역감정의 불만이 고조되었다. 이런 상황에서 홍경래는 치밀하게 거사 계획을 세워 1812년 2월 가산에서 봉기하였다. 주력은 광부들이었다. 이들은 봉건적 수탈로 말미암아 농촌에서 축출된 무토불농지민無土不農地民이다. 농민이면서도 농토를 잃은 유랑민이다.

우군직, 김창시 등과 가산군 다복동에서 스스로 평서대원수平西大元帥가 된 홍경래는 가산으로 진군하여 군수를 죽이고 박천·정주·태천·곽산·선천·철산·용천을 점령하기에 이르렀다. 봉기군들은 검은 옷을 입고 푸른 모자를 썼으며 창검으로 무장하고, 발표한 격문에서 "조정에서는 서토西土를 버림이 분토糞土와 다름이 없다. 심지어 권문의 노비들도 서토의 인사를 보면 반드시 평한平漢이라 일컫는다. 서토에 있는 자 어찌 억울하고 원통치 않은 자 있겠는가" 하고 지역 차별 문제를 봉기의 이유로 내세웠다.

박천의 송림리 전투에서 패한 봉기군은 정주성 농성 중에 관군의 화약 폭발로 거병 5개월 만에 토벌당하고 말았다. 홍경래의 민중봉기는 개인의 난이 아니었다. 오래전부터 일부 부농, 관료가 되지 못한 지식층, 광산 노동자, 수탈에 신음하던 농민, 신분제를 질곡으로 느끼는 천민층 그리고 중앙 정부에서 푸대접 당한 서북인의 지역감정이 겹쳐 봉건 정부에 반기를 든 민중항쟁이었다.

식량 부족과 지휘부의 분란 등으로 이 봉기는 실패했음에도 불구하고 조선 봉건 사회에 끼친 영향은 지대했다. 이를 계기로 농민층은 자신들의 힘을 구체적으로 인식하기 시작하여 봉건 왕조 해체에 박차를 가하게 되고, 이를 경험한 (혹은 지켜본) 민중들은 봉건 정부의 횡포에 저항할 수 있다는, 스스로의 역량을 인식하게 되었다.

삼남을 휩쓴 민중의 난

진주민란 혹은 임술민란으로 불리는 1862년의 농민란은 경상도 진주에서 일어나 삽시간에 삼남 지방으로 확대되고 다시 전국적인 규모로 전개되었다.

홍경래난의 경험 속에서 성장한 민중의식은 조선이라는 봉건사회가 안고 있는 여러 가지 모순을 실력으로 시정하고자 했다. 자연발생적이고 비조직적인 민란이 1년 동안에 도합 37회에 걸쳐 전국적으로 일어났다. 경상도에 16개 지역, 전라도와 충청도에 각각 9개 지역, 경기·황해·함경도에 각각 1개 지역으로 나타나 삼남 지방인 충청·전라·경상도의 34개 지역에서 집중적으로 민란이 일어나고 있음을 보게 된다.

진주민란을 지도한 유계춘, 이명윤, 이계열 등은 이·도에 조직(이회里會·도회都會)을 만들고, 통문通文 또는 회문回文 등 궐기문을 배포하거나, 곳곳에 방을 붙여 민중봉기를 지도

하였다. 이들은 경상 우병사 백낙신이 백성의 재물을 갈취하고 환곡을 폭리로 거둬들일 뿐 아니라 군량미를 멋대로 징수하고 개간지세를 강제로 빼앗는 등 6개 조항의 불법 수탈이 극심하여 원성이 들끓게 되자 농민의 집단 저항을 준비한 것이다.

수만 명의 농민군은 머리에 흰 수건을 쓰고 스스로 초군 樵軍이라 칭하면서 6일간에 걸친 봉기에서 23개 면을 휩쓸고 부정 향리 네 명을 죽이고, 서리·양반·토호의 집과 관아를 습격해 가옥파손이 126호, 식량 탈취 가옥이 118호에 달했다. 민란이 계속되는 동안 관리들은 모두 도망치거나 잠적하여 아무도 막지 못했다. 진주민란은 삽시간에 전국으로 번져 한 달 뒤인 3월에는 전라도 익산에서 불길이 타올랐다. 4월에는 개령과 함평, 5월에는 회덕, 공주, 순천, 장흥, 선산, 상주에 이어 여름 동안에 부안, 금구, 연산, 은진, 함양, 밀양, 성주에서 불길이 치솟고, 8월에는 경기도와 북쪽 지방에서 농민이 일어나고 9월에는 제주에서 수만 명이 들고 일어나 열흘 동안이나 계속되었다.

조정에서는 박규수를 안찰사로 보내 농민을 선무하고자 하였으나 요원의 불길처럼 치솟은 농민의 항거는 좀처럼 가라앉을 줄 몰랐다. 이렇게 1년 동안 전국적으로 일어난 농민 봉기가 전제적 봉건 왕조를 붕괴시키거나 부패한 집권 세력을 물리치지 못한 것은 애석한 일이 아닐 수 없다. 농민 저항이 단발성으로 그칠 수밖에 없었던 이유는 민란들이 연관성

없이 개별적이었으며, 지도부가 농민층에 뿌리박지 못한 채 부동성이 많았기 때문이다. 또 봉건군주제 자체를 부정하는 역사의식이 뒷받침되지 못했기 때문이다.

삼남민란은 우발적이고 자연발생적인 경향을 띠었으나 이를 계기로 농민층의 자아의식과 사회의식이 각성되고, 지배층에 경종을 울림으로써 다소의 개혁이 단행되었으며, 특히 갑오년 동학농민혁명의 원류가 되었다는 점에서 역사적 의의가 대단히 크다.

동학농민혁명의 민중의지

　성리학을 기반으로 하는 조선의 봉건 체제와 대립되는 민중종교인 동학은 개항 후 그 모순이 집중적으로 심화되어온 삼남 지방을 토대로 크게 발전하였다. 가지무라 히데키梶村秀樹에 따르면, 동학농민혁명은 조선 봉건제 해체사의 최종적 도달점이며 근대 조선 민족 해방 운동사의 본격적인 출발점이다. 그 주동자인 전봉준을 알기에 앞서 동학이 태동하게 된 역사적 배경부터 살펴보자.

　첫째로는 18세기 이후 변질된 조선왕조 양반사회의 정치적 모순, 둘째로는 삼정의 문란, 셋째로는 19세기 이후 서세동점西勢東漸의 위기 속에서 국가 보위의식의 팽배, 넷째로는 전통적인 유교의 폐해에 따른 지도 이념의 퇴색, 다섯째로는 서학의 도전을 만족적 주체 의식으로 대응하려는 자세, 여섯째로는 실학에서 현실 비판과 개혁 사상에 영향 받은 피지배 민중의 의식 수준 향상과 높아진 자각도 등을 들 수 있다.

최제우崔濟愚가 창도한 동학사상은 유교의 인륜, 불교의 각성, 선교仙敎의 무위가 접화군생接化群生하는 천도사상을 말한다. 천도사상의 중심 개념은 인내천, 즉 천인합일 사상으로 사람 섬기기를 하늘 섬기듯 하고事人如事天, 억조창생이 동귀일체同歸一體라 하여 계급 제도를 부정하며, 인간 평등을 주창하는 개혁사상을 포함한다. 이런 동학사상을 전봉준이 혁명 철학으로 내세워 개항 이래 외래 자본주의의 침투에 의한 반식민지화와 국내 봉건적 관료층의 수탈로 신음하는 피압박 민중의 해방운동과 반봉건·반외세 투쟁을 위한 이념으로 정립하였다.

동학농민혁명은 1894년 전라도 고부를 중심으로 시작되었다. 고부군수 조병갑의 가혹한 미곡 징수와 만석보의 수세水稅 징수가 농민의 원성을 사게 되자 전봉준, 김개남, 손화중 등 동학교도들이 봉기함으로써 발발하였다.

동학농민군은 〈창의문倡義文〉에서 "민은 국가의 근본이다. 근본이 말라버리면 국가는 쇠잔해지게 마련이다. ……우리는 비록 재야의 유민이나 군토君土를 먹고 군의君衣를 입고 있으니, 국가의 위망을 앉아서 볼 수만 없다. 인로人路가 동심하고 순의殉義하여 이제 의기를 들어 보국안민으로써 생사의 맹세로 삼는다"고 선언하고, 강령을 "양왜洋倭를 몰아내고 권귀權貴를 멸한다"고 하여 혁명의 명분이 외세 침략에 항거하고 국내의 봉건적인 귀족 세력을 타도하는 데 있음을 분명히 하였다.

농민혁명에 참여한 세력은 동학교도뿐 아니라 하층관료·서리·불평유생·역졸·농민·천민 등 각계각층이 망라되어 국민혁명적 성격을 띠었다. 동학군은 12개조의 폐정개혁안을 정부에 제의하여 국정의 민주적 개혁과 외세 배제를 요구하였으며 53개 주에 집강소를 설치하여 농민 민주주의를 시행하고자 하였다.

동학농민혁명은 부패한 봉건 세력이 끌어들인 외세에 의해 끝내 좌절되었으나 반식민지, 반봉건의 민족·민중운동의 원천이 되어 이후의 민족운동사에 큰 영향을 주고 3·1운동, 의병운동, 독립운동 등의 정신적인 원류가 되었다.

동학농민혁명은 '토지의 평균 분작' '노비 문서 소각' 등 정치사회면에서 높은 혁명성과 민중의 뜨거운 참여에도 불구하고 조선왕조 자체와 왕권을 타도의 대상으로 삼는 데까지는 이르지 못하는 정치의식의 한계성 때문에 근대 시민혁명으로 발전하지 못하고 말았다. 그럼에도 뒤이은 갑오개혁으로 토지 소유의 진전, 전제 군주권의 제한, 노비 제도의 전면 폐지, 무명잡세의 폐지 등을 가져오는 데 크게 기여하였다.

1894년의 갑오농민전쟁은 조선 봉건제 해체사의 최종적 도달점이며 또한 근대 민족 해방 투쟁사의 본격적인 출발점[8]으로서, 조선 근대사에서 하나의 커다란 전환기가 되었던 농

---

8 梶野秀樹, 〈개국에 의한 사회변동과 갑오농민전쟁〉, 《朝鮮近代史》, 渡部學 편, 東京 : 勁草書房, 1968, 52쪽.

민전쟁이었기 때문에 조선 근대사 가운데서도 연구자의 노력이 가장 집중되었고, 또 연구 업적을 많이 낸 분야이기도 하다.[9]

동학농민혁명은 그 이름처럼 '농민'이 중심이 되어 봉기한 혁명이었다. 농민들은 언제나 어려움 속에서도 사람이 먹고 살아가는 먹을거리를 생산하면서도 소외와 수탈을 당하는 피착취 계층이었다. 그렇지만 농민에 대한 헌사는 동서를 막론하고 항상 최상급의 수사가 따랐다.

하느님이 택하신 사람들이 진정 있다면 땅과 함께 땀 흘리는 사람들이 바로 그들이다. 그들의 가슴 속에다가 특별히 하느님은 실질적이며 진정한 미덕을 담아놓으셨다.

—R.W. 에머슨,《인생의 방법》

당당히 두 발로 서서 쟁기질하는 농부는 무릎 꿇은 신사보다 높다.

—B. 프랭클린,《가난한 리처드의 책력冊曆》

제일류第一類는 자고나면 논밭에 나가서 자기를 위하는 일인지 남을 위하는 일인지 그것조차도 분명히 인식하지 못하고 그저 땅이나 쑤격쑤격 파고 있는 농민들이다.

---

9 橫川正夫,〈전봉준에 대한 고찰〉,《동학혁명의 연구》, 노태구 편, 백산서당, 1982, 117쪽.

자기가 잘났다고 자랑하는 일도 없지마는 자기의 못난 것을 비판하는 일도 별로 보이지 않는다. 즐거워도 그만 괴로워도 그만, 그저 백치와 같은 마음으로 좋든지 싫든지 일하는 것이 천직이라고만 생각하고 있는 그들이다. 이 부류의 사람들을 진정한 인간이라고 부르고 싶다.

　　　　　　　　　　　　　　　　　　　　　―이희승, 〈인간의 12촌寸〉

　농민은 민들레꽃 같다. 민들레는 짓밟혀도 또 짓밟혀도 죽지 않고 자란다. 밟히고 밟히는 잔디밭에서도, 메마른 자갈밭에서도 민들레는 자라난다. 그러므로 고생 많은 인생길에 짓밟히는 생명들을 격려해주는 좋은 상징으로 여겨져왔다. 5000년 기나긴 역사에 농민들은 한결같이 민들레처럼 죽지 않고 줄기차게 살아왔다.

　　　　　　　　　　　　　　　　　　　　―유달영, 〈농민은 민들레꽃이다〉

제 3 장

출생과 성장

용모가 단묘하며 학문이 유여하므로 일찍이 아사라 칭함이 있었으나
키가 5척에 불과하므로 녹두라는 별명을 들었다.
그러나 담은 크기가 산 같고 눈은 샛별같이 빛났으며
소리는 옥성을 가졌고 용력이 과인하였다.

– 〈전봉준실기〉

'영웅' 예비한 내외의 격랑

　전봉준이 태어난 1855년 조선의 국세는 지극히 미약하였다. 전국 호구는 158만 5917호, 인구는 남자가 339만, 여자가 335만 명으로 약 675만 명이었다. 현재 대한민국 인구의 7분의 1 수준이다. 남북한 전체의 인구로 치면 10분의 1 수준이다.

　이해 8도의 유생 3415명이 윤선거, 윤증의 관직을 추삭追削할 것을 상소하자, 조정은 유생들에게 8도소八道疏와 만인소萬人疏를 하지 못하도록 엄금하였다. 유생과 백성의 말을 듣지 않겠다는 조치인 셈이다. 언로가 막힌 국정은 세도정치가 더욱 판을 치게 하는 계기가 되었다. 크고 작은 관직은 뒷거래로 나눠 먹고, 돈을 주고 산 관직은 본전에 덧붙여 챙기게 되면서 백성들은 이중삼중으로 등골이 휘어지게 되었다.

　제국주의 열강이 경쟁적으로 식민지 침탈에 나서면서 조선을 더 이상 '조용한 아침의 나라'로 남겨두지 않았다. 영국

군함 호네트호가 몰래 독도를 측량하고, 독일 군함 실비아호
는 부산 앞바다에 나타나 무력 시위를 하였으며, 프랑스 군
함 비르지니호가 동해안을 측량하는 등 열강이 조선 해안을
야금야금 넘보기 시작했다.

시대가 영웅을 만든다고 하였다. 전봉준이 태어날 즈음에
조선은 물론 세계가 격동기를 지나고 있었다. 황의돈은 이
무렵의 '특별한' 일(사건)을 다음과 같이 기술하였다.

전봉준은 거금 69년(1854년 갑인) 전에 호남 고부군 향
촌에서 고고의 성을 들었다. 때는 마침 이조 철종 5년, 관
서호걸 홍경래의 혁명 운동 실패 후 43년, 마르크스의 공
산주의 선언 후 7년, 프랑스 제3혁명 폭발 후 6년, 크림전
쟁 선전의 동년同年, 홍수전의 혁명란 발생 후 4년, 영불
연합군의 북경 침략 전 3년, 뿌리텐의 인도병탄 전 4년으
로서 조선에서는 귀족의 학염虐焰이 극단에 처상熾上되고
서양에서는 자유와 평등의 규호성이 가장 맹렬하였고, 인
도와 지나에는 구주인의 침략이 태심한 동시에 문명의 서
광이 차차 계발되려는 시기였다. 그래서 천하는 매우 다
사의 천하가 되고 시대는 가장 혼란의 시대가 되었다. 일
우一隅에 수사와 같이 아연무성啞然無聲하던 근화槿花 반
도도 또한 그 바람에 춤추고 그 소리에 화응치 아니할 수
없는 시기가 왔다. 그러므로 창천이 그 위의하사 제1막의
연주자가 될 만한 거인 전봉준 군을 탄생케 하였도다.[10]

전봉준의 생애(1854~1895)가 그 스스로 태풍이고, 풍랑을 일으켰던 이유는 시대의 모순에 저항하고 광정하려는 역사의 소명의식 때문이었다. 시대적 상황도 크게 작용했다. "한 시대의 지도자는 그 시대가 지니고 있는 모순에 대하여 비판하고 저항하고 올바른 방향성을 제시해줄 때 역사적 의미를 지닌다."[11]

소년 전봉준은 당시 조선사회 대부분의 농민 자식들처럼 지극히 어려운 환경에서 시달리며 살아야 했다. 하지만 농민들은 거듭되는 민란을 통해 민중의 의식과 각성이 크게 성장되고 있어서 예전의 항민이나 원민처럼 일방적으로 지배당하지만은 않았다. 민중의 가슴속에서는 혁명의 불길이 분화구를 찾아서 심하게 요동치고 있던 상황이었다. 전봉준은 이런 시기에 조선의 남도에서 아무도 주목하지 않는 평민의 자식으로 태어나서 자랐다.

10 황의돈, 〈민중적 叫號의 제1성인 갑오의 혁신운동〉, 《개벽》 1922년 4·5월호
11 신병주, 〈남명 조식의 학문 경향과 현실 의식〉, 《한국학보(제58집)》 일지사, 1990, 77쪽.

엇갈리는 출생지

한국사는 '반역자'에 대해 얼마나 가혹하게 다루었는지, 걸출한 반역아들의 출생 연도가 불명인 경우가 적지 않다. 대부분 처형당하였기 때문에 사망 시기는 분명하지만 출생과 부모 및 가족 관계 등은 잘 알려지지 않는다.

고려시대의 만적萬積은 노비해방운동의 선구자라는 평을 받지만 1198년에 사망한 것으로 나타날 뿐 출생 시기는 의문으로 남아 있다. 고려시대 승려 출신의 개혁 정치가 신돈도 출생 연도가 잘 알려지지 않았다. 한국의 대표적인 저항가들의 출생 시기는 하나같이 의문부호이다. 장보고(?~946), 궁예(?~918), 묘청(?~1135), 정도전(?~1398), 이시애(?~1467), 임꺽정(?~1562) 등이 그렇다.

농민혁명가·영웅·반역자·개혁주의자 등 한국 역사에서 보기 드문 풍운아로 꼽히는 전봉준도 출생지와 출생 연도 및 가족 관계 등 정확하지 않은 데가 많다. 불과 150년 전의 인물인데도 그렇다. 1500년 전의 인물들에 비하면 극히 최근의 지도자인데도 자료가 소략한 이유는 친체제 인물과 반체제 인물의 차이 때문이다. '반역아'에 대해 우리 역사가 얼마나 가혹했던가를 보여주는 대목이다.

전봉준은 근현대사에서 줄곧 금기의 인물이 되었지만, 그럴수록 그의 인물과 사상은 민중의 사랑을 받고 연구자들의 관심의 대상이 되었다. "전봉준, 아무리 교과서에서 그의 이름을 지우려 해도 틈을 비집고 끼어든다. 특히 유신 이후 그의 초상화는 끊임없이 민중의 눈을 현란케 했다. 우리는 영웅사관을 배제하면서도 영웅의 모습을 그리워한다"[12]는 지적대로, 그의 이름을 지우려하면 할수록 민중의 마음속으로 파고들었다.

전봉준은 젊어서는 일개 범부凡夫로서 아무도 주목하지 않았고, 거사 뒤에는 '반역 수괴'라는 이유에서, 그에 대한 자료는 부재하거나 대부분 인멸되었다. 이런 사정을 감안하면서 그동안 재판 과정의 공초 기록과 동시대인과 그들 후예의 증언, 각종 전문과 선학들의 연구를 토대로 어느 정도 정리되고 있다.

전봉준은 1855년 전라도 고부군 배들(지금의 이평면)에서 전창혁全彰爀의 아들로 태어났다.[13]

▧▧▧ **12** 이이화, 《발굴 동학농민전쟁 인물 열전》, 한겨레신문사, 1994, 260쪽.
▧▧▧ **13** 《나라사랑(제15집)》, 외솔회, 1974, 14쪽.

전봉준 선생은 본래 전라도 고창현 덕정면 당촌 태생으로 세대世代 사림가士林家 사람이다. 그는 자라서 고부 양교리와 전주 구미리며 태인 동하천 등 여러 곳으로 돌아다니며 유동생활流動生活을 하였다.[14]

그가 태어난 곳은 고창현 덕정면 당촌(지금의 행정 구역으로는 고창읍 죽림리 당촌 63번지)으로 가닥이 잡혀가고 있다. 그런데 얼마 전까지만 해도 그는 고부 조소마을(지금의 정읍시 이평면 장내리)에서 태어난 것으로 알려져 있었다. 워낙 고부군수 조병갑과의 인연이 깊어서인지, 아니면 고부민란 때부터 그의 이야기가 고부 주민들의 머릿속에 깊은 인상을 남겨서인지 그가 체포되어 신문을 받을 때 자신의 거처를 태인 사외면 동곡이라 밝혔어도 여전히 사람들은 전봉준을 고부 조소마을 사람으로 믿고 있었다. 조소마을에 복원된 옛집도 한때 '생가'라는 팻말을 붙여 방문객들을 맞았으니 고부 조소마을 출생설은 정설로 굳어지는 듯했다.[15]

그의 출생지에 대하여는 다음과 같은 세 가지 설이 있다. 첫째, 전주 태생으로 어려서 태인현 감산면으로 이주하였다는 설. 둘째, 고창군 고창읍 죽림리 당촌 부락에서

14 오지영, 《東學史》, 영창서관, 1940, 168쪽.
15 우윤, 《갑오농민전쟁 최고지도자 전봉준》, 하늘아래, 2003, 33∼35쪽.

출생하였다는 설. 셋째, 정읍군 이평면 조소리(옛날의 고부군 중동면) 태생이라는 설.

이 세 가지 설 가운데 전주 태생설은 후기 전주 인사들이 만들어 낸 설로 생각되고, 고창읍 죽림리 당촌 태생설은 옛날 당촌에는 20여 호의 전씨全氏 마을이 있었고, 또 갑오농민전쟁 때 동학농민군의 두목들이 많이 배출되었다는 옛날 고로古老들의 이야기를 들어보면 전봉준과 밀접한 연고지임에 틀림없다. 이에 대하여 정읍군 이평면 군소리 태생설은 전봉준의 아버지 되는 전창혁이 고부군 향교의 장의掌議였다는 점으로 미루어 보아 선대로부터 살아온 곳이라는 것은 틀림이 없다.[16]

정읍에서 이평으로 가는 길을 따라 2킬로미터쯤 북쪽으로 나아가면 영원과 신태인으로 가는 길이 갈라지는 삼거리가 있다. 이평초등학교와 이평면사무소가 있는 이곳은 '말목장터'라고도 불리는 곳이다. 이 말목장터가 바로 동학농민봉기의 기폭제가 되었던 고부민란의 진원지다.

면사무소 건너편에 있는 집 뒤에 지금도 큰 감나무 한 그루가 서 있는데, 이 감나무 밑에서 고부군수 조병갑의 가렴주구苛斂誅求를 견디다 못한 군민이 전봉준을 지도자로 추대하고 봉기했다고 한다. 그리고 면사무소 뒤쪽으로

▨▨▨▨ **16** 김의환,《전봉준전기》, 정음사, 1983, 41~42쪽.

난 작은 길을 따라 서북쪽으로 2킬로미터 남짓한 거리에 조소부락이란 곳이 있다. 여기에 전봉준의 생가生家와 그의 부모인 전창혁 부부의 합장묘가 있고 묘에서 남쪽으로 50미터쯤 떨어진 솔밭 속에 '갑오민주창의통수천안전공봉준지단甲午民主倡儀統首天安全公琫準之壇'이라 새긴 높이 145센티미터의 조그만 비가 있다.[17]

전봉준의 출생지는 과연 어디일까. 나 자신도 이에 대하여 확언할 수는 없지만 지난 1981년 1월 14일부터 17일까지 정읍의 고부 일대를 답사하면서 그의 출생지에 대한 또 다른 주장을 수집했다. 이 주장에 따르면 전봉준은 정읍군 덕천면 시목리(속칭 감냉기) 태생이라는 것이다. 이러한 주장을 하고 있는 사람은 옹경원甕京源이다. 이 사람은 자신의 할아버지인 옹택규(1852~1928)에게서 이 말을 '분명히' 들었다고 했다. 옹택규는 당시 정읍에서는 손꼽히는 문장가로서 전봉준과는 친숙한 사이였다는 게 옹경원의 주장이다. 굳이 그의 말을 빌리지 않더라도 옹택규가 동학란 당시 활약한 모습은 오지영吳知泳의 동학사東學史에서 여러 번 나타나고 있어 그가 남접南接에서 어느 정도 활약한 인물이었음을 알 수가 있다. 그뿐 아니라 연배로 보더라도 전봉준과 친교할 가능성이 많으며 또한 옹경원

17 안춘배, 《역사의 인물》, 우석, 1980, 301쪽.

은 어렸을 적 바로 전봉준의 옛날 집에 서당이 있었는데, 그곳에서 글공부를 한 사실 등으로 미루어 볼 때 필자로서는 전봉준이 감냉기枾木에서 출생하였다는 사실에 가장 큰 신뢰를 두고 싶다.[18]

그의 출생지에 대해서는 정읍현 이평면 장내리 조소마을 출생설, 전주 태생설, 정읍현 산외면 동곡리 지금실 출생설, 정읍현 덕천면 시목리 출생설, 고창현 덕정면 죽림리 당촌 출생설 등 지금까지 많은 이론이 제기되어 왔다. 그러나 《병술보丙戌譜》를 통해 그의 가계의 이동을 보면 전봉준의 6대조인 후징대厚徵代에 태인 부근에 자리 잡은 후, 남원, 순창 등지를 거쳐 증조부인 도신대道臣代 임실 강진면으로 이거하여 2대 정도를 머문 뒤, 이들 집안은 각기 뿔뿔이 흩어져 살다가 부친대에 다시 고창 덕정면 당촌으로 온 집안 모두가 다시 모여 생활의 터전을 이루어 산 것을 확인할 수 있다.

이로 미루어 보건대 전봉준은 바로 이곳 고창 당촌에서 태어났을 것으로 추정되거니와 앞의 여러 출생지설 가운데 당촌 태생설 이외의 여타 설에 대해서는 많은 의문이 제기되고 있는 데에 반해서 일찍이 오지영이 주장한 고창 당촌 태생설만이 비교적 긍정적으로 받아들여지고

---

18 신복룡, 《전봉준의 생애와 사상》, 양영각, 1982, 36쪽.

있음과 관련해서 보면 전봉준 장군이 고창 덕정면 당촌에서 태어났다고 하는 주장은 거의 사실에 가깝다고 할 것이다.[19]

전봉준의 출생지가 어디인가는 그렇게 중요한 문제가 아닐지도 모른다. 유년기에는 집이 가난하여 여기저기 옮겨 다녔을 것이고, 또 거사를 도모할 무렵에는 은신을 위해 자주 거처를 옮겼을 것이기 때문이다. 어쩌면 이것이 민중 혁명가의 '본령'이지 않을까!

---

19 송정수, 〈전봉준의 가계와 출생지에 대한 연구〉, 《조선시대사학보(12)》, 조선시대사학회, 2000, 186쪽.

불우한 가계, 아버지와 처의 죽음

    1966년에 간행된 《천안전씨대동보》에 따르면, 전봉준은 천안 전씨 삼제공파三帝公派 40대손으로 1855년 12월 3일(음력) 부친 전창혁全彰爀과 모친 광산 김씨 사이에서 태어났다. 초명은 봉준이고 항렬명은 영준泳準이며 자字는 명숙明淑이다.

    그런데 이 대동보는 그의 아버지가 1845년생으로 전봉준과는 10살 차이고, 어머니는 1848년생으로 불과 8살 차이밖에 나지 않아 사실상 이 족보는 크게 신뢰할 만하지 못하다.[20] 전봉준의 위공을 기리기 위해 근년에 새로 만든 족보로 추정되기 때문이다.

    이기화와 송정수가 1866년에 간행한 《천안전씨세보》(이하 병술보丙戌譜)를 인용하여 새롭게 밝힌 바에 따르면, 전봉준은 천안 전씨 삼제공파가 아닌 문효공파文孝公派의 지맥인

20   조광환, 〈전봉준의 생애연구〉, 《동학연구》, 한국동학학회, 2002, 84쪽.

연산공파連山公派에 속한다. 그는 천안 전씨 시조인 섭聶으로부터 53대손이며, 문효공으로부터는 10대손이다. 이 족보에 따르면 전봉준의 선조 가운데 종6품 선무랑, 정5품 통덕랑의 벼슬을 지낸 인물도 있거니와 그의 집안은 비록 지체가 높지는 않지만 양반의 집안임에는 틀림이 없다. 그러나 전봉준의 증조부인 도신道信 이후로는 관직을 지낸 인물이 보이지 않아 대체로 몰락의 길을 걸었던 것 같다.

《천안전씨세보》에서 전봉준의 부친은 1827년생으로 창혁, 형호亨鎬, 승록承彔 등의 이름과 함께 호적명은 기창基昶으로 나오고, 모친은 1821년생으로 언양 김씨라고 되어 있다. 또 전봉준의 족보명이 전병호全炳鎬이며 처음 이름이 철로鐵爐, 자는 명좌明佐이며, 철종 을묘생으로 되어 있다. 따라서 《병술보》가 부합된 것으로 보인다.[21]

전창혁은 의식 있는 농촌 지식인이었다. 그는 고창 당촌에서 서당 훈장을 지낸 것으로 전한다. 그의 집안을 오지영은 《동학사》에서 사림세가士林世家라 하였고, 또 그의 아버지가 고부 향교의 장의를 지냈다고도 하였다. 또 촌로들에 따르면 전창혁은 장의가 아니라 동리의 일을 보는 사람(지금의 이장과 비슷)이었다고도 하였다.[22] 그의 아버지에 대한 얘기는

▨▨ 21 조광환, 앞의 글, 85쪽.
▨▨ 22 최현식,《甲午東學革命史》, 신아출판사, 1994, 32쪽.

적어도 평민 이하의 신분이 아님을 말한다. 곧 향교의 장의나 향청鄕廳의 이정里正[23]은 평민들이 맡아볼 수 없는 직책이기 때문이다. 또 당시 서원의 유사有司나 향교의 장의는 웬만한 신분이나 재산가가 아니면 말 수 없었고, 또 상당한 수완이나 줄이 있거나 학식을 겸비해야 한다.

한편 《전씨대동보》의 조상 계통을 잡을 수 있었던 것으로 보아, 적어도 그는 반족班族에 낀다고 보아야 할 것이다. 비록 《전씨대동보》에는 6대조 이하에 벼슬살이한 조상이 보이지 않지만, 이것은 잔반殘班들에게 흔히 나타나는 조선 후기의 일반적 현상일 뿐이다. 전봉준은 이런 신분이었기에 어릴 때부터 글을 읽었고, 나중에 훈장이나 접장으로 직업을 삼았던 것이다.[24]

모든 '영웅 신화'에서 그러하듯 전봉준의 출생 과정에도 몇 가지 '전설'이 따른다.

전설에는 그 부친 전창혁이 일찍 흥득 소요산 암자 속에서 공부를 하였는데, 어느 날 밤 꿈에 소요산 만장봉이 목구멍으로 들어와 보였다. 그 후 선생이 탄생한 바 용모가 출중하고 재기가 과민하여 활달한 기상은 급인及人의 풍風이 있고 강개한 회포는 제세濟世의 지志를 품었다. 선생은 일찍 시서詩書 백가어百家語를 아니 본 것이 없이 많

---

23 이장과 같은 역할이나 마을의 교화와 기강도 담당했던 인물.
24 이이화, 《이이화역사인물이야기》, 역사비평사, 1992, 254쪽.

이 보았으나 마음에 항상 만족치 못하여 불우지지不遇之
志를 품고 사방으로 두루 돌아다니다가 병자년 간에 손화
중孫和中 선생을 만나 도道에 참여 세상일을 한번 해보고
자 해 북으로 경성을 향하여 정국의 추향을 엿보았고, 또
외세를 살펴본 바가 있었다.[25]

전봉준의 출생 이후 성장 과정과 행적을 토대로 판단한다
면, 그의 집안은 대대로 내려오는 서배 집안은 아니라고 보
는 게 타당할 듯싶다. 다만 반족에 끼는 가계로, 몰락하여 경
제적 토대를 잃어버렸기 때문에 생활 유지를 위해 이런저런
일에 종사할 수밖에 없었을 것으로 생각된다.[26]

전봉준은 이런 아버지 밑에서 어린 시절을 보내며 다른
아이들처럼 서당에 들어가 한학을 공부했다. 태어날 때부터
재기 넘치고 활달한 기상을 가졌으나 유난히 키가 작아 5척
에 불과했고, 성인이 되어서도 '녹두'라는 별명을 들었다. 열
세 살에 지었다고 전하는 〈백구시白鷗詩〉를 보면 비범한 수
재였음을 보여준다.

25 오지영, 앞의 책, 168쪽.
26 우윤, 《전봉준과 갑오농민전쟁》, 창작과비평사, 1993, 28쪽.

〈백구시〉

스스로 하얀 모래밭에 놀매 그 뜻이 한가롭고
흰 날개, 가는 다리는 홀로이 청추롭다.
소소한 찬 비 내릴 때 꿈속에 잠기고
고기잡이 돌아간 후면 언덕에 오른다.
허다한 수석水石은 처음 보는 것이 아닌데
얼마나 풍상을 겪었던가 머리는 이미 희게 되었도다.
비록 번거로이 마시고 쪼으나 분수를 알지니,
강호江湖의 물고기들이여, 깊이 근심치 말지어다.[27]

自在沙鄕得意遊
자 재 사 향 득 의 유

雪翔瘦脚獨淸秋
설 상 수 각 독 청 추

蕭蕭寒雨來時夢
소 소 한 우 래 시 몽

往往漁人去後邱
왕 왕 어 인 거 후 구

許多水石非生面
허 다 수 석 비 생 면

閱幾風霜已白頭
열 기 풍 상 이 백 두

飮啄雖煩無過分
음 탁 수 번 무 과 분

江湖魚族莫深愁
강 호 어 족 막 심 수

27 오지영, 앞의 책, 162쪽.

전봉준이 젊었을 때 가정생활은 상당히 곤궁했다. 〈전봉준공초〉에 보면, 땅은 논밭 모두 합쳐 3마지기밖에 되지 않았다고 한다. 세 마지기는 약 600평에 해당하는 면적으로, 당시 빈농층의 일반적인 소유 면적 수준이나 한 가족이 살아가기에는 모자란 면적이다.

형형한 안광, 예리한 관찰력

　사실 전봉준의 성장기와 청년기에 관한 자료도 드문 편이다. 어두운 시절 시골의 무명 청소년에 대한 기록이 있을 리 없다. 여기서는 연구자들의 자료와 주위 사람들의 면담을 통해 얻은 단편적인 기록으로 그의 젊은 시절을 꿰맞춰 보기로 한다.

　백암 박은식은 동학농민혁명에 대해 비판적이었다. 동학당이 "바로 서울로 들어와 외국인들의 간섭이 미치지 못했을 때에 개혁에 착수했다면 서구 혁명의 피가 아시아 동쪽 반도에서 다시 보였을 것"이라고 하면서도, 이들에게는 그런 담력과 식력識力이 없었다고 했다. 결과에 대해서도 '화국禍國'이었다고 평가하였다. 국가에 화를 미쳤다는 주장이다. 다음은 전봉준에 대한 백암의 인식이다.

　전봉준은 매우 준결하고 지략이 있는 인물이다. 여러

번 관군을 패배시킨 것을 오산하여 오로지 미신으로써 그의 무리들을 복종시켰는데, 그 무리들은 어렵고 위험한 일을 피하지 않았다. 일찍이 그 무리에 이르기를 "나는 신기한 부적이 있어 비록 포탄이 비 오듯 하는 상황에 처해 있다 하더라도 부상당하는 일이 없다. 너희들은 이것을 보아라" 하고, 곧바로 소매 속에 탄환 수십 개를 몰래 감추고 비밀히 잘 아는 사람 10여 명에게 자신을 포위하여 모두 총을 쏘게 하였다. 실제로는 모두 공포였다. 전봉준이 포위당한 속에서 뛰어나오며 소매를 흔드니 탄환이 어지럽게 땅에 떨어졌다. 그것을 지켜보던 많은 사람들은 그를 바라보며 "장군은 사람이 아니고 신인神人이다"라고 말했다. 이에 그 무리들은 그 부적을 차고 총탄을 무서워하지 않았다고 한다.[28]

전봉준은 1854년에 전라도 고부군 궁동면 양교리(지금 전라북도 정읍군 이평면 오소리)에 있는 평민의 가정(어떠한 이는 향리의 가정이라 하나 사실은 그렇지 않다)에서 태어났다. 그의 부친도 반역 사상가로서 군수의 탐학에 격분하여 민요를 일으켜 군의 관아를 습격하다가 피살되었다는 것으로 보아 그를 길러낸 가정의 분위기도 엿볼 수가 있다.[29]

28 박은식, 〈갑오동학의 난〉, 《동학농민전쟁연구자료집(1)》, 동학농민전쟁100주년기념사업추진위원회 편, 여강출판사, 1996, 23쪽.

전봉준의 자字는 명숙明淑이니 본디 전주 태생으로 어릴 때 태인현 감산면 계봉리에 이주하였다가 다시 고부군 궁동면 양간다리로 이주하였다.[30]

봉준의 소년 시대의 조우遭遇가 이렇게 비참하였지만 주위의 훈련이 이렇게 비상하여 담력은 두斗와 같이 컸고 그 심장은 철석같이 굳어 의분의 장한 뜻, 강렬한 용기는 실로 물에 빠지고 불에 타는 듯한 괴로움도 피하지 않게 되었다. 더욱 사서史書를 읽고 고금을 통하고 아버지의 남긴 뜻을 이어서 자유 평등의 정신을 도야하였다. 그러나 봉준의 신체 모양은 매우 왜소하여 속담에 전봉준은 전녹두라 하는 것은 곧 봉준이 키가 작아 녹두 같다는 말이다.[31]

이러한 가정, 이러한 혈통 하에서 산육된 전봉준 군은 생래의 천성이 강의영민, 비분강개의 파괴적 인물의 특점을 구비하였을 뿐 아니라 아무리 신장이 왜소하여 녹두장군의 작호를 들었더라도 그의 헌앙한 기우氣宇에는 발발한 영기가 유로流露하고 그의 형형炯炯한 안광에는 예리한 관찰력이 횡일橫溢하며 벽력을 능모陵侮할 듯한 과인

▨ **29** 김상기, 〈동학과 동학란〉, 《동학농민전쟁연구자료집(1)》, 60쪽.
▨ **30** 〈전봉준실기〉, 《동학농민전쟁연구자료집(1)》, 351쪽.
▨ **31** 장도빈, 《甲午東學亂과 全琫準》, 덕흥서림, 1926, 23쪽.

의 담용膽勇, 풍운을 환기할 만한 종횡의 기지, 탁월한 문장, 유창한 변설, 어느 방면으로든지 파괴적 위인이 될 만한 희생과 재능이 완전히 발육되지 않음이 없는 초범招凡의 인물이었다.[32]

전봉준, 그는 도대체 어떠한 사람일까. 나는 일찍이 이평면장과 함께 그의 옛집이 있는 장내동長內洞에 이르러 그가 살던 초가집을 두드려 보고 동네의 어른을 모셔 그의 인물됨을 다음과 같이 들었다.

"그는 키는 작았으나 얼굴은 하얗고 눈빛은 형형하여 사람을 쏘아보았다. 평소 그는 집에서 마을 소년들에게 동몽선습과 천자문을 가르쳤고, 어른이 오시면 옛 현인의 행적을 이야기하였을 뿐 세상일에 대해서는 이야기하지 않았다. 사람이 없으면 종일 묵묵히 일어났다 누웠다가 하였으며, 집이 매우 빈곤하여 부모님께 극진한 봉양을 할 수는 없었지만 농사를 게을리하지는 않았다. 때때로 먼 곳에서 온 손님이 여러 날 머무는 일이 있었으나 그들이 마을 사람과 사귀지 않았다.

마을 내에 경조사가 있으면 그는 먼저 절하여 축복하여 주고 조문하였으며, 마을 사람들은 모두가 그의 인물

32 황의돈, 〈민중적 규호의 제일성〉, 《개벽》 1922년 4·5월호.

됨이 비범하다는 것을 알고 매우 존경하였다. 어느 해인가 전봉준의 아내가 죽자, 그는 오랫동안 병석에 누워 있던 사랑하는 아내와 이별하는 것을 애석히 여겨 무덤을 황토현 남쪽에 만들고 이곳에 아내를 장사지냈다.

그리고 당시의 풍습과는 달리 사랑하는 아이의 손을 이끌고 아내의 묘소 앞에 서서 묵도하는 것을 여러 번 보았다. 그는 이번의 변란이 일어나자 아무것도 돌아보지 않고 급히 일어나 난당을 지휘하였다.

고부민란에 달려가기 며칠 전 서너 명이 그를 방문한 적이 있었는데, 그들은 전혀 본 적이 없는 인물들로서 후에 알고 보니 모두 동학당의 중요 인물이었다."[33]

전봉준에 대한 기록과 평가를 종합하면, 체구는 비록 단묘하지만 대단히 영특하고, 어려서부터 눈이 샛별같이 빛나는 비범한 소년이있나. 어려운 생활에서도 의식이 살아 있는 아버지로부터 정신적으로 많은 영향을 받으면서 성장하였다. 뒷날 혁명의 기치를 들었던 배경 가운데 아버지의 억울한 죽음도 하나의 요인이 될 만큼 가정사는 평탄하지 않았다. 게다가 부인은 젊어서 사망하였다.

암울한 시대에 불우한 환경에서 태어나 강퍅한 삶을 살아야 했던 전봉준에게 혁명은 차라리 '운명'이었을지 모른다.

---

33 菊池謙讓, 〈동학당의 난〉, 《近代朝鮮史(下)》, 鷄鳴社, 1939 ; 앞의 책, 동학농민전쟁100주년기념사업추진위원회 편, 171~172쪽.

하지만 그것이 자신만의 불우가 아니었기에 쉽게 사람들의
마음을 얻었고, 사람들이 그와 행동을 함께한 요인이 되었던
것도 사실이다.

제 **4** 장

불우한 청년 시절

아아! 화변이 온다는 것이 어찌 우연한 일이겠는가?
나라가 잘 다스려지고 어지러워지는 것은 운수가 있고,
일이 막히거나 태평스러운 것도 때로는 서로 뒤바뀐다.
이것은 비록 시운이나 기화가 한결같이 정해진 것이어서
바꿀 수 없는 것이라고 하지만,
또한 사람들 일의 잘잘못에 기인하기도 하는 것이니,
대개 오랫동안 쌓이고 쌓인 형태가 그렇게 만드는 것이요,
하루아침이나 하루 저녁에 갑자기 이루어지는 것은 아니다.

– 황현, 《동비기략》

아버지는 지방의 유지 출신

전봉준의 아버지 전창혁에 대한 궁금증은 한둘이 아니다. 무엇보다 그의 직업이 무엇이었는지, 어떻게 사망하였는지가 의문이다. 이것은 호사가들의 담론이 아니라 젊은 전봉준의 의식 세계와 성장기를 알기 위해서는 필수적인 과제다.

먼저 그의 직업이다. 전봉준 대代의 재산이지만, 전답이 세 마지기에 불과하여 농사꾼으로 살기에는 어려운 실정이었다. 따라서 앞에서 살펴보았듯이, 또 일부 기록대로 향교의 장의나 향청의 이정, 서원의 유사 등을 맡아 생계를 유지한 듯싶다. 이런 일들은 웬만한 신분이나 재산가가 아니면 맡아볼 수 없었고, 어느 정도 학식이 있어야 가능했기 때문에 당시 생활이 극빈층은 아니었던 것 같다.

황현이 쓴 《오하기문》에 전봉준이 약을 팔아 생계를 유지했다는 대목이 보이므로 그의 아버지도 그런 종류의 직업에 종사하지 않았을까 싶다. 당시에 약업은 먹고 살기가 어렵지 않은 직업이었다. 전창혁의 직업과 의식에 대한 몇 가지 견해를 살펴본다.

전창혁은 한약제를 구입하고 파는 상인이었을 수도 있고, 떠돌이 한의사였을 가능성도 전혀 없지는 않다. 그렇게 보면 원평장 가까운 마을에 있을수록 수입이 좀 더 확실했을 것이다.

당시 몰락 양반 계층으로서 한문 서적을 읽은 사람이 생계가 곤란했을 때 한약을 처방해주거나 남의 병을 치료해주는 것쯤은 어렵지 않는 일이었다. 이런 점들은 부분적이지만 이후 전봉준의 생활에까지 그대로 이어져 나타났다고 생각된다.[34]

전봉준의 아버지 전창혁은 고부의 향반이라고는 볼 수 없고 동네의 일을 맡아보는 오늘날의 이장里長 정도에 해당되는 인물이었다. 그의 행적에 관한 기록을 종합해보건대 그는 비교적 강직했고 정의감을 가진 인물이었던 것으로 보인다.[35]

전봉준의 혁명적 의식 형성에는 그의 출신 환경과 그의 부친인 전창혁이 끼친 영향이 지대할 것이라 짐작되는

34 우윤, 《전봉준과 갑오농민전쟁》, 창작과 비평사, 1993, 35쪽.
35 신복룡, 앞의 책, 49쪽.

데, 전창혁은 의식 있는 농촌 지식인으로서 전봉준에게 적지 않은 영향을 끼쳤을 것으로 추정된다. 그가 한때 거주한 태인의 황새마을 부근에 있는 종정마을(현 김제시 봉남면) 서당에 전봉준을 보냈다는 구전口傳으로 보아 여기 저기 유랑 생활을 하면서도 전봉준에게 서당 교육만은 시켰던 것으로 보인다. 또 전봉준이 이평면 조소리에서 서당 훈장을 할 때 학생들의 감독을 해주는 등 서당의 운영에도 도움을 주었던 것으로 보인다.[36]

전봉준의 생애에서 가장 관계가 깊은 사람은 조병갑趙秉甲이었다. 조병갑이 고부군수로부터 익산군수로 전임되었을 때 모친상을 당했는데, 고부 관내에서는 조의금 문제가 논의되었다. 조병갑의 조종이거나 아첨배들의 과잉 충성에서 비롯된 일이다.

이때 동네사람들이 전창혁과 당시 동네의 유지인 김성천金成天을 찾아가 고부에서 적어도 금 2000냥 정도는 부의를 해야겠노라고 말했더니 "조병갑은 고부군수로 재직하는 동안에 추호의 선치善治도 없을 뿐 아니라, 기첩妓妾이 죽었는데 무슨 부의를 하느냐!"고 소리치고 부락민들의 의견을 일축해버렸다. 이 소식은 즉시 조병갑의 귀에

---

36 조광환, 앞의 글, 85~86쪽.

들어갔고, 1894년 1월에 그는 고부에 복직되자마자 김성천과 전창혁을 잡아들이도록 하였다. 그러나 이때 이미 김성천은 죽었으므로 전창혁만 잡혀 들어가 곤장을 맞고 죽었다.[37]

37 신복룡, 앞의 책, 50쪽.

아버지, 매 맞아 죽어

오지영은 《동학사》에서 전창혁이 고부군수 조병갑의 탐학에 못 이겨 고부 관아에 등소等訴한 장두狀頭로서 활동하다가 조병갑에게 곤장을 맞고 죽었다고 썼다. 백성들의 억울함을 제기하는 우두머리 노릇을 하다가 매 맞아 죽었다는 이야기다.

장태선張泰善은 《전봉준실기》[38]에서, 조병갑이 기생 출신인 모친의 상喪을 당하자 향교의 장의였던 김성천과 전 장의였던 전창혁에게 부의금 2000냥을 거두도록 책임을 맡겼는데, 이를 거부하자 그 보복으로 관아에 끌려가 장살杖殺을 당했다고 기록했다. 최현식崔玄植은 《갑오동학혁명사》에서, 장의가 아니라 마을에서 일을 보는 사람(이장)과 같은 역할을

***

38 《전봉준실기》는 장봉선이 1936년에 펴낸 井邑郡誌를 현대본으로 편찬하면서 당시 동학혁명에 관한 목격자의 체험담과 40년 동안 전해 내려오는 설화와 村老들의 고증을 바탕으로 엮은 기록이다.

하였는데 조병갑 모친의 부의금을 걷지 않았다는 이유로 관아에 끌려가 곤장을 맞고 죽었다는 주장을 폈다.

이러한 설에서 공통되는 점은 전창혁이 고부군수의 부당한 학정에 맞서다 죽음을 당했다는 것이다. 물론 전창혁의 죽음이 전봉준으로 하여금 고부 봉기를 일으키게 한 직접적인 원인은 아니라고 보지만 전창혁의 이러한 저항적 기질을 전봉준이 물려받았으리라는 생각은 지극히 상식적이라고 여겨진다.[39]

전창혁이 조병갑에 의해 곤장을 맞아 죽은 것은 1894년의 동학농민혁명보다 1~3년 앞선 것으로 추정된다. 이돈화李敦化의 《천도교창건사》에 따르면 갑오년 봉기 때 전봉준이 상복을 입고 있었다는 기록이 이를 뒷받침한다. 고부 지방에 전래되는 구전과 목격자의 증언도 이와 비슷하다.

그가 죽은 시기에 대해서는 좀 더 근거가 되는 자료가 있다. 고부에 전래되는 구전과 목격자의 증언에 따르면 동학란이 일어나기 직전 전봉준이 나들이할 때면 상주들이 쓰는 방갓方笠을 쓰고 있었고, 1894년에 전봉준이 전주성에서 화약을 맺고 있을 무렵인 6월경에 부친의 소상小祥을

---

39 조광환, 앞의 글, 86쪽.

103

맞이했는데 당시 당대의 영웅을 숭모하는 인근 부락의 조객들이 수천 명을 헤아렸고, 그들이 가져온 현물 조위弔慰가 상당수에 이르렀다고 한다. 이런 점에서 보건대 전창혁의 죽음은 1893년 6월(음력)경이며, 조병갑이 재임된 1894년 1월에 장살되었다는 얘기는 잘못된 것이다. 전봉준의 족보에 따르면 전창혁의 기일이 6월 23일로 되어 있어 향토의 구전과 비슷하게나마 맞고 있다.[40]

의로운 일을 하다가 비명에 간 전창혁은 죽음의 길에서 마을 주민들로부터 극진한 대접을 받은 듯 보인다. 소상 때에 작은 시골 마을에서 조객이 수천 명에 이르렀다는 사실은 전창혁의 인품과 행위의 정당성을 보여주는 대목이다. 재임한 군수에 '찍혀' 장살된 사람의 장례에 수천 명의 조객이 몰려들 정도로 당시 고부 지방의 민심은 '원민怨民'의 수준으로 변하고 있었다.

전봉준은 의식이 깨어 있는 아버지의 훈도를 받고, 글공부도 하면서 청소년 시절을 보냈다. 당시에 유행하던 동학에도 관심을 가지고 공부하기도 했다.

현지의 구전에 따르면 전봉준은 동학을 공부하는 가운데 특히 순 한문으로 된 《동경대전東經大全》을 공부하다가 뜻이 통하지 않을 경우에는 그 당시 고부의 최고 문장이

---

40 신복룡, 앞의 책, 51쪽.

요, 이웃에 살고 있던 옹택규를 찾아가 가르침을 청했고, 문장뿐 아니라 동학에도 깊은 지식을 가지고 있던 옹택규는 그 뜻을 풀이해주었으며, 당시의 《동경대전》이 인쇄기술상 오자가 있어서 9자字나 고쳐준 사실이 있다고 한다.[41]

전봉준은 젊은 시절 여러 곳을 옮겨 다니며 살았다. 그의 출생지가 혼란스러운 이유도 잦은 이사가 원인이었다. 일정한 농토가 없었던 관계로 비교적 쉽게 이사를 다니고, 직업도 이것저것 닥치는 대로 했던 것으로 추정된다.

전봉준은 어릴 적 당촌의 생가를 떠나 원평의 황새마을 유기공장 객사에 거주하기도 했다. 주민들의 증언에 따르면 이 유기장은 일제 말기까지 있었다고 한다. 전봉준의 아버지가 하필 유기공장에 숙거宿居를 정했으니 유기업에 종사했을 가능성도 없지 않다. 전봉준 역시 부친의 가업을 도왔을지 모른다. 이 무렵에는 전봉준의 외가 친척들이 거주하는 태인 감산면 계봉리 황새마을에 잠시 거처를 삼기도 하였다. 앞에서 인용한 황현의 글처럼 전봉준은 젊어서 약을 팔아 생계를 유지하기도 했다.

젊은 시절 전봉준의 가족이 이사한 경로를 살펴보자. 출생지로 유력한 고창군 고창읍 죽림리 당촌 마을에서 전주 구

<hr />

41 신복룡, 앞의 책, 40~41쪽.

미리(현 완주군 고산면), 태인 황새마을, 태인 외산면 동곡리, 정읍 이평면 양교리, 이평 조소리 등을 거치는 유동 생활을 하면서 성장하였다. 할아버지와 아버지의 묘소가 조소마을에 있고, 전봉준이 한때 이곳에서 훈장 노릇을 한 것으로 보아 이평 조소마을에서는 꽤 오랫동안 거주한 듯하다. 그 무렵 약업에도 종사했다.

부자가 함께 약업에 종사

사학자 김용덕 교수는 1970년 초 전봉준의 출생지로 알려진 지역을 둘러보고 다음과 같은 글을 남겼다.

필자가 1971년 12월 전봉준의 전기 자료를 탐방하고자 정읍군에 들렀을 때 유식한 70대 노인인 서병익 씨로부터 들은 바에 따르면, 전봉준은 자기 집이 있는 조소리에서 한 5리 떨어진 두지리에서 한때 의료에 종사하고 있었다 한다. 조소리는 배들(이평梨坪) 평야의 일각에 있는 꼭 새집같이 오묵히 구석진 곳에 있고, 두지리는 시장이 있는 곳으로 네 갈래의 대로가 교차하는 길목인 것이다. 이곳에다 방을 얻고 단壇을 마련하고 주머니를 천정에 걸어놓고 주문을 외우며 시약하여 병을 고쳐주고 있었다 한다(《혁명투사 전봉준》중에서 김용덕이 쓴 1부).[42]

전봉준은 동학에 입문하는 과정이나 혹은 그 이전부터 비기秘記와 참위사상讖緯思想에 많은 관심을 보였던 듯하다. 당시는 세기말적인 분위기에서 사회가 혼란하고 민심이 각박해지면서 각종 비기와 참위가 나돌고, 전래의 풍수지리설도 한 몫을 했다. 불우한 신분과 사회에 불만이 많았던 전봉준역시 젊은 시절 이와 같은 운명론적인 도참사상에 빠져든 데쉽게 수긍이 간다.

전봉준의 출생지나 거소가 분분한 데서 알 수 있듯이 그는 한 곳에서 오랫동안 정착하지 못한 채 여러 곳을 돌아다녔는데, 그는 특히 비기를 믿어 천하의 명당이라는 곳을 찾아 일시나마 자리잡고 살기를 좋아했다. 그가 '구미성인출龜尾聖人出'이라 하여 명당으로 꼽히는 전주군 봉상면 구미리에서 김개남金開南과 함께 살았다거나 평사낙안平沙落雁의 명당인 정읍군 산외면 평사리(동곡리)에서 지낸 사실, 그리고 앞서 지적한 대로 그가 지관地官으로서그 동네의 상사喪事를 맡아 돌봐주었다는 사실 등이 그의 참위사상을 잘 보여준다.[43]

전봉준은 방술方術도 익혔다. 전봉준보다 20여 년 뒤에 태

42 우윤, 앞의 책, 35쪽.
43 신복룡, 앞의 책, 53쪽.

어난 백범 김구가 젊은 시절 과거 시험에서 낙방하고 아버지의 권고로 사주관상과 지관 공부를 하였듯이, 당시 어느 정도 글공부를 한 사람은 지관이나 방술을 익히는 게 상례인 듯싶다. 그리고 젊어서부터 '큰 야망'을 품고 있었던 것 같다.

지난 날 봉준은 집이 가난하고 도움 받을 만한 곳도 없어 약을 팔아 생계를 유지하면서 방술을 익혔다. 언젠가 지관을 초치하여 묏자리를 부탁하면서 "만약 크게 왕성할 자리가 아니면, 아주 망하여 후사가 끊어지는 곳을 원한다"고 하였다. 그 사람이 이상하게 여기자 봉준은 탄식하면서 "오랫동안 남의 밑에서 살면서 구차하게 성씨를 이어가느니 차라리 후사가 끊어지는 것이 낫다"고 하였다. 그는 오래전부터 동학에 물들어 있었으며 요사한 지식에 미혹되어 늘 울분에 차 있었는데, 고부에서 민란이 일어나자 사람들에 의해 우두머리로 추대되었다.[44]

---

44 황현 지음, 김종익 옮김, 《梧下記聞》, 역사비평사 , 1995, 71~72쪽.

송씨와 결혼 그리고 사별, 재혼

전봉준이 언제 결혼을 했는지 정확하지 않지만, 20대 초반에 네 살 위인 송두옥宋斗玉의 딸과 결혼했다는 설이 지배적이다. 몇 가지 자료를 종합하여 볼 때 스물한 살 때 결혼한 것으로 추정된다.

장군은 성년이 되어 네 살 위인 송씨 두옥의 딸(1851년 8월 16일생)과 혼인하였음을 알 수 있다. (중략) 1877년 4월 24일 처와 사별을 하고 그의 처를 태인 산내면 소금동 할머니 묘 밑에 안장을 하였다. (중략) 위의 사실에서 전봉준 장군은 스물세 살의 젊은 나이에 상처를 한 사실을 알 수 있다. (중략) 또 위 세보世譜에 따르면 산내면 소금동에 안장했음도 알 수 있다. 아울러 관련해서 추정되는 것은 전봉준 장군이 상처했을 무렵 그는 태인에 거주했다는 사실이다. 그가 언제 태인으로 갔는지는 확인할 수 없다. 그렇지만 그의 할머니 묘소도 산내면 소금곡임을 미루어 생사하면 적어도 그는 할머니가 돌아가신 1876년 이전에 이곳 태인으로 이주한 것으로 보인다.[45]

전봉준은 개인적으로 대단히 불운한 처지의 '비운의 사나이'였다. 아버지는 장살당하고 부인은 젊은 나이에 병사하였다. 스물세 살 때인 1877년 4월 24일 처와 사별하고, 그 후 남평 이씨 문기文琦의 딸과 재혼하였다. 그러나 혁명 전선에 나서느라 평온한 가정생활을 꾸리기는 어려웠다. 전봉준은 전처와는 두 딸을, 후처와는 두 아들(용규龍圭와 용현龍鉉)을 두었다.

전봉준에게는 2남 2녀의 자녀가 있었는데 차녀인 김옥녀金玉女(숨어 살면서 성을 바꾸었다 함)가 1879년에 태어났다고 한다. 그러면 장녀인 고부댁의 출생 연도는 대강 1875, 76년 정도로 추정할 수 있다. 그렇다면 전봉준은 스무 살 전후에 자신의 배우자를 맞이한 것이 된다.[46]

전봉준은 오랜 병고 끝에 홀연히 떠난 첫 부인을 황톳재 남쪽 언덕에 묻었다. 그리고 어린 자식들과 자주 부인의 묘소를 찾았다. 당시 남존여비의 풍습에는 남편이 부인의 묘소

---

45 송정수, 〈전봉준 장군 출생지에 대한 고찰〉, 조광환, 앞의 글에서 재인용.
46 우윤, 앞의 책, 37쪽.

를 찾는 것을 금기시했던 것에 비하면 전봉준의 행동은 남달랐다는 평가를 받을 수 있다.

전봉준의 후처가 남평 이씨가 아닌 오씨 문중의 한 과수댁이었다는 주장도 있다. 신복룡 교수는 1981년 1월에 강금례 노파로부터 들었다면서 오씨 문중의 과수댁이라고 주장했다.[47]

전봉준의 가정생활과 관련해서는, 일본인 기쿠치 겐조가 전봉준의 '전주화약' 이후 그의 고향인 태인 동곡東谷으로 돌아왔을 때의 광경을 묘사한 다음의 글이 거의 유일한 자료다.

이곳에서는 후처인 이소사李召史가 오랫동안 외로운 안채를 지키며 전처의 소생과 자기의 소생 두 아들을 기르고 있었는데, 전쟁터에서 갑자기 돌아온 남편을 맞이하는 이소사의 기쁨과 두 아이의 환호는 비유하기 어려운 광경이었다.[48]

척박한 땅에서, 그보다 더 혹심한 수탈 체제에서 아버지를 잃고 사랑하던 아내마저 사별한 청년 전봉준은 울분의 심사를 억누르며 시대의 반항아로 성장하고 있었다.

부친은 매우 강강强剛한 인물로 고부군의 아전이 되었

▨▨ **47** 송정수, 앞의 글, 34~35쪽에서 재인용.
▨▨ **48** 위와 같음.

다가 당시 탐학, 잔폭한 고부군수를 쫓아내려고 민중을 시휘하여 군수를 습격하다가 마침내 관군의 포로가 되어 참혹한 형장 아래에서 죽었다. 이 비참한 광경을 목도한 봉준은 그 분개가 다하여 피눈물이 내리고 두 주먹을 쥐어 살기등등하였다. 그리하여 봉준은 더욱 의분의 피가 끓기 시작하였다. 당시 부패한 국가를 일신—新하려는 결심을 하게 되었다.[49]

49 장도빈, 앞의 책, 33쪽.

제 **5** 장

역사상 걸출한 농민봉기 지도자들

왕후장상의 씨가 어찌 따로 있겠는가.
때가 되면 누구나 할 수 있다.
– 만적, 《고려사》, 신종원년 5월

혁명이론과 농민봉기

역사상 걸출한 농민봉기를 주도한 인물이라면 서양에서는 영국의 존 볼John Ball과 독일의 뮌처Thomas Münzer, 동양에서는 중국의 진승과 오광 그리고 한국의 만적을 들 수 있겠다. 이들 외에도 수많은 농민봉기 지도자들이 관의 압제에 맞서 농민의 권익을 내세우고 싸우다가 좌절을 겪어야 했다.

전근대의 농민봉기와 현대의 혁명이 같은 개념일 수는 없다. 인류가 농경사회를 이루고 농업이 생산과 소비의 주체가 될 때부터 동서를 막론하고 크고 작은 농민봉기와 민란이 일어났다.

제임스 데이비스James Davies는 〈J곡선의 혁명이론〉에서 혁명은 반드시 사회가 일반적으로 궁핍화하는 시기에 일어나지는 않는다고 분석한다. 데이비스의 혁명이론은 농민봉기와 차이가 있다.

사람들은 극단적인 빈곤 상태에 있을 때에는 육체적 정신적 힘을 생존 유지에 모두 소모하기 때문에 생존 유지와 관계없는 다른 어떤 사회 활동에도 몰입하지 않는다고 한다. 혁명의 조건이 조성되기 시작하는 것은 도리어 억압의 사슬이 어느 정도 늦추어지고 생명에 대한 극단적 위협을 당하지 않은 채로 사슬을 벗어 던질 가능성이 있을 때 사람들은 최초로 반란 상황에 놓이는데, 데이비스는 이것을 원초적 반란이라고 불렀다.

또한 그에 따르면 혁명을 조성하는 사회적 조건은 반드시 사람들의 물질적 조건(의·식·주·건강 및 육체적 상해로부터의 안전 등)만이 아니다. 그밖에도 사회적 욕구(가족과 친우와의 감정적 결합 등), 공평한 위신 유지와 공명정대의 욕구 등 광범위하게 걸쳐 있으며, 여기에 추가하여 필수적 요소는 이러한 욕구들에 대한 위험이 얼마만큼 존재하고 있는가 하는 점이다.

이러한 관점에서 그는 1842년 도르Dorr의 반란, 1917년의 러시아혁명, 1952년의 이집트혁명을 경험적으로 분석해본 결과 혁명 발발의 일반적 이론을 발견하였다. 즉 혁명은, 사람들의 욕구 충족의 기대치가 일정한 비율로 계속 상승하고 실제의 욕구 충족이 그 기대치의 상승 비율과 일정한 격차(참을 수 있는 격차)를 두고 비례적으로 상승하다가 어떠한 시점에서 실제의 욕구 충족의 상승이 좌절되기 시작해서 급격히 반전되어 하강할 때 (즉 그래프로 그리면 J글자를 옆으로 놓은 것처럼 하강할 때) 욕구 충족의 기대치와 실제의 욕구 충족의 격차가 참을 수 없는 격차로 갑자기 확대되어 심각한 박탈감과

공격성을 낳으면 폭발한다는 것이다.[50]

데이비스의 혁명이론을 농민봉기(농민혁명)에 바로 대입하는 것은 적절하지 않을 수 있다. 농민봉기(혁명)는 억압과 착취와 굶주림이 한계에 도달했을 때, 분노가 임계점에 이르렀을 때 폭발하는 경우가 대부분이기 때문이다. 그런 면에서 혁명은 대단히 '사치스럽다'고 할 수 있다. 따라서 이런 경우, '동학농민혁명'이라는 명칭 대신 '동학농민봉기'가 더 어울릴지 모르겠다.

50 신용하 편, 《혁명론》, 문학과 지성사, 1984, 13쪽.

중국의 농민반란

중국에서는 진秦 왕조 성립 이후 청말에 이르기까지 거대한 농민반란이 끊임없이 이어졌다. 중국의 농민반란은 실제 농민을 필두로 수공업자, 염업 노동자, 운송 노동자, 유민 등 각 계층이 참여한 민중항쟁이었다. 대체로 사회 체제의 모순에 따른 부의 편중 현상이 심해지고, 토지를 잃은 농민이 증가하며, 전제 왕조의 수탈과 국가 체제의 문란이 심화되었을 때 이의 시정, 토지의 균분, 귀천의 철폐 등을 외치며 농민반란이 발생하였다.

때로 황건黃巾의 난, 백련교도의 난과 같이 종교적 성격을 띠기도 하고 반원反元, 멸만흥한滅滿興漢 등 이민족 지배에 항거하는 민족운동과 결합하기도 하였으나 그 근본은 민중의 생존권을 지키기 위한 항쟁이었다.

중국의 농민반란은 한 왕조의 말기에는 반드시 거대한 농민반란이 발생한다고 할 정도로 규모와 연속성에서 볼 때 세계사에서 특출한 위치를 차지한다. 이런 사례로는 진의 진승陳勝·오광吳廣의 난(기원전 209~208), 왕망王莽 정권 하의 녹림綠林·적미赤眉의 난(17~27), 한말 황건의 난(184~205), 당의 황소黃巢의 난(875~884), 송의 왕소파王小派·이순李順의 난(993~995), 원의 홍건의 난(1351~1367), 명의 등무칠鄧茂七의 난, 유육劉六·유칠劉七의 난(1510~1512), 이자성李自成·장헌충張獻忠의 난(1627~1646), 청의 백련교의 난(1796~1805), 그리고 근대적 농민전쟁으로도 분류하는 청말 태평천국의 난(1850~1864) 등이 있다. 농민반란의 요구는 대부분 실현되지 않고 농민반란의 지도자가 수립한 정권은 다시 전제 왕권으로 회귀되었지만, 농민반란은 기존 사회 체제의 변화에 결정적인 역할을 하였다. 일례로 황소의 난은 장원제를 기반으로 하는 당의 귀족세력을 몰락시키고 지주제에 기초한 사대부 계층의 중앙 집권적 관료 국가를 형성하는 계기가 되었다.

송·명대에 와서 지주제가 발달함에 따라 이후의 농민반란은 지주제의 모순에 항거하는 순수한 농민운동의 성격이 뚜렷해지고, 농민의식을 계속 고취하였다. 송대에는 대규모 농민반란 외에도 전호佃戶 농민의 소작료 거부와 항조운동抗租運動이 일어났으며, 명대 지주제와 농촌에 침투한 은경제銀經濟의 결합에 의해 급속히 몰락한 소농을 축으로 한 수차례의 농민반란이 발생하였다. 이것들은 근대적 농민항쟁의 선구적 역할을 하였다.

유럽의 농민반란

중세를 통해 영주 권력의 횡포에 항거하는 농민들의 봉기는 수없이 많았다. 그런데 이전에는 개별 영주에 대해 단발적으로 일어났던 것이 많았는데, 14세기 이후에는 집중적이고 대규모로 발생하여 프랑스와 영국에서는 14세기 이후, 독일에서는 15세기 초반 이후, 러시아에서는 17세기 이후에 많은 농민반란이 일어났다.

발생 시기와 양상 및 직접적 계기는 지역마다 조금씩 차이가 있지만 근본적인 원인은 봉건 지대와 농노제를 축으로 하였다. 이 시기는 도시와 상공업이 발달하고 이와 결합하여 농민층이 성장하기 시작한 시기로, 농민의 성장을 억압하는 영주권의 갖은 제약과 부역제에 기초한 농노제의 가혹성, 농민간의 계층 분화가 원인이 되었다.

일부 지역에서는 흑사병에 따른 인구 감소와 농민의 저항에 대항하기 위해 영주층이 실시한 부역제 강화 등의 봉건 반동 정책이 반란을 촉발하기도 하였다. 영주권의 문제를 넘어서 국가의 과중한 조세 징수에 대항하여 발생하는 경우도 있었다. 이때의 반란 규모가 가장 컸다. 1358년 자크리Jacquerie의 난, 1381년 와트 타일러Wat Tyler의 난이 대표적이다. 17~18세기 절대왕정 아래서도 이런 봉기가 여러 차례 발생하였다. 사회 분화가 진전됨에 따라 흉년과 물가 앙등을 계기로 빈농과 도시 빈민들의 폭동이 영주·지주·부호·곡물상에 대한 공격으로 발전하기도 하였다.

농민반란은 진행 과정에서 폭동과 학살을 수반하기도 했으며, 자연발생적이고 비조직적이었다. 무장도 곤봉이 주가 될 정도로 열악하였다. 이들은 국왕과 영주의 군대에 의해 모두 철저하게 진압되었다.

그러나 농민반란은 유럽 봉건제의 질적인 변화를 촉진하는 역할을 하였다. 농민반란을 계기로 영주제의 재편성, 국왕권의 강화가 나타났으며, 노동지대가 화폐지대로 옮겨가고 예속적인 농노제에서 영주와 농민 간의 봉건적인 계약관계로 전환하는 것을 촉진하는 역할을 하였다.

한국의 농민반란

한국에서 사료에 기록된 최초의 대규모 농민반란은 9세기 말에 전국적으로 발생한 농민반란이다. 이 반란은 신라의 중앙 지배 체제를 마비시키고 후삼국시대를 여는 계기가 되었다. 두 번째는 고려 중엽인 12~13세기로 대토지 겸병의 발달과 이자겸의 난부터 무신난으로 이어지는 중앙 정계의 혼란에 따른 국가 기구의 부패로 말미암아 전국에서 발생한 농민반란이다.

고려시대의 반란은 문신 정권의 부활을 기도한 조위총趙位寵과 결합하기도 했으나 보통 차별대우를 받던 서북면 지역 주민이나 천민 촌락인 향·소·부곡 그리고 노비가 주동이 된 경우가 많았다. 그러나 이들은 대개 고립적이고 분산적으로 전개되었다. 후기에는 반란군 간의 연대가 일부 이루어지기도 했으나 중앙에 최씨 정권이 들어서고 이어 원의 침략과 지배가 시작되면서 원과 고려 정부의 군대에 의해 농민반란은 진압되었다. 하지만 이것은 향·소·부곡의 철폐, 노비제의 개선, 군현제와 외관제 정비 등 사회 전반에 걸친 개혁을 초래하여 중세사회의 발전에 획기적인 계기로 작용하였다.

조선 전기에는 조사의趙思義의 난, 이시애李施愛의 난과 결합한 함경도 농민들의 봉기, 임진왜란 중에 발생한 이몽학李夢鶴의 난이 유명하나 이전과 같은 전국적인 위기 상황은 없었다. 그러나 16세기 이래 지주제의 발전과 부세 제도의 문란에 따른 소농민의 몰락이 빠르게 진행되면서 갖가지 분쟁은 계속 발발했으며, 이들과 봉건 정부 지주층 간의 긴장은 계속되었다. 이것은 1811년 평안도 농민전쟁, 1862년의 전국적인 민란, 1894년 갑오농민전쟁으로 표출되었다.

중국 첫 농민봉기 일으킨 진승과 오광

진승(?~기원전 208)은 양성陽城, 오늘의 하남성 등봉동남登封東南 태생이다. 집이 가난하여 머슴을 살았다. 당시의 머슴은 노예나 노비의 신분이라기보다는 남에게 고용된 농업 노동자였다. 진승은 어려서부터 큰 뜻을 품었다. 어느 날 밭일을 하다가 함께 일하던 친구에게 말했다. "후일 우리 사이에 꼭 누군가 부귀를 누리게 되는데, 부귀를 누리게 된 사람은 가난한 형제들을 잊어서는 안 되오." 그러자 친구들은 남한테 고용되어 일하는 처지이면서 부귀를 누릴 헛된 꿈을 꾼다고 진승을 비웃었다. 그러나 진승은 "어찌 참새나 제비 따위가 기러기나 고니의 큰 뜻을 알겠는가燕雀安知鴻鵠之志"라는 후세에 널리 전해진 유명한 고사성어를 남겼다.

오광도 진승과 같은 하남성 출신으로, 가난한 농민 가정에서 태어났다. 두 사람은 진시황의 아들이 황제를 계승한 기원전 209년에 변방으로 징발되었다. 지금의 북경시 밀운

125

현 서남 지역인데 당시엔 주로 가난한 사람들만이 변방 수비를 위해 동원되었다. 진승과 오광은 징발된 900여 명과 함께 길을 떠났다. 그러나 미처 목적지에 도착하기 전에 홍수를 만나 길이 막힌 그들은 도저히 기한 내에 도달할 수 없는 처지에 이르렀다. 진나라 형법에 기한 내에 도착하지 못하는 사람은 참수형에 처하게 되어 있었다.

진승과 오광은 "지금 도망가도 죽고, 봉기해도 죽을 수 있다. 이왕 죽는 거라면 난이라도 일으켜 죽는 게 낫다"고 농민들을 선동하기에 이르렀다. 진승은 봉기에 앞서 비단천에 '진승왕'이라고 붉은 글로 쓴 천을 물고기 뱃속에 집어넣었다. 사람들이 그 물고기를 사다가 배를 가르니 '진승왕'이란 글자가 적힌 비단천이 나왔다. 이로써 모두들 진승이야말로 하늘이 돕는 사람으로 여기게 되었다. 진승과 오광은 "진나라에 의해 고통당한 지 이미 오래거늘 천하를 위해 일어서면 호응하는 자들이 많을 것"이라고 농민들을 선동하였다. 진승은 "왕후장상이 어찌 처음부터 따로 있겠는가"라면서 스스로 장군이라 칭하고, 오광을 도위都尉로 명했으며 국호를 장초張楚로 정하였다. 국호를 장초로 정한 것은 이 봉기가 전국시대의 초나라를 재건하기 위함이라고 천명하고 싶어서였다.

장초는 중국 최초의 농민 정권이었다. 봉기를 일으킨 뒤 진승과 오광의 농민군은 두 갈래로 나누어 진격하였다. 진승은 본부대를 이끌고 오광은 병력 일부를 거느리고 서쪽으로 진격해 나갔다. 오광의 부대는 곧 정부군 지도자를 내세워 수도로 돌진했다. 한 달도 못 되어 봉기군은 군사 요충지인 진현, 오늘의 하남성 회양시를 점령하였다. 이 시기 진승의 봉기군은 전차 600여 대를 보유하고 있었고 군사는 기병이 1000여 명, 육군이 수만 명에 달하였다. 진승, 오광이 봉기를 일으킨 후 진나라 통치에 불만을 품고 있던 각지의 백성과 귀족들이 호응하고 나섰다.

진승은 여러 갈래의 봉기군을 지휘하여 진나라를 뒤엎기 위해 서쪽으로 진격해 나갔다. 기원전 208년 9월 진승의 부하인 주문이 함곡관函谷關을 공략하였다. 이때 봉기군은 1000여 대의 전차를 갖고 있었고 군사 수는 수십만 명에 달하였다. 봉기군이 함양과 100여 리도 안 되는 지점까지 진격해가자 진나라는 대장인 장감章邯에게 대군을 주어 동진해 봉기군을 진압하도록 하였다.

홍문鴻門 전역에서 진승의 봉기군은 대패해 관외로 퇴각하였다. 봉기군 내부에서는 내분이 일어났다. 오광의 부장인 전장田臧이 부하들을 선동해 오광을 살해하였다. 내분으로 큰 타격을 입은 봉기군은 장감이 이끈 진나라 군대에 패배하였다. 진승은 적은 군사로 진나라 대군의 진격을 막아내지 못하고 진현에서 퇴각해 지금의 안휘성 경내로 이동하던 도중에 자신의 마차를 몰던 장가庄賈에게 살해되었다.

진승과 오광은 실패했지만, 이들은 진왕조에 결정적인 타격을 주었다. 그들이 반란한 틈을 이용하여 전국 각지의 귀족 세력, 특히 통일 전 진나라와 자웅을 겨루던 나머지 6국의 후예들이 진나라에 반기를 들었던 것이다. 특히 항우項羽와 유방劉邦 두 인물이 등장하여 패권을 겨루다가 결국 기원전 206년 진나라가 붕괴하고 한나라가 탄생하였다. 진나라의 멸망과 한나라의 탄생은 진승과 오광에 의해 그 계기가 마련됐던 셈이다.

"아담이 밭 갈고 이브가 베 짤 때 귀족은 어디 있었던가"

　서양의 대표적인 농민봉기의 지도자 존 볼(?~1381)은 영국 켄트의 성직자로서 농민에 대한 영주領主의 억압을 배격하면서 반란을 일으켰다. 그는 "아담이 밭갈이하고 이브가 베 짤 때 귀족은 어디 있었던가!"라는 선전 문구를 내걸고 1356년경부터 1381년에 이르기까지 농민봉기를 선동하였다.

　존 볼의 사상은 다음의 연설문에서 잘 나타난다.

　영국에서는 재산이 공유로 되지 않는 한, 또 농노와 지주가 없어지고 모두 평등하게 될 때까지는 모든 것이 개선되지 않을 것이다. 도대체 우리가 영주라고 부르는 저 자들은 대체 어떤 권리가 있어서 우리들보다도 훌륭하다는 것일까? 우리들은 모두 한 사람의 아버지와 한 사람의 어머니 아담과 이브로부터 났다. 그들이 우리들 이상의 것이라는 이유는, 자신들이 소비하는 것을 우리에게 경작시킨다는 것 이외에는 없다. 그들은 비로드velvet를 휘감고 비단과 모피를 입고 있는데 우리들은 목면을 걸치고 있다. 그들은 포도주와 향료와 좋은 빵을 가졌지만 우리들은 흑빵을 먹고 물을 마실 뿐이다. 그들은 훌륭한 저택에 살고 태타怠惰한 나날을 보내고 있는데, 우리들은 바람 불고 비 오는 날 들에서 일하지 않으면 안 된다. 그뿐 아니라 그들은 호화로운 생활을 우리들의 노고로 즐기고 있다. 그들은 우리들을 노예라고 부르고 그리고 우리들이 그들의 명령에 복종하지 않으면 우리들을 징벌한다. 그뿐 아니라 우리들은 우리들의 말에 귀를 기울이고, 우리들의 권리를 신장해 주는 한 사람의 왕도 가지지 않는다. 그러나 우리들의 왕은 아직 젊다. 우리들은 왕의 앞에 가서 우리들의 궁상窮相을 말하고, 이 궁상이 구제救濟되지 않으면 우리들 스스로 구제책을 강구할 것을 알리자. 우리들이 단결하여 왕의 앞에 갈 때에는, 노예라는 말을 듣고 굴종을 강요당하고 있는 모든 사람이 자유를 획득하기 위하여 따라올 것이다. 왕이 우리들과 만날 때에는 왕은 우리들을 위하여 무엇을 줄 것이다. 만약 주지 않을 때에는 우리들은 다른 자구책自救策을 강구하자.[51]

존 볼의 농민혁명은 좌절되고 그를 비롯하여 중요 인물들

▨▨▨ **51**　이종기, 《사회개혁사상사》, 신원사, 1992, 43쪽.

은 모두 붙잡혀 사형당하였다. 수많은 농민이 처형되고, 이 봉기에 가담하지 않은 농민들도 군대의 학살에 전율하면서 고향을 떠났다.

"성서에 노예라는 구절이 있으면 증명하라"

종교개혁자이며 농민전쟁의 지도자였던 독일의 뮌처 (1489~1525)는 인텔리 출신의 혁명가였다. 라이프치히대학에서 신학을 공부하고 루터의 추천으로 선교사로 츠비카우에서 사제의 길을 걸었다. 그러나 부패한 교회의 실상에 접하면서 점차 루터의 사상과 대립하게 되고 츠비카우에서 추방되기에 이르렀다.

추방된 뮌처는 보헤미아의 알슈테트에서 포교 활동을 계속하면서 급진적인 사회 개혁 운동에 나섰다. 가난한 사람들을 위해서는 교회나 수도원의 강탈도 가능하다고 설파한 뮌처는 승려·귀족·제후에게 반대하는 알슈테트 동맹을 결성하여 지배 계급과 맞섰다.

당시 독일 농민들은 무거운 세금 부담에서 헤어나지 못한 채 극심한 궁핍에 시달리고 있었다. 그래서 15세기 말부터 16세기 초에 여러 지역에서 농민반란이 일어났다. 농민들은

"너희들은 즉시 우리들을 농노의 상태에서 해방하든가, 그렇지 않으면 싱서의 문구로써 우리들이 노예가 되지 않으면 아니 된다고 하는 것을 증명해야 한다."고 지배자들에게 들이댔다. 뮌처는 1525년부터 농민전쟁으로 번진 농민봉기에 앞장섰다. 류링겐에서 농민군을 지휘하면서 도시 빈민과 광부 및 빈농에게 다음과 같이 부르짖었다.

일을 시작하라! 투쟁에 진출하라! 때는 왔다! 이때다! 악당들은 암캐처럼 무서워한다. …… 그들은 우리에게 간원懇願하고 우리 앞에서 어린아이처럼 울부짖을 것이다. 그렇지만 그들은 용서해서는 안 된다. 쇠는 달았을 때에 단련鍛鍊해야 한다! 때가 지나가기 전에 일을 시작하라![52]

이 무렵 종교개혁자로 알려진 루터의 행동은 대단히 반농민적이었다. 처음에는 친농민적이었다가 완전히 변신하여 농민 탄압의 선두가 되었다. "미친개와 마찬가지로 반항하는 농민의 목을 졸라 죽여야 한다"고 제후들을 선동하였다. 다른 대부분의 농민봉기처럼 뮌처가 지휘하는 농민군은 영주연합군에게 패배당하고 뮌처는 체포되어 참수를 당했다.

농민운동 진압 후 지배자들의 복수는 참혹하였다. 농민들은 가장 비인간적인 방법으로 학살되고, 그 수령首領들은 인

52　이종기, 앞의 책, 45쪽.

둣불로 지지고 면피面皮를 베끼고 전 마을이 지상에서 소멸되기도 하였다. 10만 명에 달하는 인간이 지주와 그 조수助手의 잔인한 증오의 희생이 되었다. 그 후 독일에 있어서 농민의 상태는 한층 더 악화되었다. 농민에게는 굶주림과 빈곤의 생활 이외는 아무 것도 남지 않은 상태였다.[53]

53 이종기, 앞의 책, 46쪽.

"왕후장상의 씨가 어찌 따로 있겠는가"

고려시대 만적은 농민보다 못한 노비였다. 당시의 집권자 최충헌의 사노私奴로서 공사 노비들을 조직하여 난을 일으키려다가 배신자의 고변으로 좌절하고 만다.

만적은 1198년(신종 원년) 6명의 노비들과 함께 개경 북산에서 거사를 기도하였다. 이때 만적은 "경계庚癸난(정중부의 난) 이래, 국가의 공경대부公卿大夫는 천노계급에서 많이 일어났다. 왕후장상의 씨가 어찌 원래부터 따로 있겠는가. 때가 오면 누구든지 할 수 있는 것이다. 주인의 가혹한 매질 밑에서 우리 근골筋骨이 고초만 당할 수는 없다. 최충헌을 위시하여 각기 상전上典을 죽이고 노예의 문적文籍을 불살라 삼한三韓으로 하여금 천인賤人이 없게 하면 공경대부는 우리가 다할 수 있다"고 천민혁명을 제기하였다.

당시 고려사회는 무인난을 주도한 무신들이 국가의 권력자가 되고 왕권은 허수아비에 불과하였다. 오랜 문관들의 지배를 거부하며 쿠데타를 일으키고, 지배 계급이 되면서 고려 사회의 신분 질서는 크게 와해되었다. 이런 사회 분위기에서 노비와 농민들도 신분해방을 위한 투쟁에 나서게 되었다.

그러나 준비 부족과 내부 변절자의 고변으로 만적 등 100여 명이 산 채로 물에 던져 죽임을 당하는 혹독한 보복을 입게 되었다. 이후에도 고려시대에는 경향 각지에서 여러 차례의 노예와 농민들에 의한 신분해방투쟁이 전개되었다. 만적의 "왕후장상의 씨가 어찌 따로 있겠는가"라는 주장은 그야말로 동서고금에 걸쳐 농민·노동자·천민의 신분해방을 위한 논리의 핵심 구호가 되었다.

제 **6** 장

최제우, 동학의 기치 들고 홀연히 나타나

등불이 물 위에 밝아 빈틈이 없도다
고목은 말라 죽음으로써 힘이 넘치니
나는 이제 천명을 받으리
너는 높이 날고 멀리 뛰어라.

– 참수형을 앞둔 최제우가 최시형에게 내린 유시

동학사상의 본질

최제우가 창도한 동학은 서학(천주교)에 대치되는 동방의 학문, 조선의 학문이란 뜻이다. 동학사상에는 가혹한 봉건적 착취와 압박, 외세의 침략으로부터 벗어나려는 농민, 수공업자를 비롯한 민중들의 자주적 요구가 일정하게 반영되어 있다.

동학의 철학적 내용은 범신론적이다. 동학에서는 세계의 시원을 '지기智己'로 보고 '지기'에 의하여 인간까지를 포함한 세계의 만물이 포함된다고 보았다. 최제우에 따르면 '지기'는 천지의 뿌리며 만물이 그로부터 나고 그것으로 돌아가는 것(《동경대전》)이다. 동학에서 말하는 '기氣'는 세계의 모든 사물의 운동 변화의 근원을 의미하기도 한다.

최제우는 〈도덕사〉란 글에서 "천지 역시 신이요. 신 역시 음양이다" "사람의 손발의 움직임, 이것도 역시 귀신이요, 선악의 마음가짐, 이것도 역시 기운이요, 말하고 웃는 것, 이것도 역시 조화다"라고 한 것은 '기' 밖에 따로 인격적 신을 부정하고 '기' 자체에 신적 속성을 부여하여 세계의 형성과 운동, 변화를 설명하였다는 것을 말한다.

동학에서는 지기, 신, 하늘, 자연을 본질상 동일하게 보면서 '인내천'(사람이 곧 하늘이다)이라는 기본 교리를 도출하였다. 동학의 이러한 주장에는 신을 자연에 해소시키는 범신론적 사상 요소와 사람을 신과 동등한 지위에 놓으려는 사상이 담겨져 있다. 따라서 동학에서 신을 인식한다는 것은 곧 인간의 자기인식을 의미하였다.

동학에서는 인간의 평등사상에 관한 사상도 제기되었다. 즉 사람은 다같이 '지기'의 산물이기 때문에 이들은 서로 절대적으로 평등하여 사람 위에 더 고귀한 사람이 없고 사람 아래 더 낮은 사람이 없다는 주장이다. 이것은 곧 유교에서 하늘의 질서로 합리화한 봉건적 신분제를 반대하는 견해다.

인간의 평등에 관한 동학의 이러한 견해는 당시 백성들이 반봉건, 반침략 투쟁에 궐기하는 데 일정한 영향을 주었다. 동학사상에는 반외세·반천주교 사상이 담겨 있다. 동학을 주장한 최제우는 "내가 조선에서 태어나 학문을 배우려면 조선의 학문을 배울 것이지 어찌 서학(천주교)을 배우겠는가!"라고 하였으며 서유럽 침략주의자들에 대하여 경각심을 높이라고 주장하였다.

동학사상은 그 초기에 일정한 긍정적 역할을 수행하였으나 부작용도 없지 않았다. 동학에서는 물질적 '기'에 관한 이

전의 유물론적 사상을 신비화하고 그에 신적인 속성을 부여하였으며 사회의 부패와 퇴폐의 원인을 도덕적 타락에서 찾는 종교 관념론적 사회역사관을 주장하였다. 동학에서는 사회를 구원하는 길은 동학을 믿어 도덕적으로 완성하는 데 있다고 주장하면서 그 방법으로 주문을 외우고 기도를 드리는 종교 행사까지 벌이게 하였다.

시천주

동학의 근본사상에는 시천주侍天主사상이 자리잡고 있다. '하느님을 내 마음속에 모신다'는 뜻이다. 이것은 최제우가 종교 체험을 할 때 받은 21자字 주문呪文에 처음 등장한다. 즉 '지기금지원위대강 시천주조화정영세불망만사지至氣今至願 爲大降 侍天主造化定永世不忘萬事知'에서 비롯된 개념이다. 최제 우는 《동경대전東經大全》〈논학문論學文〉에서 시천주에 대해 주석하면서, "시侍라는 것은 안으로 신령神靈이 있고 밖으로 기화氣化가 있어서 온 세상 사람이 각각 옮기지 못할 것을 아 는 것이고, 주主라는 것은 존칭해서 부모와 마찬가지로 섬긴 다는 것이다"라고 해석했다.

동학에 관한 경전을 종합하면 시천주는 두 가지로 해석된 다. 첫째는 초월적이고 인격적인 상제上帝인 천주를 모신다는 뜻이다. 이것은 인간의 외부에 독립적으로 존재하는 초월적 신 으로 인간의 숭배를 받아야 하는 신이며, 《용담유사龍潭遺事》

에 실린 〈안심가安心歌〉의 "호천금궐昊天金闕 상제님을 네가 어찌 알까보냐"에서 잘 드러난다. 그러나 둘째의 의미에서 천주는 인간에 내재하는 신으로 여겨지기도 한다.

이것은 《용담유사》에 실린 〈교훈가敎訓歌〉의 "하염없는 이것들아, 나는 도시 믿지 말고 하느님만 믿어서라, 네 몸에 모셨으니 사근취원捨近取遠 하단 말가"에서 잘 드러난다. 결국 시천주는 '부모님처럼 하느님을 정성껏 받든다'는 의미와 '사람은 누구나 이미 하느님을 모시고 있다'는 이중적 의미를 지니고 있다. 즉 최제우에게 있어서 시천주는 초월적 의미와 내재적 의미를 동시에 지녔음을 알 수 있다.

그러나 2대 교주인 최시형은 시천주 대신 '사인여천事人如天'이라는 개념을 더욱 강조하였다. 이것은 천주라는 인격적 존재 대신에 '천'이라는 비인격적 존재가 강조되었다. 3대 교주이자 천도교를 창시한 손병희는 한걸음 더 나아가 '사람이 곧 하늘'이라는 인내천人乃天 사상을 내세웠다.

인내천

천도교의 종지宗旨는 인내천사상이다. 1905년 동학의 대교주인 손병희孫秉熙가 동학을 천도교로 재편하면서 내세운 사상으로 '사람이 곧 하늘'이라는 뜻이다. 이 사상은 원래 동학의 창시자인 최제우가 내세운 시천주사상을 근거로 하여 새롭게 재해석한 것이다. 시천주는 '하느님을 내 마음에 모신다'는 뜻으로 여기서는 인격적이고 초월적인 주재자인 신 개념과 내재적 신 관념이 혼재되어 있었다. 이러한 시천주 사상은 2대 교주인 최시형에 와서는 '사인여천'사상으로 변화되었다. 이는 '사람을 하늘같이 섬기라'는 뜻인데 여기서는 '천주'라는 인격적 존재 대신에 '천'이라고 하는 비인격적인 개념이 강조되어 나타난다.

이러한 변화는 초월적이고 외재적인 신 개념에서 내재적 신 개념으로의 변화다. 그러나 이 단계에서는 아직 인간이 신의 단계에까지는 이르지 못했으며 손병희의 인내천사상에 와

143

서야 인간이 곧 천으로 된다. 즉 인간과 하늘이 완전히 동일시되는 것이다. 다시 말하면 신의 초월적이고 인격적인 성격이 완전히 제거되고 철저히 인간중심적인 사상이 된 것이다.

인내천사상은 천도교의 교리가인 이돈화李敦化에 의해 더욱 정교하게 다듬어졌다. 이돈화는 〈신인철학神人哲學〉에서 다음과 같이 말했다. "인내천의 신은 노력과 진화進化와 자기관조自己觀照로부터 생긴 신이기 때문에 인내천의 신은 만유평등의 내재적 신이 되는 동시에 인간성에서 신의 원천을 발견할 수 있다. 즉 신의 원천은 인간 밖에 있는 것이 아니라 인간 안에 있다는 것이다"라고 언급함으로써 신이 변화, 발전한다는 역동적인 신개념과 인간은 누구나 신이 될 수 있다는 평등사상을 강조했다.

동학 교조 최제우의 탄생설화

모든 종교의 교조는 신비한 탄생의 과정을 갖는다. 예수 그리스도가 동정녀 마리아를 통해 마굿간에서 태어난 것은 다 아는 일이고, 석가모니의 어머니 마야부인은 임신을 했을 때 흰 코끼리가 뱃속으로 들어오는 꿈을 꾸었다는 전설이 있다.

한국 근대의 첫 민족종교를 일으킨 동학 교조 수운水雲 최제우와 관련하여 탄생과 구도과정의 신비체험神秘體驗 역시 독특하다.

수운은 1824년 10월 28일 경상북도 월성군 현곡면 가정리에서 태어났다. 수운의 아버지 근암 최옥은 사림 출신으로 경상도 지역에서는 널리 이름을 떨쳤으나 벼슬길에는 오르지 못한 낙향선비였다. 그는 두 번이나 아내를 여의고도 아들을 얻지 못하여 결국 동생의 아들을 양자로 맞아 대를 잇도록 하였다.

최옥이 63세 때에 이웃 마을 과부 한韓 씨를 맞아 늦둥이로 태어난 이가 수운이다. 수운이 서자가 된 배경이기도 하다. 당시의 법도와 사회풍습으로는 친자와 양자를 불문하고 서자와 적자의 차별이 극심하였다. 부모의 기제사나 재산상속권은 당연히 적자가 우선이었다.

아버지가 어머니 한씨 부인을 만나게 된 과정에서 특이한 '탄생설화'가 전한다. 《천도교창건사》에는 아버지 최옥이 어머니 한씨 부인을 만나게 된 것은 일종의 천운이었던 것처럼 묘사한다.

다만 40이 넘도록 자식이 없음을 한탄하더니 하로는 우연히 내실에 들어간 즉 어떤 생면生面한 부인이 자리에 있는지라, 온 까닭을 물은 즉 "나는 금척리金尺里 사는 한씨 과부로서 20세부터 독거하여 지금 나이 이미 30에 이르도록 친가에 있었더니 오늘 아침에 문득 정신이 혼미하면서 해와 달이 품속으로 들어오고 이상한 기운이 몸을 싸더니 부지불식중에 이곳에 왔나이다" 하거늘 최옥은 이 말을 듣고 기이하게 생각할 뿐 아니라 또한 감동된 바 있어 서로 부부의 의를 맺었더니 그 달부터 태기가 있어 그해(갑신甲申) 10월 28일에 대신사大神師를 탄생하시니 이날에 천기 청명하며 서운이 집을 두르고 집 앞 구미산이 3일을 크게 울었다.

《천도교 사전史傳》에는 다음과 같은 '탄생 이적'이 전한다.

수운 선생이 탄생한 그해 여름 어느 날이었다. 이날 어떤 길 가던 사람이 찾아들었다. 하룻밤 자고 가려는 길손이기에 이를 응락하여 방에 들게 하였다. 그런데 그 손님은 자다가 일어나 별안간 춤을 추며 노래하기를,

동쪽 하늘에 빛이 새이니 어두운 세상이 밝아지리라!
한울의 신령이 인간에 와 생하니 천하던 땅이 귀해지리라!
우주 강산이 크게 변하리니 천하던 사람이 귀해지리라!
어허! 동방에서 대성자가 나는구나!
부귀빈천이 바뀌어지리라!
좋을시구 좋을시구!
장할시구 장할시구!

하면서 춤을 추다가 밖으로 나간 뒤에 문득 보이지 아니하였다.

같은 책에는 또 이런 이야기도 나온다.

1824년 10월 28일! 온화한 날씨에 가벼운 바람마저 불어오는 가을 하늘 아래 구미산이 사흘이나 크게 울었다. 이날 아침 가정리 '근암' 댁에는 오색 구름이 영롱한 빛을

내면서 집 주위를 두르더니 이상한 향기 뜰 안에 차여 골 안까지 번져 나갔다. 이때 한씨 부인이 산기가 있어 아들 애기를 낳으니 이 애기가 뒤에 장성하여 동학을 창도한 수운 선생이 되었다.

구도 과정의 신비체험

　수운은 신라 말의 대학자 고운孤雲 최치원崔致遠의 25대
손으로 고운과 몇 가지 유사점이 지적된다. 최제우가 최치원
의 호 고운의 운자雲字를 따서 수운이라 한 것과 고운이 유·
불·선 삼교합일의 사상을 가르친 것이나, 수운이 유·불·
선 삼교에 천주교까지 연구하여 동학을 창도한 것을 두고 한
말이다.

　"고운 최치원이 신라 말기의 세정世情을 개탄하여 가야산
으로 은퇴하면서 하신 말씀 가운데 아직 때는 멀었으나 앞으
로 1천 년 지낸 후에 우리 최씨 후예 가운데 유·불·선 삼교
의 교의를 통일할 큰 성자가 나타날 것이다"[54]라는 말에서도
고운이 수운의 탄생을 내다보았다는 주장이 나온다.

▨▨▨ **54**　이광순, 〈수운선생과 동학창도〉, 《한국사상(10)》, 한국사상연구회, 1972.

수운은 자신의 탄생에 대하여 다음과 같이 표현하였다.
(〈몽중노소문답가夢中老少問答歌〉)

> 한원갑 이 세상에
> 남녀간 자식없어
> (중략)
> 일심정기 다시 먹고
> 지성으로 산제 해서
> 백배축원 앙천하여
> 주소간 비는말이
> 지성감천 아닐런가.

여기서 '한원갑 이 세상'은 선천先天 세대가 물러간 다음에 올 새 세상을 말한다. 수운은 어렸을 때부터 아버지에게 한학과 백가시서百家詩書를 배웠다.

어렸을 적에 눈이 광채가 있어 장차 역적이 될 눈이라 했다는 기록으로 보아 눈에 총기가 있고 영특했음을 말해준다. 처음 이름 제선濟善을 "어리석은 세상 사람을 구제하려는 결심"으로 제우라고 고친 데서도 수운의 범상하지 않은 어린 시절을 알게 된다.

13세에 아버지의 명으로 부인 박씨를 맞고 6세에 어머니에 이어 16세에 아버지마저 잃은 수운은 정신적, 물질적으로 크게 타격을 입는다. 아버지의 사망으로 넉넉하지 못한 생활이 더욱 궁핍해지고 집에 화재까지 발생하여 가산을 모두 날렸다.

그런 속에서도 수운의 구도 과정은 치열하였다. "8세에 입학하여/ 허다한 만 권 시서/ 무불통지 하여내니"(〈몽중노소문답가〉)라는 내용은 그의 면학의지를 말한다. "10세를 지내나니/ 총명은 사광師曠이오/ 재국이 비범하고/ 재기 과인하니/ 평생에 하는 근심/ 효박한 이 세상에"(〈몽중노소문답가〉)는 아들을 걱정하는 노부의 심경을 보여주는 대목이다.

자아의식 넘어서는 초월적 존재체험

수운은 27세에 출가하여 구도의 고행길에 올랐다. 호남지방을 방랑하고 금강산에도 올랐다. 1856년 2월 3일, 초당에 홀로 앉아 무아지경에 이르렀을 때 문득 한 승려가 나타났다.

"소승은 금강산 유점사에서 백일기도를 마치고 우연히 탑 아래 기대어 잠깐 졸다가 깨어본즉 이상한 책 한 권이 앞에 있음으로 펴본즉 글씨와 글 뜻이 이 세상에서 처음 보는 바요 범상한 지혜로 족히 해석할 수 없는 글이었습니다. 그래서 이 책에 실린 글 뜻을 알아낼 사람을 찾기 위하여 두루 여러 곳을 다니던 차에 이제 선생을 뵈오니 처음으로 이 글을 전할 곳을 알았나이다" 하였다.

이에 수운 선생이 그 책상 위에 놓아두라 한즉 중이 다시 절하고 "사흘 뒤에 소승이 찾아오겠사오니 선생은 그동안 이 글의 뜻을 생각해 두소서" 하였다.

중이 물러간 뒤 수운 선생은 그 책을 펴본즉 유·불·선 제가諸家에서 일찍이 본 바 없는 글이요, 또한 달리 들어본 일 없는 진귀한 서책이었다. 사흘 뒤 과연 중이 다시 왔는지라 수운 선생이 내 그 글을 보았노라 한즉 중이 글 뜻을 이해하셨느냐고 물었다.

수운 선생이 대개 알겠노라! 한즉 중이 기뻐하여 두 번 절하고 "선생은 과연 한울이 내신 분입니다. 그렇지 않으면 능히 그 참된 이치를 깨달을 수 있겠습니까. 이 글은 한울이 선생께 내려주신 것이오니 부디 잘 간직하시어 한울님 뜻에 어긋남이 없도록 하소서! 소승은 물러가옵니다" 하고 중이 뜰에 내리자 보이지 않았다. 이로써 수운 선생이 처음으로 이적을 체험한 것이다(《천도교창건사》).

수운은 33세 되던 1856년 여름에 경상도 양산군 천성산天聖山에 들어가 한울님께 치성을 드렸다. 이 산은 원효대사가 그의 높은 덕을 사모하여 중국에서 찾아온 천 명의 제자를 가르쳤다는 전설이 깃든 곳이다.

천성산에 이어 1859년에는 용담으로 들어가 기도하여 이듬해 4월 5일 마침내 신비한 체험을 하게 되고 득도의 길이 트였다. "뜻밖에 마음이 선듯해지며 몸이 떨려서 병이라 해도 증세를 잡을 수가 없고 말로도 형상할 수 없을 즈음에 어떤 신선의 말씀이 있어 문득 귀에 들리는" 것이었다. 수운이 놀래어 물은즉 공중에서 "두려워 말고 저어하지 말라. 세상

사람들이 나를 상제라고 이르는데 너는 상제를 알지 못하느냐. 너를 세상에 나게 하여 사람들에게 이 법을 가르치게 하는 것이니 의심 말고 다시 의심 말라"고 하였다(〈포덕문〉).

수운의 출생과 구도과정의 신비체험 그리고 이적은 다양하였다. 이부영 전 서울대 정신신경과 교수는 '신비체험'은 "자아의식을 넘어서는 초월적 존재의 체험"이라고 정의한 바 있다.

신흥 민족종교의 후천개벽사상

동학의 창시자 수운 최제우, 정역의 창시자 일부 김환, 증산교의 창시자 증산 강일순, 원불교의 창시자 소태산 박중빈 등 신흥 민족종교의 공통적인 키워드는 우연인지 섭리인지 공교롭게도 후천개벽後天開闢사상이다.

후천은 선천先天의 대칭개념으로 풀이된다. 인지가 열리지 못하고 모순과 불합리와 상극이 지배하던 어두운 시대와 세상이 선천이라면, 인지가 열리고 통일과 합리와 상생이 지배하는 밝고 새로운 시대와 세상이 후천이다. 민족종교에서는 선천과 후천의 교역交易에 따라 선천의 시대가 막을 내리고 후천의 신천지가 열리는 것을 후천개벽이라 한다.

19세기 말에서 20세기 초에 한국은 외세의 침범과 정치의 부패, 사회지도층의 타락과 국교인 유학의 쇠락으로 나라가 위기로 치닫고 있었다. 여기에 서양의 종교인 천주교가 들어오면서 한국사회의 가치관은 근저에서부터 크게 흔들렸다.

이에 따라 당연히 말세론, 미륵불출현설, 각종 예언과 참설이 나돌았다. 정감록과 민간신앙의 말세구원론과 메시아 신앙이 불안한 백성의 마음을 파고들었다. 이러한 결과는 홍경래난, 삼남민란, 동학농민혁명 등으로 폭발되기도 하고, 신흥종교 창시자들의 후천개벽사상으로 나타나기도 하였다.

이것은 마치 중국에서 춘추시대 말기부터 전국시대에 걸쳐 공자·맹자·순자 등 제자백가가 나타난 것이나, 그리스에서 기원전 400년을 전후하여 소크라테스, 소포클레스, 소피스트, 플라톤, 아리스토텔레스 등 일군의 학자와 현자가 나타난 것과도 비교된다.

득도 과정에서 수운은 당시 제기된 모든 현실문제를 일거에 해결할 수 있는 방법을 무한한 권능을 가진 하눌님으로부터 제시를 받았다고 한다. 수운이 접했다고 하는 초월적 존재의 명칭인 상제는 '상제님' '상녜님' '하눌님' '하날님' 등으로 표기되어 있다.

천도교에서는 시천주의 개념을 "시천주의 시侍자는 즉 하늘을 깨닫는다는 뜻이고, 천주의 주主자는 내 마음의 주라는 뜻이다. 내 마음을 깨달으면 내 마음이고, 천지도 내 마음이고, 삼라만상도 모두 내 마음의 한 물건이다."(《대종정의》)라고 정리하였다.

증산은 주창한다. "말세 이래로 사람의 욕심이 제멋대로 행해지고 무도에 빠져 천하가 다 병들었다. 이에 모든 곳의 원寃, 모든 것의 원, 모든 일의 원이 있었다. 오직 우리 천사는 대순의 성인으로 이 땅에 내려와 선천의 다 된 운수를 닫고, 후천의 무궁한 문을 열어, 병을 떨어버리고 원을 풀었다."《증산교사》)

소태산은 주창한다. "지금 세상의 정도는 어두운 밤이 지나가고 바야흐로 동방에 밝은 해가 오를 때에 그 광명이 서쪽 하늘에 먼저 비침과 같은 것이며, 태양이 중천에 이르면 그 광명이 시방세계十方世界에 고루 비치게 되나니 그때야말로 큰 도덕세계요 참 문명세계니라."《대종경大宗經》)

일부는 주창한다. "정역正易의 근본사상은 과거 중국의 역학사상과는 반대로 선·후천의 개념을 다시 설정하고 후천개벽사상을 역학적 논리형식으로 체계화하여 선·후천이 천지운도에 의해 자연히 교역된다."《정역연구》)

개벽의 철학 · 사상적 의미

　　민족신흥종교들이 경쟁적으로 종지宗旨로 내세우는 후천
개벽에서 '개벽'의 의미는 무엇인가. 후천개벽은 선 · 후천
교역에 의한 후천세계의 도래를 의미한다. '개벽'의 개념에
는 '교역交易'이라는 개념 이상의 의미가 내포된다. 즉 선 ·
후천의 교역이 우주천도의 운행에 의하여 자연적이고 필연
적으로 도래하는 운도적運度的인 개념이라면 개벽은 능동적
이고 인간의지적인 의미를 내포한다. 즉 선천개벽이 우주와
천지의 창조를 의미하는 것임에 비하여 후천개벽은 기존세
계의 대중화와 혁신의 의미를 포함한다(신일고, 〈후천개벽사상
의 연구〉). 후천개벽의 의미를 가장 명쾌하게 설파한 사람은
소태산이다. 그는 천지개벽을 정신문명의 발전(천개=天開)과
물질문명의 발달(지벽=地闢)로 해석하였다.

　　후천개벽사상의 기본이념은 그들 각각의 독특한 생애와
처지에 따라 다소간의 차이점이 없지 않지만, 근저에는 공통

적인 이데올로기를 담고 있다.

첫째는 지상적인 사상이다. 이를 위해 평화건설을 우선하면서 해원·상생·보은의 이념을 제시한다. 증산의 평화사상은 해원, 수운은 상생, 소태산은 보은의 원리를 기본으로 제시한다.

둘째는 차별이 없는 인간평등사상이다. 평등이 이루어져야 지상낙원이 건설된다는 것이다. 남녀·노소·적서·반상·종족의 차별을 철폐하자는 주장이다. 수운은 인내천의 이념에서 평등을 찾고, 증산은 봉건적 신분계급질서를 타파·지양한다는 개벽적 이념을 제시하였다. 소태산은 자력양성·지식평등·교육평등·생활평등의 이른바 '사요四要사상'을 주장하였다.

셋째는 지상낙원의 실제적 모습은 정신과 물질, 영과 육, 도학과 과학이 조화를 이루는 정신·물질의 병진사상이다.

넷째는 인존사상人尊思想이다. 인간의 가치와 중요성을 본질로 하는 인간중심적 세계의 건설이야말로 후천개벽사상의 기본이라는 것이다. 수운은 사람이 곧 한울님이라는 인내천사상, 소태산은 인간을 비롯한 만물이 곧 불佛이라는 처처불상의 원리, 증산은 사람이 신을 부리는 천지공사天地公事를 주장하여 인간중심론을 제시하였다.

다섯째는 후천개벽의 중심지가 한국이라는 한국 중심론이다. 민족종교 창도자들은 한결같이 금후의 인류사회를 영도할 정신적 지도국이 한국임을 명시하였다. 한국이 후천개벽 지상낙원의 주역국이라는 주장이다.

수운은 "12제국 다 버리고 아국운수我國運數 먼저하네"라고, 한국에서 정신적 지도자가 다수 출현하여 세계의 지도국이 된다고 갈파하였다. 증산은 조선이 장차 세계의 상등국, 대중화大中華가 되어 대국의 중심이 된다고 예언하였다. 소태산은 "금강산은 천하의 명산이라 멀지 않는 장래에 세계의 공원으로 지정되어 각국이 서로 찬란하게 장식할 날이 있을 것이며, 그런 뒤에는 세계 사람이 앞 다투어 그 산의 주인을 찾을 것"이라고 내다보았다.

여섯째는 삼교합일三敎合一의 통합종교사상이다. 민족종교 지도자들은 각기 독특한 종교사상을 정립하는 한편 유불선 삼교의 융합을 제시하였다.

수운은 유불선 삼교가 이미 인류의 정신을 지배할 힘을 잃었으므로 새로운 대도로서 천도天道를 중심으로 유불선의 융합론의 원리를 제시하고, 증산은 후천의 새로운 시대를 맞이하여 유불선과 서도西道 등 모든 문화 · 종교의 융합과 통일을 내세우면서 한국 고유의 선仙사상 우위론을 주장하였다.

소태산은 우주만유의 근본인 일원상一元相의 진리에 바탕하는 불법佛法 주체의 유불선 삼교와 기타 모든 종교의 통합 활용론을 전개하였다.

후천개벽은 어떤 세상인가

국난기에 빼어난 선각자들이 제시한 후천개벽의 사회상

은 어떤 세상인가. 그리고 '개벽적 세계상'이란 무엇인가.

수운이 그리는 세계상은 천당이나 극락 또는 그 밖의 신천지에 대한 동경이 없이 지상의 선경仙境을 염원한다. 그의 후천사상 또는 이상론은 현세적으로 도교적 선경의 이념에 바탕하여 국토·자연을 중심으로 추구되었다.

증산의 세계상은 보다 구체적이었다. 천하가 한집안이 되고, 위무와 형벌이 없이 조화로써 중생을 다스리고, 원한과 상극이 그치고, 모든 행동이 도덕에 기본하고, 빈부와 차별이 철폐되고, 구름차를 타고 하늘을 날아다니고, 불을 때지 않고 밥을 짓고, 손에 흙을 묻히지 않고 농사를 짓는다는 등의 미래상을 제시하였다.

소태산은 후천세상이 되면 인지가 훨씬 밝아져서 모든 것에 상극이 없어지고 허실과 진위를 분간하여 천지만물 허공법계를 망라하여 경우와 처지를 따라 모든 공을 심어 부귀도 빌고 서로 서로 생불이 되어 서로 제도하며 살게 된다는 불토극락사상을 제시하였다.

조선 후기에 나타난 후천개벽사상은 지치고 피곤해진 이 땅의 민중들에게 이상사회 건설과 새로운 메시아론을 제시한 종교사상이면서 사회개혁사상이고 역사철학의 다의적인 이데올로기였다.

수운의 천도중심사상, 일부의 정역중심사상, 증산의 선중심사상, 소태산의 일원중심사상은 각기 독자적이면서 주체적인 원리에 입각하여 후천개벽의 혁신적인 사회개혁사상으

로 제시되었다. 특히 수운의 후천개벽사상은 동학으로 집대
성되고 동학사상은 전봉준이 지도하는 농민혁명의 이념적,
사상적 지표가 되었다.

해월 최시형, 동학 2대 교주 승계

창업도 쉽지 않지만 후계와 수성도 쉬운 일은 아니다. 왕조나 정권, 기업은 물론이지만 종단의 경우도 마찬가지이다. 공산국가나 독재정권에서는 후계문제가 총구나 음모 또는 혈육관계로 이루어진다. 자본주의 국가의 재벌기업이나 사학재단에서는 여전히 혈육에게 후계를 맡기려 한다.

수운의 후계자로서, 당시로는 주목받지 못했던 해월海月 최시형崔時亨이 등장하기까지는 여러 가지 일이 벌어졌다. 1863년 12월 9일 수운이 여러 제자들과 함께 선전관 정운구에게 체포될 때 해월은 체포를 모면하였다. 이때 체포된 제자들 가운데는 수제자로 손꼽히던 최자원·강원보·백원주 등이 포함되었다. 이들 외에도 동학초기 교문教門을 이끌던 경주 부근의 동학교도 대부분이 체포되었다. 이에 앞서 1862년 12월 수운이 각처의 접주를 임명하는 과정에서 해월은 빠져 있었다. 이때에 각 지방의 접주로 임명된 제자는 강원보·백원주·최자원이다. 또 수운이 1860년 득도 뒤 1862년 접주 임명 전까지 가르친 대부분의 제자들이 모두 접주로 임명되었으나 유독 해월의 이름만 빠져 있다. 해월은 1862년 말까지도 교문 내에서 뚜렷한 인물로 부각되지 않았다는 증거이다. 1863년 7월 하순에야 '북도중주인北道中主人'으로 임명되었을 뿐이다.

해월은 1827년 3월 21일 경주 동촌의 황오리에서 부친 종수와 모친 월성 배씨 사이에서 태어났다. 5세 때 어머니를 잃고 15세 때 아버지를 잃어 어려서부터 어렵고 힘든 성장 과정을 거쳤다. 해월의 출생과 청소년기의 어려웠던 생활은 수운과 비슷한 대목이 적지 않다. 수운 역시 어렸을 때 부모를 모두 여의고 힘든 초년 시절을 보냈다.

해월은 생계를 위해 '동에서 종노릇하고 서에서 고용살이'를 해야 했으며, 17세 때부터는 종이를 만드는 공장에 들어가서 일하지 않으면 안 되었다. 19세에 밀양 손씨 여성과 결혼하여 한동안 처가에 있는 흥해 지방에서 생활을 했지만 처가도 생활이 곤궁하여 여러 차례 이사를 다녔다.

해월의 동학 입도 경위에는 두 가지 설이 전한다. 1861년 수운으로부터 동학의 가르침을 전해 받고 입도했다는 설과 1866년에 강원도 간성에 사는 필묵상 박춘서로부터 동학을 전수 받아 입도했다는 설이 그것이다. 수운의 일대기를 담은 《도원기서道源記書》나 《수운행록水雲行錄》 등에는 해월이 이미 1862년 3월 이전부터 동학에서 활동하고 있었음을 밝히고 있다. 이로 미루어 수운으로부터 직접 가르침을 받고 입도했다고 보는 편이 타당할 듯하다.

동학에 입도한 해월은 먼저 수운이 전해준 주문呪文을 열심히 외었다. 수운은 제자들에게 주문을 내려줄 때 제일 먼저 초학初學 주문이라 하여 13자의 주문을 주었다. '위천주고아정 영세불망만사의爲天主 顧我情 永世不忘萬事宜'가 그것이다. 그다음에는 강령降靈 주문으로 '지기금지 원위대강至氣今至 願爲大降'이라는 8자의 주문을 주고, 다시 본주문으로 '시천주조화정 영세불망만사의侍天主造化定 永世不忘萬事宜'라는 13자의 주문을 주었다.

해월은 젊어서는 어려웠던 가정환경 때문에 글공부를 제대로 할 수 없어서 한문을 읽고 쓰지 못하고 겨우 한글만을 읽고 쓸 수 있을 정도였지만 주문을 열심히 외우고 공부하였다. 그는 입도 직후부터 수운이 지니고 있는 강령의 능력이나 수운이 체험한 바 있는 신비적인 체험을 체득하기 위해 남다른 노력을 기울였다. '천어天語'를 듣기 위하여 추운 겨울밤에 얼음을 깨어 목욕하는 도중 공중으로부터 천어를 들었다거나 (교조의) 강령의 능력이나 신비적인 경험을 얻고자 피나는 노력을 기울였다는 대목이 천도교 관련 자료에 자주 나온다. 수운 생존 당시 다른 제자들은 글을 짓거나 교조와 더불어 동학의 가르침에 대해 문답을 나눌 수 있는 수준의 유교적 교양과 한문을 구사할 수 있는 실력을 갖추고 있었지만 해월은 그렇지 못하였다. 따라서 남다른 노력과 독습獨習

이 필요하였다.

박맹수는 "해월은 주문을 열심히 외우며 신비체험을 할 수 있을 정도로 열심히 수련을 쌓은 점은 사실이지만 유교적 교양이 대단한 수운과 더불어 문답을 나눌 수 있는 실력의 소유자는 아니었던 것 같다. 그런 점에서 해월은 1863년 수운이 관에 체포되었을 때, 수제자 중의 일인으로 지목되기는 하지만 도통道統을 전수받을 만큼 여러 제자들 가운데 뛰어난 제자는 아니었다고 생각된다. 특히 해월이 입도했을 당시 그의 신분이나 처지를 고려해볼 때 별로 학문이 없었던 해월이 유교적 교양이 뛰어났던 수운의 관심을 끌 수 있었다면 다만 정성스럽게 수련해가는 돈독한 신앙 정도 때문이었을 것이다. 따라서 해월이 동학에 입도한 후의 수련 과정에서 나타난 바에 의하면 수운으로부터 도통을 전해받는다는 사실이 모호하기 그지없다"고 해월을 평가했다.[55]

최시형이 동학 중흥시켜

1863년 12월 9일 수운과 수제자, 초기 교문을 이끌던 교인 대부분이 체포되면서 동학 교문의 지도체제에 공백이 생기게 되었다. 체포를 모면한 해월은 교조와 교도들의 뒷바라지에 적극 노력하였다. 현풍의 곽덕원으로 하여금 종으로 가장하여 수운의 옥중 수발을 들게 하는 등 뒷수습을 맡았다. 그

▨▨▨ **55** 박맹수, 〈해월 최시형의 초기행적과 사상〉, 《청계사학(3)》, 1986.

런 과정에서 해월은 자연스럽게 후계자로 부상하게 되었다.

1864년 수운이 '좌도난정左道亂正'의 죄목으로 순교하면서 동학교도들은 뿔뿔이 흩어지고 지도자가 없는 상황이 되었다. 돈독한 신앙심을 가진 일부 교도들이 동학 교문을 지하에서 유지하고 있을 뿐이었다.

경북 영양군 용화동에 은거하고 있던 해월의 소식이 교도들에게 암암리에 전해지면서 많은 교인들이 모여들었다. 1866년 10월 28일 수운의 탄신일에 모인 교인들과 함께 수운을 위한 계를 조직하기로 의견을 모으고 교조의 생신과 기일의 제사 비용을 마련하여 1년에 2차례씩 모임을 통해 흩어진 교인들을 재결속시키면서 동학의 중심에 서게 되었다.

해월은 동학의 중심인물이 되면서 도를 선포할 때에는 '사인여천'을 화두로 삼았다. 사람과 사람 사이에 부귀빈천과 남녀노소와 적서노주嫡庶奴主의 별別을 가리지 말라고 하였다. 그는 특히 평등사상을 역설하여 "인人은 내천乃天이라, 고로 인人은 평등하여 차별이 없나니 인人이 인위로써 귀천을 분分함은 시천是天에 위違함이니, 오도인吾道人은 일체 귀천의 차별을 철폐하여 선사先師의 뜻을 이음으로써 위주爲主하기를 망望하노라"고 뜻을 밝혔다.

해월은 동학의 경전과 가사를 모아 간행할 필요성을 느끼고 그때까지 구전되어 오던 것을 필사케 하여 《동경대전》과 《용담유사》를 편찬하고, 1880년대에는 목판으로 간행하여 보급시켰다. 교세가 확대되면서 교단으로서 조직을 갖추어 각처에 접소接所를 두고 접주를 내세워 그 지역 내의 교세 확장과 교도에 대한 교화에 종사케 하였다. 이와 함께 동학이 사교가 아니라 보국안민의 종교로서 정부의 공인을 받아야 하리라 생각하고, 먼저 수운의 죄명을 씻는 교조 신원운동과 정부의 교도에 대한 탄압 중지를 요구하였다. 1892년 연말에 전라도 삼례역의 '삼례집회'는 동학농민혁명의 서막이 되었다.

해월은 수운 사후 1864년부터 1898년까지 35년간을 정부의 감시와 체포를 피해다니며 동학 교문을 이끌고 포교에 주력하여 교세를 크게 확장했다. 그는 '후계'로서 손색이 없는 지도자가 되었으며, 전봉준 등 동학혁명 지도부의 이념적, 신앙적 지표가 되었다.

제 **7** 장

동학혁명사상에 접하다

갈밭마을 젊은 여인 울음도 서러워라
현문을 향해 통곡하고 하늘보고 울부짖네
군인 나간 남편 돌아오지 못함 혹 있으나
예부터 남절양男絕陽은 들어보지 못했네.

– 다산 정약용, 〈애절양哀絕陽〉 일절

이데올로기는 구름인가

이데올로기(이념)는 구름과 같은 것이다. 구름은 지상에서 수증기가 올라가 공중에서 떠돌다가 세를 형성하여 어떤 계기가 되면 비나 눈이 되고 때로는 서리나 우박이 되어 지상에 내린다. 세가 제대로 형성되지 못하면 흩어져서 소멸하고 만다.[56]

누구보다도 구름을 좋아한 시인 셸리는 구름을 변화 가능성의 주요 이미지로 삼아서 시를 썼다.

> 우리는 한밤의 달을 감싼 구름 같다.
> 구름은 어찌나 쉴 새없이 움직이고, 번뜩이고 흔들리는지
> 어둠을 눈부신 빛줄기로 갈긴다! 하지만 곧
> 밤이 사방을 가두고 구름은 영원히 길을 잃는다.[57]

56 리처드 험블린 지음, 조연숙 옮김, 《구름을 사랑한 과학자》, 사이언스북스, 2004, 185쪽.

여기서 하늘에 떠도는 구름 이야기를 하자는 것이 아니다. 이데올로기가 구름과 같다는 말이다. 인간의 소망과 의지가 마치 수증기처럼 하늘로 올라가서 이데올로기가 되고, 이것이 힘을 얻어서 계기를 만나면 혁명이 되거나 민란이 된다. 때로는 테러나 전쟁으로 번지기도 한다. 유태교의 오랜 구름이 천공을 맴돌다가 예수라는 인물을 만나면서 기독교가 되고, 우파니샤드의 '권운'이 석가모니를 만나 불교의 철학이 되었다. 카를 마르크스의 유물사관 이론은 레닌과 트로츠키를 만나면서 공산주의혁명이라는 폭풍을 일으키지 않았던가!

최제우가 동학을 창도할 무렵 조선사회는 정치의 문란과 관리의 부패, 각지의 민란, 외국의 간섭 등으로 매우 불안하게 흘러가고 있었다. 종래의 종교는 쇠퇴하거나 부패하여 민중의 신앙적인 안식처가 되지 못한데다 새로 들어온 천주교는 그 이질적인 가치와 성향이 우리의 전통과 맞지 않아 충돌을 일으켰다.

최제우는 큰 인물이었다. 인간의 주체성을 강조하는 지상천국의 이념과 만민평등의 이상을 표현하는 '인시천'의 사상, 사람이 곧 하늘이라는 '인내천' 이념, 종래의 유교도덕과 양반사회의 계급질서를 부정하는 반봉건적 이데올로기는 최제우에게서 나와 구름처럼 창공을 떠돌면서 민중들의 마음

---

57 리처드 험블린, 앞의 책, 291쪽에서 재인용.

을 움직이다가 또 다른 큰 인물인 전봉준을 만나 혁명의 태풍으로 돌변하였다. 동학의 이데올로기가 전봉준을 만나 혁명으로 폭발한 셈이다.

동학에 접하게 된 과정

전봉준이 동학에 접하게 된 과정에는 몇 가지 설이 제기되고 있다. 이돈화는 《천도교창건사》(1933)에서 전봉준이 30세 되던 1884년에 동학에 입도했다고 썼다. 오지영은 《동학사》 (1940)에서 1888년에 손화중孫華中을 만나 동학에 참여하게 되었다고 기술하였다. 《천도교백년약사》에는 이돈화의 주장인 1884년 설을 그대로 인정하였다. 언론인이자 역사학자인 장도빈張道斌은 《갑오동학란과 전봉준》(1926)에서 1874년 경에 동학에 입도했다고 기술하고 있다. 김상기金庠基는 《동학과 동학란》(1947)에서 1890년의 입도설을 주장하면서 서장옥 徐璋玉의 부하인 황해일黃海一의 소개로 동학에 입도했다고 쓰고 있다. 현대의 사학자인 김의환金義煥은 저서 《전봉준전기》(1974)에서 전봉준이 1890년에 동학에 입도했다는 김상기의 주장을 그대로 추인하고 있다.[58]

녹두장군 전봉준 특집호인《나라사랑》제15집의 '전봉준 해적이'에는 "서기 1890년(36세) 서장옥의 부하 황해일의 소개로 동학에 입도하다, 그 후 고부 접주가 되다"라고 김상기의 주장을 받아 소개하고 있다. 1890년 입도설이 '대세'를 이루고 있다고 하겠다.

전봉준이 언제부터 동학에 관심을 갖고 동학에 입도하게 되었는가는, 전봉준의 생애 그리고 동학농민혁명의 본질을 연구하는 데 대단히 중요한 부분이다. 전봉준과 동학을 떼어서는 상상하기 어렵기 때문이다. 명칭에서도 드러나듯이 '동학농민혁명'은 전봉준의 주도로 전개된 한국사 초유의 대규모 농민혁명이었다.

일본측 자료에서도 전봉준이 동학에 입도하게 된 시기와 과정이 기록되고 있다. 1895년 피체되어 일본 취조관의 질문에 답한 전봉준은 "보국안민의 생각을 지니고 있었는데 1892년 김치도金致道에 의해 동학문건을 건네받고 '정심正心'이라는 내용에 감동해서 입교했다"고 밝히면서 "동학에 입교한 주목적이 종교적 입장보다는 탐관오리를 축출하고 보국안민의 대업을 이루려는 구상을 실현하기 위해 '협동일치'와 '결당結黨'의 유용성 때문"임을 주장하였다.

그에게 입교를 권유한 김치도는 정읍시 정우면 수금리 좌두 출생으로 갑오년 활동에 대해서는 그다지 알려진 바가 없

▨▨▨ **58** 신복룡, 〈전봉준의 생애에 관한 몇 가지 쟁점〉, 《갑오동학농민혁명의 쟁점》, 집문당, 1994, 228~229쪽.

다. 다만 그가 갑오농민전쟁 때 목숨을 건져 1899년 기해 정
읍농민봉기(속칭 명학당사건) 당시 다시 봉기를 일으켰다가 고
부에서 피체되었다는 기록과 1909년 항일의병으로 활동하다
피체되어 3년 옥고를 치렀다는 사실만 확인할 수 있다.[59]

전봉준은 37세 때인 1892년에 김치도한테서 동학문건을
건네받고 종교적 입장보다는 탐관오리를 축출하고 보국안민
의 대업을 이루고자 하여 입교하게 되었다는 주장이다. 일본
《도쿄아사히신문》의 기사까지 연대가 각각이어서 전봉준의
동학입교 시기는 여전히 연구의 과제로 남아 있다.

《도쿄아사히신문》에 보도된 〈전봉준 회견기 및 취조기
록〉의 내용을 인용하여 그가 동학에 관여하게 된 과정과 의
도성을 다시 한번 살펴본다.

문 : 동학에 언제부터 관계했는가?

답 : 3년 전부터.

문 : 어떠한 것에 감동해서?

답 : '보국안민'이라는 동학당의 주의에 감동하고 있던
　　바, 동학인 김치도라는 자가 나에게 동학의 문건을
　　보여준 적이 있다. 그중에 '경천수심敬天修心'이라
　　는 문장이 있는데, '대체정심'이라고 하는 것에 감

59　〈동학당대두목의 후속심문을 보면〉,《東京朝日新聞》1895년 3월 6일자, 조
　　　광환, 앞의 글에서 재인용.

동해서 입당했다.

문 : '정심한다'는 것은 동학당에 한한 것이 아니다. 무엇인가 달리 너의 입당을 재촉한 이유가 없는가?

답 : 단지 마음을 바로 한다는 것뿐이라면 물론 동학당에 들어갈 필요가 없지만, 동학당의 소위 '경천수심'이라는 주의에서 생각할 때는 정심 외에 '협동일치'의 뜻을 포함하고 있기 때문에 결당하는 것의 중요함을 본다. 마음을 바로한 자의 일치는 간악한 관리를 없애고 보국안민의 업을 이룰 수 있기 때문이라고 생각한 탓이다.[60]

---

60 주 59와 같음.

그는 동학교도이고 접주였다

그동안 전봉준이 동학교도가 아니고 접주도 아니라는 주장이 끈질기게 제기되었다. 그러나 전봉준은 동학교도이고 접주라는 사실은 동학연구가인 이이화 씨의 주장으로도 뒷받침된다.

어쨌든 전봉준은 동학에 입도하였고 동학의 접장이 되었던 것이다. 이 접장의 명칭을 두고 "그들이 서로 상대를 높이 불러 접장이라 하고, 상대에 대해 자기를 낮춰 부르기를 하접下接이라 한다"(황현의 《오하기문》, 이 접장은 훈장 밑에서 연장자가 대신 글을 가르치는 자를 부르기도 하여 훈장의 별칭이 되기도 했다. 또 보부상의 최소단위로 3~4명을 거느릴 두목을 이렇게 불렀다. 이것을 두고 전봉준이 동학에 입도하지 않았다는 논란을 벌인 적도 있다)고 하였다.

그러므로 전봉준이 동학에 입도하기는 했으나, 처음에

는 접주나 실무책임자가 되지는 않았던 것이다. 다만 북접의 강경파 계열에 들어 그의 꿈을 실현하는 수단으로 접장 대접을 받았던 것이요, 또 앞으로 동학조직을 이용하려는 첫 단계로 여기에 발을 내디딘 것이다.[61]

전봉준이 동학에 입도했다는 일반적인 견해와는 달리 오랫동안 전봉준 연구에 열정을 쏟아온 신복룡 교수는 그가 동학에 입도한 사실이 없다고 역설한다. "당시의 최시형이나 주변 인물들이 전봉준을 접주接主 취급을 했을 뿐 그것은 전봉준의 진의와는 무관한 것이었다"[62]는 주장이다. 다음은 신복룡 교수의 지론이다.

만약 전봉준이 마음속에서 우러나는 신자요 접주였다면 그의 직업을 묻는 법정 진술에서 '접주'라고 대답했지 '선비'라고 대답했을 리가 없다. 이러한 해석은 다음과 같은 그의 법정 진술에서 잘 나타나고 있다.

문問 : 소위 접주라는 사람은 평상시에 무엇을 하는가?
공供 : 별로 하는 일이 없다.
문 : 마음을 닦고 하늘을 공경하는 도道를 어찌하여 동

61 이이화, 앞의 책(1992), 262~263쪽.
62 신복룡, 앞의 글, 241쪽.

학이라 부르는가?

공 : 우리의 도는 동東에서 생겼기에 동학이라 부른다. 애당초의 본의는 시작한 사람들이나 분명히 알 일이지만 남들이 그렇게 부르는 것을 따라서 그렇게 불렀다.

문 : 동학을 공부하면 병을 면하는 것 외에 다른 이익은 없는가?

공 : 다른 이익은 없다.

이 답변에서 보듯이 전봉준은 동학이나 접주에 관해서 마치 '남의 애기하듯' 대답하고 있고 별로 관심도 가지고 있지도 않았다. 어떤 인물이 신도인가의 여부는 그의 신심信心에 따라야 한다는 앞서의 주장에 비추어볼 때 이 대목은 또한 그가 동학이라는 종교에 얼마나 무심했던가를 보여주는 대목이기도 하다. 요컨대 전봉준이 접주였다는 것은 교단 측에서나 할 수 있는 말이지 어느 모로도 객관적인 논증이 불가능하다. 여러 정황으로 볼 때 본인의 의사와는 관계없이 당시 북접 측에서 그를 접주시켰고 전봉준도 당시의 상황에서 그렇게 흘러가는 시류에 야박스럽지 못했던 것으로 보인다.[63]

63 신복룡, 앞의 글, 241~242쪽.

전봉준과 동학의 관계는 전봉준의 동학혁명이 동학의 정신을 이어받는 '동학혁명론'에서부터 동학에는 입교하지 않았으며, 동학사상에 크게 매료되지도 않았고, 오히려 본인의 의사와는 상관없이 접주가 되었다는 주장까지 엇갈린다.

동학농민혁명의 전개과정을 살펴볼 때 전봉준과 동학은 떼려야 뗄 수 없는 관계가 되었다. 또한 전봉준의 의식과 사상체계도 동학에 영향 받은 흔적이 적지 않다. 동학농민혁명사에서는 동학사상이 대본이라면 감독은 전봉준이고 농민들은 주연 또는 조연이 되어 장엄한 역사드라마가 공연되었다.

학계 일각에서는 아직도 논란이 뜨겁지만 전봉준이 동학교도였는가 아닌가는 그리 중요한 것이 아닐 수도 있다. 문제는 그가 어떻게 하여 그토록 역사발전의 혜안을 갖고 혁명의 비전을 제시하고 농민을 동원할 수 있었던가에 있다. 전봉준이 동학교도(접주)가 아니었다면 일개 시골 서당의 훈장이 그처럼 수많은 농민을 동원하여 혁명군으로 진군할 수 있었던 동인이 제시되어야 할 것이다.

무엇보다 전봉준과 동시대 인물의 작품이라고 할 수 있는 이돈화의 《천도교창건사》와 오지영의 《동학사》 등이 동학교도 또는 동학접주로 기록하고 있다. 이돈화는 전봉준이 30세 되던 해 동학에 입도했다고 기록했고, 오지영은 34세 때 손화중을 만나 동학에 참여하여 세상일을 한번 해보자고 했다고 기록하였다. 이들 자료가 이차적인 기록에 속한다면 《전봉준공초》에서도 이를 입증한다.

문: 너도 역시 동학을 몹시 좋아하는가?

공: 동학은 수심경천지도守心敬天之道이므로 몹시 좋아
했다.

전봉준이 동학접주의 자격을 부여받고 초기 기의起義 때
에는 주로 동학교도들이 중심이 되어 봉기에 나선 점 등을
고려할 때 동학교도(접주)가 아니고서는 기의가 불가능했을
것이다. 전봉준은 신뢰받는 동학교도이었고 이로 인해 접주
가 될 수 있었고, 접주의 신분으로 동학교도들을 혁명전선에
동원했다. 종국에는 일반 민중도 이들을 신뢰하면서 혁명군
에 가담하였다.

정약용의 영향 받은 듯

　전봉준의 의식과 사상에 영향을 준 사람은 다산 정약용 (1762~1836)이라는 주장도 제기되었다. 전봉준이 어느 때부 터인지 실학연구에 몰두하였다는 것이다. 다산 정약용의 《경세유표經世遺表》가 비밀리에 전봉준에게 전달되어, 이를 연구하고 세상을 바로잡는 경세經世에 나서게 되었다는 주 장이다.

　초의草衣는, 정다산의 시우詩友였을 뿐 아니라 도교道 交이기도 하였다. 다산이 유배지에서 고향으로 돌아오기 직전에 《경세유표》를 밀실에서 제작하여 그의 문하생 이청李晴과 친한 승 초의에게 건네주어, 비밀리에 보관 전 파시키기를 부탁하였다. 그 전문全文은 도중에 유실되고, 그 일부만이 그 후 대원군에게 박해를 받은 남상돈 · 남종 삼 부자 및 홍봉주 일파에게 전하여졌으며, 그 일부는 그

후 강진의 윤세환·윤세현·김병태·강운백 등과 해남의 주정호·김도일 등을 통하여 갑오년에 기병한 전녹두(전봉준)·김개남 일파의 수중에 들어가게 되어 그들이 이용하게 된다. 전쟁(1894~1895 갑오농민전쟁) 끝에 정다산의 비결秘訣(《경세유표》)이 녹두 일파의 비적을 선동한 것으로써 정다산의 유배지 부근의 양가와 고성사, 백련사(초의의 승사), 대둔사 등의 사찰을 수색하기에 이르렀다.[64]

전봉준과 김개남 등 동학농민혁명의 지도자들이 정약용의 《경세유표》를 읽고, 여기서 경세의 뜻을 배우게 되었는지의 여부는 아직 확정적인 근거를 찾기 어렵다. 하지만 농민군의 각종 선언문과 주장 속에는 정약용의 사상이 상당히 포함되고 있음을 알 수 있다.

전봉준이 다산의 저서를 읽었다는 기록이 신용할 만한 사료라는 것을 입증할 결정적 근거는 없지만,《경세유표》는 후기 실학파 정약용이 18년간 유배되었던 유배지 강진에서 집필, 발표되었던 것이기 때문에, 그 후 금지되었던 이 서적이 강진지방의 관헌의 눈을 피하면서, 몰래 읽혔다는 사실은 쉽게 짐작할 수 있다. 또한 강진은 농민전쟁의 파급지역이었고, 실제 이 글에서 보이는 것처럼 강진의 윤세진·김병태는 농민군의 지역 장령長領이었다.[65] 해남의 김도일도 마찬가지

64 《강진읍지》,〈명승초의전〉.
65 오지영, 앞의 책, 176쪽.

이다. 이러한 사실에서 전봉준이 《경세유표》를 접할 수 있었다는 것은 결코 불가능한 일은 아니었을 것이다.

그렇게 생각한다면 확실히 농민군의 선언문과 주장 속에는 정약용의 사상이 고려되고 있는 것을 발견할 수 있다. 그 하나는 전봉준 자신이 말한, 표현상 유교적 군주관에 입각한 체제비판을 하고 있는 창의문倡義文—그것은 양반층을 포함한 민중동원을 위한 전술적 표현이었으며 그의 본심 자체는 아니었다고 생각된다—의 내용이며, 또 하나는 《동학사》에 기록되어 있는 농민군폐정개혁안 12개조 내의 관리등용의 자유와 농민적 토지평등소유의 주장 항목이다.

그러한 것들은 관리등용의 개혁론과 토지개혁론閭田制을 골자로 한 봉건제 개혁의 글인 《경세유표》와 관련시키는 것은 견강부회일까?

또 만약 실학이 전봉준의 사상형성에 하나의 근원을 이루고 있다고 한다면 다음과 같은 점에서 실제로 중요한 과제가 제기된다는 것을 부언하고 싶다. 즉 남학사상(南學思想-중농파) 정약용 → 전봉준이라는 사상계보와 병행하여 동시대의 다른 타입의 사회개혁주의자인 김옥균과 전봉준과는 원래 이조봉건말기의 사회사상인 실학의 사상적 흐름을 받고 있는 것으로 된다. 이것은 김옥균과 전봉준의 관계와 위치를 사회사상사적으로 명백하게 하며, 다시 갑신정변과 갑오농민전쟁의 비교 검토작업을 행하는 데 있어서, 조선 말기의 근대변혁상을 정치사상적으로 파악하게 하는 계기를 가질

수 있다는 것을 의미한다. 이 가설에 대한 앞으로의 연구가 기대된다.[66]

　전봉준이 정약용의 실학사상과 경세이념을 이어받았다면 전봉준의 동학농민혁명에 대한 평가는 새로워져야 한다. 지금까지의 동학정신의 편도만으로도 그의 혁명이념과 투쟁은 역사의 물길을 바꾸는 큰 획이었는데, 여기에 다산사상이 첨가된다면 이념의 폭은 훨씬 깊고 넓어질 것이기 때문이다.

66　橫川正夫, 〈전봉준에 대한 일고찰〉, 《근대조선의 민중운동》, 풀잎, 1982, 78~79쪽.

'학구로 업'을 삼은 선비

전봉준은 계층으로는 농민이면서 신분상으로는 선비의 양반층에 포함된다. 전봉준은 〈전봉준공초〉에서 스스로 '이사위업以士爲業', 즉 선비라고 밝히었다. 농사도 짓고 의약·서당훈장·지관·방술 등의 직업이 말해주듯이, 그는 농사꾼만이 아닌 엘리트 사림이었다.

근대의 농사꾼은 혁명이나 봉기와 같은 거사를 꾸밀 처지가 되지 못한다. 단순 소박하며 시대와 역사를 보는 안목이 모자라고, 다른 사람들로부터 신뢰와 외경畏敬을 받기도 어려웠기 때문이다. 〈전봉준공초〉에서 다음과 같이 그의 직업을 찾을 수 있다.

문 : 모든 백성이 늑렴勒斂의 해를 다 입었는데 너만 홀로 피해가 없다함은 무슨 이유인가?
공 : 학구學究로 업業을 삼아 전답이라 하는 것이 3두락

밖에 없는 까닭이다.

문 : 너의 식구는 몇 명인가?

공 : 식구는 여섯 명이다.

문 : 모든 백성이 다 늑렴의 해를 입었는데 너만 홀로
　　피해를 입지 않았다는 것은 참으로 의심스럽다.

공 : 나는 아침 저녁으로 죽밖에 먹지 못하는데 늑렴할
　　것이 무엇이 있겠는가?[67]

　　여기서 전봉준이 밝히고 있듯이 '학구로 업'을 삼았다는,
자신의 직업이 '학구'이다. '학구의 업'은 순수한 농사꾼이
아닌 선비(양반)였다는 점을 나타낸다. 그런데도 아침저녁으
로 죽밖에 먹지 못할 정도의 생활이라면 당시 일반 백성들의
생활 상태가 어떠했는가를 짐작하게 한다.

　　전봉준이 8세 때에 삼남지방을 뒤흔든 농민항쟁이 일어
나고, 10세 때에 대구에서 동학교주 최시형이 처형되었다.
12세 때와 17세 때에 병인양요와 신미양요를 겪고, 22세 때
에 강화도조약이 체결되었으며, 29세 때에 임오군병, 31세
때에는 갑신정변이 일어났다. 거의 해마다 거르지 않고 농민
항쟁이 여기저기서 폭발했다.

　　감수성이 예민한 불우한 전봉준이 청소년기를 보내면서
직접 보거나 들어왔을 대사건들은 그에게 정신적으로 큰 영

---

67 〈전봉준공초〉, 규장각 소재.

향을 미쳤다. 이 무렵에 동학의 보국안민의 혁명사상과 경천수심의 애민정신이 민중들에게 널리 전파되고 전봉준에게도 그 '물길水路'이 닿게 되었다.

전봉준이 다산사상의 영향을 받았는지 여부와는 상관없이 적어도 조선 후기 백성들의 처절한 생활이란 다산이든 전봉준이든 비슷하게 볼 수밖에 없었을 것이다. 혹시 1803년 정약용이 강진 유배지에서 지은 시 〈애절양哀絶陽〉을 읽었을지도 모른다. 〈애절양〉은 악랄한 관의 착취 때문에 자신의 생식기를 잘라낸 남편의 부인이 울부짖는 모습을 보고 지은 시이다. 조선 말기 백성들이 얼마나 가렴주구에 시달렸는가를 잘 드러내고 있다.

〈애절양〉

갈밭마을 젊은 여인 울음도 서러워라
현문을 향해 통곡하고 하늘보고 울부짖네.

군인 나간 남편 돌아오지 못함 혹 있으나
예부터 남절양男絶陽은 들어보지 못했네.

시아버님 삼년상은 끝난 지 오래고
갓난아이는 배냇물도 아니 가셨는데

3대의 이름이 군적에 실리다니.

내 달려가 호소하재도
관가의 문지기 호랑이 같더라.

이정里正 놈의 호통소리에
외양간 단벌 소만 끌려가누나.

그는 문득 식칼 갈아 방안으로 뛰어드니
시뻘건 피가 방안에 가득
어즈버 이 환난은 아이 낳은 죄로고.

누에 치던 방에서 불알 까던 형벌蠶室淫刑도 지나친 일이고
민閩 땅 자식 거세함도 애달픈 일이거든.

자식 낳고 낳는 건 자연의 이치거니
아들 낳고 딸 낳는건 사람 사는 도릴세라.

말·돼지 거세함도 가엾다 이르는데
하물며 뒤를 잇는 사람에 있어서랴.

부자들은 한평생 풍악이나 즐기며

한알 쌀, 한치 베도 바치는 일 없다네.

다같이 나라의 백성이어나
어찌 이다지도 고르지 못하단 말인가
객창에 우두커니 서서 시구편鳲鳩篇을 내내 읊어보노라.

제 8 장

동학농민혁명기의 청·일관계

비적匪賊들의 죄는 비록 용서할 수 없으나
그들도 모두 우리의 백성이니 마땅히 우리의
병兵으로써 토벌해야 한다.
만약 타국의 병을 빌려 토벌한다면,
우리 백성들은 어디에다 마음을 의지해야 한다는 말인가.
이렇게 되면 민심이 뿔뿔이 흩어지기 쉽다.

― 김병시, 외국군 차병借兵을 반대하며

조선을 둘러싼 청·일의 대립

　　동학농민혁명은 국내적으로는 조선의 명운을, 국제적으로는 동아시아의 정세를 바꾸게 하는 일대 폭풍이었다. 특히 동아시아의 패권을 두고 팽팽히 대립하던 청·일 두 나라는 이 사건을 호기로 삼았다. 청국은 전통적으로 조선에 대한 종번관계宗藩關係에서 종주권을 주장하고 있었고, 메이지유신 이후 급속히 군사력을 강화한 일본은 대륙침략의 과정으로 조선지배의 야욕을 키우고 있었다. 그러나 힘의 역학상, 청국은 서구 열강의 침략으로 반식민지체제로 약화되고 일본은 신흥 무력국가로 성장하여 침략전쟁을 도모하고 있었다.

　　표면으로 본다면, 동학당의 기의起義는 이 전쟁을 일어나게 한 도화선이었다. 한 달 전후의 짧은 기간 동안 사태는 극적으로 변화하였다. 농민기의가 국제전쟁으로 변화하였고, 조선 국내의 문제가 동아東亞를 쟁탈하는 대전사

大戰事가 되었으며, 그동안 수많은 변수가 작용하여 전쟁은 극히 우연성을 띠고 있었다. 그러나 역사의 심층으로부터 분석해보면, 이 전쟁은 시기의 빠르거나 늦음과 상관없이 반드시 일어날 것이었다. 메이지유신 이후 날로 팽창하고 있던 일본군국주의가 반드시 일으키고자 하였던 것으로, 일본의 침략세력들의 장기간 고취해왔던 '정한론'과 '대륙정책'의 필연적인 실천이었던 것이다. 그리고 중·한·일 삼국의 국제적인 균형관계에 변동이 생긴 이후에 일본이 중국의 종번체제에 도전한 필연적인 결과인 것이다.[68]

동학농민군의 봉기에 조선 정부는 당황했다. 동학농민군이 전라도 각지의 지방관청을 습격하고 세력이 급속히 확대되고 있다는 보고에 조정은 즉시 전라도 병마사兵馬使 홍계훈洪啓薰을 양호초토사兩湖招討使로 임명하였다. 홍계훈은 5월 7일 장위병壯衛兵 800명을 인솔하고 현지로 내려갔다. 경군京軍이라 불리는 관군은 선편으로 군산에 상륙한 즉시 전주로 진격하였다. 그러나 경군 800명으로는 사기가 충천한 동학농민혁명군을 막아낼 수 없었다. 동학농민군은 이미 황토현에서 지방 관군을 격파하고 전주를 노리고 있었다. 홍계훈은

68 郭德東(북경대교수), 〈동학농민군 기의와 중·한·일 삼국의 외교각축〉, 《동학농민혁명의 동아시아적 의미》, 동학농민혁명기념사업회 편, 서경, 2002, 124쪽.

정부에 증원군을 요청하여 5월 19일 장위병 300명과 강화도 심영병沁營兵 500명이 증파되었다.

증파된 관군으로도 대적하기가 어려워지자 홍계훈은 회유책으로 동학농민군의 표적이 된 전라도 관찰사 김문현金文鉉과 안핵사 이용태李容泰, 고부군수 조병갑 등을 처벌하고 고종 임금이 칙유를 내어 폐정의 개혁을 단행한다는 조건으로 농민군의 해산을 종용하였다. 그러나 동학농민혁명군은 이런 정도의 회유책에 진군을 멈출 수 없었다. 혁명의 불길은 이미 타올랐고 혁명군의 사기는 하늘을 찌르고 있었다.

홍계훈은 동학농민혁명의 현장을 지켜보면서 진압에 자신을 잃어가고 있었다. 두 가지 이유 때문이다.

첫째로, 농민군은 종래의 민란과는 달리 조직력과 전투력이 뛰어났다. 규율도 엄격하여 "지방 토민의 양미糧米 따위를 약탈하는 일은 결코 없고, 필수의 식량을 구입함에 있어서도 그 자리에서 즉시 대금을 넉넉히 지불"하는 동시에, "병기와 양미를 …… 빼앗는 바 모두 관물이 아니면 지방의 재산가로서 특히 민중으로부터 미움을 받고 있는 자의 소유물에 속하였다"고 한다. 게다가 농민군은 "부자를 협박하여 돈과 곡식을 뺏아와서는 이를 빈민에게 판다. …… 그 의도는 생각건대 빈부를 공통으로 하여 소수인이 부를 오로지 하는 것을 허용하지 않는 데 있다"고 알려져 있다.

이같은 농민군의 '군율의 엄정함'은 만약 "양민의 재산을 탐하고 부녀를 범하는 따위의 일이 있으면 지체없이 잡아와서 중병衆兵의 면전"에서 처단하고, "그렇게 함으로써 전군을 경세한다고 한다. 이런 까닭으로 대오는 언제나 정연하며 수령의 명령에 따르고 있었다(일본의 《고쿠민신문國民新聞》 1894년 6월 21일)"고 하였다. 이러한 보도는 과대평가일 수도 있으나 그 군율의 엄격함은 정부군과 대조적이며 반봉건의 목표와 더불어 인민의 지지를 얻는 요소가 된다.

둘째로, 정부군은 군율이 흐트러지고 전투의욕을 잃고 있었다. 그 최대의 이유는 하급병사에 대한 나쁜 대우와 여기서 오는 생활불안이다. 군산에 상륙한 장위병 800명이 전주에 도착하자 470명으로 줄어들었다. 40퍼센트인 330명이 도망치고 말았던 것이다. 이에 대해서는 조선 정부의 재정이 핍박하여 "급히 토벌군을 내는 데에도 실은 군수가 부족하였고 경군이 군산에 상륙한 뒤에는 식량이 모자라 죽을 먹으며 목숨을 이었을 정도였기 때문에 사기가 부족"하였던 것과는 달리, 농민군은 왕성한 사기에다 중국의 의화단의 경우와 같이 "경군은 장교에서 병졸에 이르기까지 동학당이 마술을 사용한다는 말을 전해 듣고 동도와 마주칠까 두려워" 탈주병이 속출하였다(일본《도쿄니치니치신문東京日日新聞》, 1894년 6월 15일)고 보도되었다. 지방군의 대우는 더욱 나빴다.[69]

오합지졸에 사기마저 땅에 떨어진 관군은 5월 27일 처음으로 장성에서 동학농민혁명군과 교전하였다. 그러나 첫 교

---

69 박종근 지음, 박영재 옮김, 《청일전쟁과 조선》, 일조각, 1989, 9~10쪽.

전은 어이없는 참패였다. 홍계훈의 정부군은 뒤에서 독전하고 일선에는 지방관군을 투입한 결과였다. 이로써 지방관군이 300명이나 전사(경군은 12명)하면서 경군과 지방군 사이에 알력이 생기고 동학농민혁명군은 이런 허점을 이용하여 5월 31일 마침내 전주성을 함락했다.

전주성 함락 소식을 보고받은 조정에서는 외병外兵, 즉 청군을 불러오자는 논의가 제기되었다. 홍계훈도 정부에 청군의 차병借兵을 요청하고 있던 참이었다. 고종과 일부 중신들 사이에는 동학이 1893년 보은에서 대규모의 집회를 했을 때에도 청군의 차병론이 제기되었다. 그러나 일부 대신들의 반대로 뜻을 이루지 못한 상태였다.

청국 차병론

전주성 함락을 보고받은 내무협판 민영준閔泳駿은 5월 18일 열린 대신회의에서 청군의 차병론借兵論을 다시 제기하였다. 민영준은 명성황후의 일가 되는 사람으로 권력을 장악하고 있는 실권자였다. 하지만 반론이 우세하였다. 중신들은 외병을 불러올 경우의 폐해를 지적하였다.

첫째로 외병에 의하여 '몇 만의 생명(농민군)이 절멸' 당할 것이며, 둘째로 외병의 통과지역 등에서는 막대한 폐해가 생겨 인심을 동요시킬 것이기 때문이다. 이것은 몽고·일본·청의 침입은 말할 것도 없고 도요토미 히데요시의 침략 때 원군으로 조선에 들어왔던 명군마저 횡포와 자의적인 징발 따위로 조선 민중을 괴롭혔던 역사적 경험에 의한 것이다. 셋째로 일본과 구미열강이 그들의 공관이나 거류민을 보호한다는 구실로 군대를 파견할 위

험성도 있었기 때문이다.[70]

그러나 전주성이 함락되면서 분위기는 달라졌다. 민씨 정권의 실세들은 불안하여 전전긍긍하면서 다시 긴급중신회의를 열었다. 이번에도 영돈녕領敦寧 김병시 등이 강력하게 차병의 불가함을 개진하였다. "비적들의 죄는 비록 용서할 수 없으나 그들도 모두 우리의 백성이니 마땅히 우리의 병兵으로써 토벌해야 한다. 만약 타국의 병을 빌어 토벌한다면, 우리의 백성들은 어디에다 마음을 의지해야 한단 말인가. 이렇게 되면 민심이 뿔뿔이 흩어지기 쉽다"고 개진하여 차병에 반대하고 있었다. 하지만 민영준은 반대 주장을 억지로 누른 다음 고종의 재가를 받아 차병을 정식으로 결정하여 위안스카이를 통해 청국에 원병을 요청하였다.[71]

1894년 6월 1일 열린 긴급중신회의의 '외국군 차병' 결정은 동학농민혁명이 좌절되는 계기를 만들었다. 이날의 결정은 어디까지나 청국군을 차병하여 동학농민군을 진압하는 것이었다. 그런데 호시탐탐 기회를 노리던 일본군이 톈진조약을 들어 출병하고 동학농민군 30만 명을 학살한 데 이어 서울 용산에 병력을 주둔시키면서 결국 대한제국을 병탄하는, 대규모적인 군대 파병의 계기로 삼았다.

70 박종근, 앞의 책, 12쪽에서 재인용.
71 국사편찬위원회 편, 《동학란기록上(한국사료총서10)》, 한국사학회, 1958, 8쪽.

국내 현안을 해결하기 위해 외국군을 끌어들이는 것은 예나 이제나 민족의 사활이 걸린 '업보'가 된다. 신라가 백제와 고구려를 치기 위해 당군을 끌어들여 두 나라를 멸망시킨 일이나, 1945년 해방 과정에서 미·소 양군의 진주로 한민족이 겪은 고통은 현재진행형으로, 차병이든 원병이든 외국군을 끌어들이는 일은 대단히 중대한 문제라는 사실을 알려준다.

일본군이 조선에 들어오게 만들었던 톈진조약은 한국인들의 의지와는 전혀 상관없이 청·일 사이에 이루어진 조약이었다. 1885년(고종 22) 임오병란 이후 청국은 위안스카이의 지휘로 3000병력을 서울에 주둔시키고 있었으며, 일본은 갑신정변이 일어난 이듬해 이노우에의 지휘로 2개 대대 병력을 서울에 주둔시켜 두 나라 군대의 충돌이 우려되었다. 이에 일본은 이토 히로부미를 전권대사로 톈진에 보내 청국 직예총독 이홍장과 협상케 한 결과 이해 4월 전문 3개조의 이른바 톈진조약을 맺었다. 주요 내용은 다음과 같다.

1. 청·일 양국은 4개월 이내 조선에서 출병할 것
2. 조선국왕에게 권해 조선의 자위군을 양성토록 하되, 훈련관은 청·일 외의 다른 나라에서 초임토록 할 것
3. 앞으로 조선에서 어떤 변란이나 중요사건이 발생하여 청·일 두 나라 또는 어느 한 나라가 파병할 필요가 있을 때는 먼저 문서로써 연락하고 사태가 가라앉으면 다시 철병할 것

이 조약으로 일본은 조선에서 청국의 우월권을 없이하고 동등한 발언권을 갖게 되었다. 외교적으로 일본이 승리한 회담 결과였다.

청·일 두 나라는 조선 정부와는 아무런 상의도 없이 톈진조약을 맺고 각기 때를 기다리고 있었다. 마침 동학농민혁명이 일어나면서 정부는 청국에 파병을 요청하게 되고, 일본군은 때를 놓칠세라 조선에 파병하는 기회를 갖게 되었다. 그러나 일본은 파병의 근거를 톈진조약이 아닌 제물포조약을 들었다.

1882년(고종 19) 임오군란의 사후처리를 둘러싸고 한·일간에 맺은 조약이 제물포조약이다. 임오군병으로 공사관이 불타고 10명의 사상자를 낸 일본은 군함 4척과 수송선 3척에 1개 대대 병력을 하나부사 공사에 딸려 보내 조선에 협상을 요구하고, 결국 조선 측의 50만 원 배상, 일본공사관에 일본 경비병 주둔, 군란주동자 처벌 등의 성과를 얻어냈다. 무엇보다 일본군이 서울에 주둔하게 되는 계기를 만들었고 다시 대규모 병력을 파견하는 구실이 되었다.

6월 7일 스기무라로부터 일본군 출병의 통고를 받은 조선 정부는 즉시 스기무라에게 엄중히 항의하는 동시에 주일 조선공사 김사철을 시켜 일본 정부에 철병을 요구하였다. 더욱이 항의만으로는 불충분하다고 판단, 9일에는 참의교섭통상사무 민상호와 미국인 외무고문 르 장드르

(Charles W. Le Gendre, 1830~1899) 등을 인천에 급파하여 오토리 공사가 데리고 온 해군육전대의 서울 침입을 저지하려 하였으나 실패하였다. 뒤이어 10일에는 협판(차관) 교섭통상사무 이용직을 서울 외항인 양화진에 파견하여 일본군의 입성 저지를 담판케 하였지만, 오토리 등은 이를 물리치고 서울로 침입하였다.[72]

일본군은 파병의 명분으로 "일본인 거류민을 보호하고 청일 양국의 세력균형을 유지하기 위해 민란이 진압되고 청군이 철수할 때까지 공사관 호위를 명분으로 제물포조약에 따라 출병한다"는 이유를 들었다. 또한 파병 과정에서도 속임수로 일관하였다. 출병 부대의 인원수를 '해군 병사 300명'이라고 허위로 조선 정부에 통보했지만 실제로는 훨씬 많은 병력을 파견했다. 그것도 '민란'의 현장이 아닌 서울에 육전대를 주둔시키고 전주화약이 성립되어 외국군의 존재가 필요 없어졌을 때에도 제11연대의 1050명을 추가로 인천에 상륙시켰다.

72 박종근, 앞의 책, 18쪽.

청국군이 파병되기까지

　동학농민혁명이 전개되면서 청나라 정부 역시 사태의 진행에 주목하고 있었다. 서구 열강의 침탈에 크게 흔들리고 있는 처지였지만 조선에 대한 '종번관계'는 쉽게 포기하려 하지 않았기 때문이다.

　1893년 4월 6일 청국의 북양대신 겸 직예총독 이홍장李鴻章은 총서總署에 전보를 보내어 다음과 같이 조선의 정세를 보고하였다.

　　동학이라는 사교들이 연명으로 조선의 국왕에게 양인洋人을 몰아내자고 청원을 하고, 이어서 격문을 내어 걸어 서양인들이 여러 가지 폐단을 가져왔으므로 장차 모두 죽이자고 하니 한성(서울)에 있는 서양인들이 매우 두려워하고 있습니다. 일본인들은 여럿이서 칼을 차고 횡행하여 더욱 소란하게 상황을 만들고 있습니다.

위안스카이가 조선 조정에 권하여 엄하게 처벌하게 하였더니 끝내 두려워하여 감히 어기지 못하였습니다. 영국인 W. C. Hillier가 와서 말하기를 : 각국의 서양인들이 병선을 옮겨와 방범防範을 하기로 의논하고 있는데, 한편으로 말하기를 (동학을) 진압할 책임이 중국에 있다고 하면서, 위안스카이에게 병선 수 척을 옮겨와서 의외의 사태에 대비하고 동시에 서양 각국의 의심(청국이 고의로 진압하지 않는다는 의심)을 풀어야 한다고 청하였다고 합니다.

서양인들이 중국이 진압하기를 기다리는 것은 스스로 좋은 일에 속하는 것입니다. 수사水師에 신칙申飭하기를 병선 두 척을 속히 인천으로 파견하여 진압의 책임을 다하라고 하였습니다. 생각하건대, 한국은 본래부터 요언謠言이 많은 곳이나, (정부가 무능하여) 능히 이루어지는 바는 없는 나라에 불과하므로, 속히 토벌하도록 권해야 합니다.[73]

조선 정부의 차병 요청을 받은 위안스카이는 이 요청을 이홍장에게 전달하고 이홍장은 즉시 총리아문總理衙門에 보고하는 동시에, 6월 7일부터 6월 20일까지 직예총독 섭지초葉志超와 정여창丁汝昌을 지휘관으로 하여 2800여 명을 충청도 아산에 파견하기로 하고, 이 사실을 6월 6일 문서로 일본에 통

━━ **73** 오여윤 편, 《이문충공전서》, 권15, 32~33쪽(郭偉東, 앞의 글, 84쪽에서 재인용).

고하였다. 이어서 동학농민혁명군이 5월 31일 전주성을 점령하고 사태가 급박하게 전개되자 이홍장은 이튿날 총리아문에게 조선의 전황을 전보로 다시 보고하였다.

한병韓兵이 싸움에 패해 군기를 탈취당하였으며, 한국의 각 군이 모두 간담을 떨었다. 어제와 오늘 연속하여 한성과 평양의 군대 2000여 명을 보내어 적당을 막는 것을 의논하였다. 국왕은 병력이 적어 더 많이 파견할 수 없고 또한 그 군대도 믿을 수 없다고 말하면서, 중국에 병력을 파견하여 대신 토벌하도록 청하는 것에 대해 의견을 구하였다.

한국이 스스로 내란을 종료시키지 못하여 중국에 보호해 주기를 청하여 또한 중국이 대신 토벌해 주기를 청하니, 상국上國이 된 체면으로 거절하기가 어려웠다. 그러므로 말하기를 "만약에 중국의 군대가 반드시 필요하다면, 정부에서 문서를 갖추어 우리에게 보내십시오. 우리가 중국 정부에 전보를 보내 처리될 수 있도록 청하겠습니다." 라고 말하였다. 만약에 이같이 처리하도록 허락하지 않는다면, 이 사태를 즐기는 타국민들이 반드시 있을 것인데, 이들이 장차 중국을 어떤 처지로 몰아 넣겠는가?

그러나 먼저 경솔히 움직일 수 없는 일이다. 한국 조정이 보낸 문서가 오기를 기다려 총서에 전보를 보내 일본에 주재하는 공사 왕쌍汪炡이 일본 외부에 문서를 보내 한국이 군대를 파견해 달라고 청원한 사실을 알리게 해달라고 전칙하였다. 을유년의 약정에는 일본과 중국이 조선에 파병을 할 경우에는, 사전에 문서로 상대국에 통보해야 한다는 내용만이 있었지, 중국이 파병을 하면 일본도 또한 파병을 한다는 문구는 없었다.

그런데 적당敵黨이 아직 한성으로부터 멀리 떨어져 있음에도 일본의 군대가 한성으로 오게 되자 오히려 한성에서는 소동이 일어나게 되었고, 때문에 한국의 외서外署가 일본에 대해 항의를 하였다. 서양 각국인들도 일본이 먼저 소란을 떠는 것을 원하지 않고 있다.[74]

동학혁명기에 청국의 입장과 처지가 그대로 드러나는 보고서이다. 조선을 돕지 않는다면 '종번관계'의 예에 어긋나는 것이고, 출병을 하게 되면 일본이 이를 기회로 삼아 사단을 벌일 것을 우려하고 있다.

결국 청국 위안스카이는 6월 4일 이홍장에게 명령하고 이홍장은 수사제독 정여창에게 지시하여 두 척의 군함을 보내 인천과 한성의 중국인 상인들을 보호하도록 하고, 다른 한편 엽지초 등에게 1500명의 군사를 보내 아산에 상륙하게 하였다. 동시에 텐진조약의 규정에 따라 일본 정부에는 조선의 요청으로 말미암아 출병하여 난을 진압할 것임을 통보하였

---

74 오여윤 편, 《이문충공전서》, 권 15, 32~33쪽(郭偉東, 앞의 글, 84쪽에서 재인용).

다. 당시 청국은 전함 2척 장갑순양함 6척, 순양함 6척을 보유하여 일본 해군을 압도하고 있었다.

청국은 일본의 의도나 전력을 경시하였다. 특히 위안스카이는 일본이 국내 사정 때문에 공사관 호위 명목으로 100명 정도 출병할 수 있을 것이며, 이 정도는 조선 정부가 저지할 수 있을 것으로 오판하였다.

청국이 출병하기에 앞서, 일본 내각은 조선이 청국에 원군을 요청한 사실을 미리 알고 "만약에 중국이 조선에 파병한다면 그 명목이 무엇이든지 불문하고 일본도 반드시 상당한 병력을 파견하여 예측할 수 없는 사태에 대비해야 한다"고 파병의 원칙을 결정하였다.

일본의 대한침략 여론과 파병

　일본은 1893년 10월 야마가타 아리토모 육군대표가 〈군비의견서軍備意見書〉를 작성하면서 구미 열강이 동양침략을 계획하고 있다고 밝히고, 그 시기는 앞으로 10년 후 시베리아 철도가 개통될 때라는 예측 아래 대로전쟁對露戰爭을 일으켜야 한다고 주장하였다. 그는 1887년부터 참모본부에 지시하여 〈대청정토책안對淸征討策案〉을 연구시켰는데, 이 작전계획은 1892년까지 전쟁준비를 완료하며 청국 북부 및 조선을 제압하는 데 필요한 요동반도 등을 점령한다는 내용으로 되어 있다.[75]

　일본은 이 계획에 따라 전쟁 준비를 완료하고, 2척의 쾌속순양함을 건조하여 청국의 해군에 대비하면서 1894년 4월 초 조선 출병을 논의하기 시작하였다.

75　藤村道生, 《日淸戰爭》, 東京 : 岩波書店, 1973, 5쪽.

이 무렵 일본 개진당改進黨의 시마다 사부로는 조선인은 학문도 용기도 애국심도 없으면서 신체가 강하고 유순하여 이런 나라에 적당한 것은 속국뿐이라고 하면서 "실로 속국에는 적당한 나라"라고 주장하였다. 또한 장래 문제는 "러시아가 취하느냐, 중국이 취하느냐, 일본이 취하느냐"뿐이라고 주장하면서 개전론을 폈다.[76]

일본 정부는 청국으로부터 조선 출병의 통보를 받기 전에 이미 정보를 입수하고, 총리 이토 히로부미는 육군수뇌부를 참석시킨 내각회의를 열어 혼성여단 정도를 조선에 파병하기로 결정하였다. 이어서 대본영大本營을 설치하고 파병 준비에 들어갔다. 오토리 게이스케 공사는 6월 9일 인천에 도착하여 이튿날 420명의 육전대와 대포 2문을 이끌고 입경하고, 육군소장 오시마 요시마사가 지휘하는 혼성여단도 6월 16일까지 인천에 도착하였다. 혼성여단은 군함 17척, 수송선 27척, 군병 4000명이었다(김준엽 선생은 《중국최근세》에서 군함 20척, 대포 668문, 무장기선 14척, 포 56문, 수송선 약 30척, 병원선 9척, 보병 1만 명, 포병 약간 명, 기타 측량선으로 구성되어 있었다 한다).[77]

조선에서 동학농민이 보국안민과 척왜척양의 기치를 들고 봉기하자 일본의 조야는 민감하게 움직이기 시작하였다. 조선을 대륙진출의 교두보로 인식하면서 청국과 대치해온

76 성황용, 《근대동양외교사》, 명지사, 1993, 220쪽.
77 김경창, 《동양외교사》, 집문당, 1982, 20쪽 ; 성황용, 앞의 책, 221쪽.

일본은 반일적인 민씨 정권의 운명과 직결되는 농민봉기를
결코 방치하지 않았다.

당시 청국 다음으로 조선에 거류민이 많았던 일본은 동학
농민군이 자신들을 '척왜斥倭'의 대상으로 겨냥하는 데 한동
안 불안과 공포를 느끼게 되었다. 따라서 일본공사관은 동학
농민봉기가 시작되면서 시시각각 본국 정부에 사태의 진행
을 보고하였다. 일본 외교문서에 남아 있는 상황보고서 내용
을 보면 일본이 얼마나 사태를 심각하게 보고 있었던가를 알
수 있다.

동학당의 거동 때문에 경성에 있는 우리 관민이 현재
매우 동요하고 있는 실정이다. 만약 그들과 [정부의 타협
이] 일단 결렬되면 조선 정부의 힘이 그것을 제대로 진압
할 수 있을 지, 아울러 재류 외국인을 보호할 수 있을 지
없을 지는 지금까지 경험으로 볼 때 어려운 일임을 알아
야 한다. 일본 거류민 보호를 위해 군함을 파견해 달라.
거류민들에게는 동학당의 거동에 대한 정보수집, 만일의
사태에 대한 대비책, 피난 방법과 자위책 등을 하달했
다.[78]

일본공사관의 이 보고서는 동학농민군의 보은집회가 열

<hr />

[78] 《일본외교문서》27-2, 1894, 425쪽 ; 강창일, 《근대 일본의 조선침략과 대아
시아주의》, 역사비평사, 2002, 43쪽.

리기 전의 일이다. 보은집회를 지켜본 일본공사관은 동학농민군의 조직력과 동원력에 경악하면서 본국 정부에 사태 진전 상황을 보고하였다. 이와 함께 일본의 신문에서는 청국군의 조선파병이 알려지면서 강경론자들이 동학농민군을 진압하기 위해 즉각 군대를 파병할 것을 요구하고, 우익단체들은 이른바 의용군을 조직하려고 하였다.[79]

동학농민봉기가 일어나기 전에 일본에서는 김옥균 살해 문제로 여론이 분분해 있었다. 갑신정변의 실패로 일본에 망명해 있던 김옥균은 1894년 3월 28일 상하이에서 조선 정부가 보낸 자객 홍종우에게 암살되었던 것이다.

일본 신문들은 김옥균 암살을 크게 보도하고, 특히 김옥균과 가까운 사이였던 오이 겐타로大井憲太郎 등 논객들은 조선과 청국에 대한 응징론을 주장하는 등 일본 조야에서는 '조선 문제'를 둘러싸고 여론이 비등해졌다.

▬▬ **79** 강창일, 앞의 책, 44쪽.

일본 신문들 조선침략 부채질

이런 시점에 동학농민혁명의 소식이 전해지면서 일본 정부는 더욱 민첩하게 움직이고 신문들도 연일 대대적으로 이를 보도하였다.

일본은 1867년 메이지유신으로 자본주의적 군주국가로서 급속히 발전하여 체제를 정비하고 1870년을 전후해서는 조선을 침략해야 한다는 이른바 '정한론征韓論'이 거세게 제기되었다. 당시 조선의 집권자 대원군은 일본을 서양 오랑캐와 맥을 같이한다고 보고 척왜정책을 펴고 있었고, 일본 조야에서는 조선에 출병하자는 '정한론'이 제기되고 있었다. 그러나 이것은 일면적이고, 실제로 '정한론'의 배경은 호전적인 일본 봉건군벌의 관심을 외부로 돌림으로써 중앙권력을 강화하는 한편 구미열강에 앞서 조선에 진출하자는 일본 정부의 야심이었다.

조선침략주의인 '정한론'의 주창자는 삿슈 군벌의 우두머

리인 메이지 신정부의 참의 사이고 다카모리西鄉隆盛와 그 일
파들이었다. 이들은 1875년 운요호사건을 도발하여 강화도
조약을 체결하고 조선을 야금야금 먹어들다가 동학농민혁명
이 일어나자 이를 침략의 호기로 삼고자 한 것이다.

다음은 동학농민혁명과 관련한 당시 일본 신문의 보도 내
용이다.

반란지는 특히 우리 영토에 가깝고, 그 근거지와 멀지
않으며, 반군이 향하는 장소는 인천·경성과 멀지 않으니
……. 우리가 이제 와서 거류민을 보호하기 위해 준비하
라고는 감히 바라지도 않으며, 조선 병력이 미약하여 도
저히 강한 병력을 기대할 수 없기 때문에 이웃나라의 도리
로서 방관할 수 없는 바, 본국이 조선에 대해 반드시 종주
국의 권리를 주장하는 것은 아니지만 서로 교역하길 2천
여 년, 인연의 깊이가 타국에 비할 바가 아니다. 지금 그
나라의 국난을 보고 구하지 아니하면 이웃나라의 도리를
저바리는 것이 된다. 텐진조약은 우리와 똑같이 조선의
환란을 막을 의무를 가진다는 것을 취지로 하여 협정된
것이다. 우리는 이웃나라의 도리로서 하루속히 병력을 내
어 그 반란을 진압하기 바란다.[80]

80 《東京日日新聞》, 〈조선의 병란〉, 1894년 5월 29일자.

일본 신문은 '이웃나라의 도리'로서 조선에 군대를 파견하여 진압하는 것이 '일본의 임무'라고 강변하였다. 이러한 인식은 《도쿄니치니치신문》뿐 아니라 일본 신문들의 일반적인 견해였다. 《지지신보時事新報》는 "우리 병력을 가지고 진압할 각오를 하지 않으면 안된다"고 개입론을 폈다. 또한 《니로쿠신보二六新報》는 "농민군의 반민씨정권적 성격과 민씨 정권의 친청적 성격에 착목하여 농민반란을 진압하는 데 파병할 것"을 주장하였다.

《요로즈조보萬朝報》의 논설은 보다 노골적으로 조선침략을 부추겼다.

무릇 조선의 독립이라고 하는 것은 일시적 문제가 아닌 영구적 문제이다. …… 다사다난한 오늘날 조선이 진정으로 스스로 독립할 힘이 없음은 누구나 다 알고 있다. 그것을 독립시키려면 타국의 힘을 빌려야 한다. …… 조선의 독립을 영구히 원하면 영구히 그들에게 힘을 빌려줄 수밖에 없다. …… 다른 힘을 빌려서 독립하는 것은 진정한 독립이 아니며 남에게 의존해서 성립되어 있는 것인바, 조선을 독립시킨다는 것은 진정으로 독립시킨다는 것이 아니라 언어유희에 지나지 않는다.[81]

81 《萬朝報》, 1894년 6월 29일자.

당시 진보적 성향이었던 《요로즈조보》는 아예 "이 기회에 일본이 청국과 개전할 것"을 주장한다.

> 출병은 서남의 역役 이래 거의 20년에 걸친 태평성대에 의한 군인의 사치·나약, 국민의 의기소침의 극極, 국가문약의 상태를 타개하기 위한 좋은 기회이다. …… 하루속히 청국과 개전해야 한다. 조선의 내란은 이미 양국의 출병으로 국제문제가 되었고, 이는 동양의 평화 및 일본의 국익과 직결되는 문제인데, 평화는 전쟁으로 사지 않으면 안 되며 전쟁을 통해 오히려 평화가 이루어진다.[82]

일본 정부는 여론을 부추기면서 조선에 출병을 감행하기에 이르렀다. 청국은 조선 정부의 요청에 의해 농민군을 진압한다는 명목으로 아산에 출병한 데 반해, "일본군은 당시 일본거류민 대부분이 거주하고 있던 부산이 아니라 인천에 출병한 것에서 저들의 출병 목적이 거류민 보호나 농민군 진압에 있기보다 '정부 장악'에 중점을 두고 있음을 알 수 있다."[83]

동학농민군은 청·일군이 아산과 인천에 상륙한 사실을 듣고, 6월 8~9일경 이미 점령한 전주성에서 스스로 퇴거하여 해산하였다. 정부와 전주화약을 맺고 외국군의 파병 명분

---

82 《萬朝報》,〈내란과 국제문제〉, 1894년 6월 4일자.
83 강창일, 앞의 책, 53쪽.

을 없애기 위한 고육책이었다. 조선 정부와 청국은 이 사실을 들어 일본 측에 철병을 요구하였다. 그러나 입장이 난처해진 공사 오토리는 "민란이 완전히 진정되었다고 말하기 어렵다"는 궁색한 이유를 들어 철병을 거부하면서 오히려 입경入京을 주장하고 나섰다.

조선 정부의 철병 요구에 대해 일본의 《지지신보》는 다음과 같이 보도하였다.

우리의 추찰로는 이것(철병 요구)이 바로 그 정부가 무사평온을 가장하여 일본군의 입래入來를 거절하려는 책략으로 용이하게 신용을 얻으려는 것이라고 판단하지 않을 수 없다. …… 조선 정부는 국내의 소란에 대해 스스로 보호하는 것초차 힘든 약체 정부임을 천하에 표명한 것이다. 일본인은 어쩔 수 없이 자력으로 스스로를 보호해야 할 때가 갑자기 닥쳐왔으니 …… 이번에 인천을 향해 파견한 우리 나라의 군대는 가령 장애를 만나도 당분간은 결코 철병하는 일이 없어야 한다.[84]

반봉건과 외세의 축출을 표방하며 봉기한 동학농민혁명이 대외적으로 청·일 양군의 출병을 유발하고, 청일전쟁의 직접적인 계기가 되었으며, 종국적으로 일제가 조선을 지배하

---

84 《時事新報》, 1894년 6월 16일자.

는 시발점이 된 것은 역사의 아이러니라고 하겠다. 내분과 내란이 외세를 끌어들이는 역사의 역설은 오늘날 민족의 교훈으로 남는다.

제 9 장

고부관아를 접거하다

사람이 태어나고 싶은 시대가 있다면
그것은 혁명의 시대가 아닐까?
낡은 것과 새 것이 나란히 존재하면서 비교되는 시대이자
새 시대의 풍부한 가능성으로
옛 시대의 역사적 영광을 보상할 수 있는 시대 말이다.

– 에머슨

민중의 두터운 신망으로 혁명의 중심에

거듭 인용하거니와 1894년(고종 31)에 "조선 봉건제 해체사의 최종적 도달점이며 또한 근대 민족해방 투쟁사의 본격적인 출발점"이 된 동학농민혁명의 봉화가 마침내 올랐다. 그날의 정황을 작가 최인욱은 다음과 같이 그린다.

갑오년 삼월 이십일일.

고부마을 마항馬項 장터에 모인 동학의 교도들은 접주 전봉준을 주장主將으로 추대하고 의거의 깃발을 드날렸다.

주장 전봉준은 긴장한 얼굴로 여러 교도들 앞에 일어섰다. 백립白笠에 흰빛 도포를 입은 자그마한 체구 전봉준은 부친의 상중喪中에 있는 몸이라 백립을 쓰고 있었지만 그 자그마한 체구에는 차돌같이 단단해보이는 강단이 엿보였다.

"동접同接 여러분!"

힘찬 목소리가 전봉준의 입을 통해 넓은 들판으로 울리었다.

"오늘 여기 모이신 창의지사倡義之士 여러분! 국가의 운명이 오늘에 이르러 국정은 극도로 피폐하고 방방곡곡에는 수령들의 탐학이 인민을 도탄의 구렁으로 몰아넣고 있습니다. 사태가 이 지경에 처한 것을 보고 가슴에 피가 있는 자 어찌 수수방관할 수 있으리오. 이제 우리는 나라일을 바로 잡고 천대받는 민권의 신장을 도득하기 위해 다같이 분발하고 사생死生의 맹세로써 의거의 깃발을 높이 들어 다함께 끝까지 싸워주기를 부탁하는 바이오."

이렇게 부르짖은 전봉준의 이마에는 핏줄이 돋히고, 얼굴은 흥분한 빛으로 물들었다.[85]

'혁명'의 혁革은 '짐승의 가죽에서 그 털을 다듬어 없애는 것'을 말한다. 즉 혁은 갓 벗겨낸 가죽인 피皮를 무두질하여 새롭게 만든 가죽을 뜻하기에 혁革자는 '면모를 일신한다' '고친다'는 의미를 갖는다. 따라서 '생명을 일신한다'는 혁명은 묵은 제도나 방식을 새롭게 고치는 뜻을 담고 있다. 결코 민란이나 민요의 수준과 같을 수 없는 것이다. 동학농민들은 고부에서 혁명의 깃발을 들었다. 그리고 그 불꽃은 들불처럼 삼남지방에 번지기 시작했다.

85 최인욱, 《장편역사소설 전봉준》, 평민사, 1983, 11~12쪽.

한낱 서생이었던 전봉준은 이제 혁명을 선도하는 주장이 되고 있었다. 어리석은 백성으로 끊임없이 지배세력의 수탈을 당하고도 힘이 없는 것을 한탄하거나 자신의 박복으로 돌리고 체념했던 호남의 항민이, 지배층의 수탈을 원망에 찬 눈으로 바라보면서 순응적이었던 호남의 원민이, 이제 정의감에 불타 개혁의지를 행동으로 옮기는 호민으로 바뀌고 있었다.

이들의 행동은 처음부터 민란이나 민요의 수준이 아니었다. 바로 혁명의 서막이었다. 그 선두에 전봉준이 섰다. 이날의 역사는 어쩌면 한국인들이 두고두고 기억해야 할 것이며, 역사에는 고딕체로 기록되고, 읽는 이들은 밑줄을 그어가면서 의미를 되새겨야 할 것이다.

전봉준이 어떤 과정을 거쳐 고부 농민들을 대거 동원하여 관아를 공격하게 되었는지에 관한 자세한 기록은 찾기 어렵다.

동학의 교조 최제우가 1864년 3월 '혹세무민'과 '좌도난적'의 죄명으로 처형되고 나서 30년이 지난 뒤에 일어난 일이다. 따라서 '교조신원'과 같은 전면적인 동학 행사로 보기는 어렵다. 고부군수의 야수적인 탐학이 직접적인 계기가 되었지만, 그것 때문만도 아니었다. 그러면 왜 하필 고부 지역에서 혁명의 봉화가 타올랐을까.

고부군은 옛부터 땅이 기름지고 관개시설이 잘 돼 있어서 부촌으로 인식되었다. 그래서 탐관오리들이 고부의 수령으로 가는 것을 열망하였다. 중앙권력의 든든한 뒷배가 있어야만 고부군수 자리를 차지할 수 있었다. 따라서 군수가 자주 교체되고 임기를 채우고 떠난 사람이 별로 없었다. 지원자가 많아서 1년에 군수가 몇 차례 바뀌기도 하였다.

역대 수령들의 재임기간을 계산한다면 1573년(선조 6)부터 1755년(영조 31)까지 약 180년 동안에 133명의 군수들이 교체되어 재임기간이 1년 반 정도이고, 그 가운데서도 1628년(인조 6)에서 1644년(인조 22)까지 17년 동안에 17명의 수령이 교체되어 평균 1년도 채 못 된다. 이러한 이유를 읍 유생들은 풍수지리에 의한 부임역로赴任歷路에 관계가 있다고 말하고 있다.[86]

지방 유생들이 제기한 풍수설은 믿을 바 못 되고, 기름진 농지에서 소출되는 물산을 탐하는 자들의 경쟁이 그만큼 치열했던 것이 아닌가 싶다. 농민봉기 직전인 1893년 11월 30일 조병갑이 익산군수로 발령받아 고부를 떠났다. 그리고 12월 한 달 동안 6명의 군수가 발령되었으나 한 사람도 부임하지 않았다. 조정에 든든한 뒷배가 닿아 있는 조병갑이 재임하게 될 것을 눈치챈 것인지, 흉흉한 민심을 알아채고 부임을 꺼린 것인지는 의문이다. 이런 사유로 인하여 농민봉기는 잠시

━━━━━ **86** 최기성, 《동학과 동학농민혁명운동연구》, 서경문화사, 2002, 175쪽.

주춤해 있다가 1894년 1월에 악명 높은 조병갑이 다시 돌아오면서 혁명의 불길이 타올랐다.

일본인 기자 기쿠치 겐조가 1920년대에 고부군 이평면을 찾아가 그곳에서 생전에 전봉준과 상종한 사람들의 이야기를 듣고 쓴 글이 있다. "그는 난이 일어나자 미련없이 떨쳐 일어나 난당亂黨의 지휘를 맡았다. 촌로들이 말하기를, 그가 민란으로 나아가기 수일 전 찾아든 3~5명의 손님이 있었는데, 모두 낯선 사람들이었다. 뒤에 알고 보니 그들 객인客人은 모두가 동학동의 요인이었다고 한다."[87]

87　菊池謙讓, 《近代朝鮮史》, 京城 : 鷄鳴社, 1939.

림학에 시달린 농민들 혁명군으로

전봉준은 동학농민봉기를 준비하면서 외지의 낯선 사람들을 자기 집으로 부르거나 자신이 직접 찾아가 혁명을 준비하였다. 그때 만난 사람들이 동학농민혁명을 주도한 인물들이다.

그는 동학의 접주로 동학지도자 손화중 · 김개남 · 김덕령 · 최명선 등과 끊임없이 교류하면서 은밀히 내통하고 있었으며 나들이를 나갈 적에도 결코 혼자 다니지 않고 몇 사람 이상과 동행했다 한다. 그는 주로 밤에 남의 집을 방문하는데 뿔뿔이 흩어져서 한 사람씩 방으로 들어가면 그 집 주인 말고는 함부로 그 방에 들어가지 못했다. 또 부인네들이 밥을 지어낼 적에도 방안의 손님들이 산가지를 방 바깥에 내놓으면 그 숫자대로 그릇을 담아냈다고 한다.[88]

농민 60여 명은 1894년 1월 고부관아로 몰려가 군수 조병갑의 비행을 규탄하고 수세의 남징을 비롯하여 여러 가지 탐학의 시정을 요구하였다. 그러나 조병갑은 농민들의 요구를 일축하고 오히려 여러 사람을 붙잡아 심한 매질을 하거나 쫓아냈다. 농민들의 분노는 극도에 달했고, 마침내 폭력으로 조병갑을 추방하기로 결심하기에 이르렀다.

전봉준이 그 주장으로 추대되었다. 그는 치밀한 전략을 짰다. 농민들을 다수 동원하여 이전부터 구상해온 농민혁명을 감행하여 광제창생을 하기로 결심하기에 이르렀다. 지방에서 훈장·약업 등을 하면서 주민들의 두터운 신망을 얻고 있던 터였다. 여러 지역에 믿을 만한 동지들과 돈독한 관계를 유지하고 있었기에 이들을 봉기군의 핵심으로 활용할 수 있었고, 동학접주들과도 밀접한 관계를 맺으면서 봉기를 준비하였다. 그리고 때를 놓치지 않고 결행하였다.

전봉준은 정익서·김도삼 등과 협의하여 2월 14일 밤 태인현 주산리의 동학접주 최경선의 집에서 교도 중에서 건장한 사람 300여 명을 모으고 다시 답내면 마항리까지 30여 리의 길을 걸어서 전에 도모했던 700여 명의 농민과 합류하였다. 이 자리에서 전봉준은 조병갑의 학정을 일일이 밝히고 관아로 쳐들어가 조병갑을 처단할 것을 역설하였다.

---

88 이이화, 〈전봉준과 동학농민전쟁①〉,《역사비평》, 역사문제연구소 편, 1989(겨울), 222쪽.

당시의 긴박했던 거사 광경을 목격한 박문규라는 사람이
그날의 상황을 다음과 같이 기록으로 남겼다.

갑오년, 내 나이 16세 되던 해의 정월 초 팔일은 말목
馬項 장날이었다. 석양의 동네 사람들이 수군수군하더니
조금 있다가 통문이 왔다. 저녁을 먹은 후에 다시 동네에
서 징소리며 나팔소리, 고함소리로 천지가 뒤끓더니 수천
명 군중들이 내 동네 앞길로 몰려오며 고부군수 탐관오리
조병갑이를 죽인다고 민요가 났다. 수만 군중이 사방으로
포위하고 몰려갈제 군수 조병갑이는 정읍으로 망명·도
주하여 서울로 도망하였다. 그는 본시 서울의 유세객이
다. 민요군은 다시 평명(1월 10일 아침)에 말장터로 모여 수
직守直을 하니 누차 해산명령이 내렸다.[89]

전봉준은 고부관아를 점거하기에 앞서 다음과 같은 조치
를 선포하였다.

1. 관속 중에 군수와 부동하고 탐학한 자를 처단한다.
2. 군기고를 열어 총·창·탄약을 회수한다.
3. 읍내의 청죽을 베어 죽창을 만들어 무기가 없는 자에게
   주라.

89 〈석남 역사소설－박씨정기역사〉, 《한국학보(71)》부록, 일지사, 1993, 8쪽.

4. 옥문을 열어 민란의 장두와 원통하게 갇혀 있는 백성을 석방하라.

5. 창고를 열어 빈민을 규휼하라.

6. 읍사를 정리하라.

전주 감영은 고부민란의 소식이 전해지면서 발칵 뒤집혔다. 김문현은 전봉준을 체포하고 난민을 효유키 위하여 병졸 40명을 변복하여 고부에 침투시켰다. 고부의 농민봉기군은 외부 출입자들과 식별하기 위하여 비표처럼 왼손 손목에 노끈을 매고 있었는데, 감영의 병졸들은 이것을 모르고 잠입했다가 붙잡혔다. 이들 중 책임자 군위軍尉 정석진은 살해되었다.

이날 밤 전봉준은 대오를 둘로 나누어 고부관아로 향했다. 예동에서 고부읍으로 통하는 길은 둘이 있었는데 하나는 천치天峙재의 서쪽으로 넘는 길이요, 다른 하나는 서쪽으로 영원永元을 거쳐가는 길이다. 모두 고부읍까지 20리 안팎이었다. 전봉준이 이끄는 농민주력부대는 영원길을 거쳐 고부관아로 들이닥쳤다. 농민들은 도중에 죽창을 만들어 꼬나들고 11일(양력 2월 14일) 새벽 동헌에 들이닥치니 조병갑은 이미 도망치고 없었다.

농민들은 감옥을 부수고 억울한 죄인들을 석방했다. 날이 밝자 일부 농민들은 말목장터로 나와 원한의 표적이었던 만석보로 몰려가 이를 허물고 예동두전斗田에 쌓아놓은 보세미를 농민들에게 돌려주었다. 그리고 이들은 계속해서 말목장터에 자리를 잡고 백산으로 진출하여 진을 치기로 했다.[90]

1811년(순조 11) 평안도 농민들이 홍경래를 중심으로 봉기하여 청천강에서 의주에 이르는 10여 개 지역의 관아를 점령한 이래 80여 년 만에 고부지역 농민봉기군이 지방관청을 다시 점거한 것이다. 홍경래의 봉기군은 관군에 포위된 채 4개월을 버티다가 성이 폭파됨으로써 진압되고 말았지만 전봉준 부대는 달랐다.

그때 조병갑은 이미 도망쳤으므로 남아있던 관리들을 감금하고 무기고를 파괴하여 무기(화승총·검·창)를 탈취하였다. 그리고 그들은 군수가 불법으로 징수했던 세미를 전부 농민에게 반환하고 다시 또 다른 징수의 구실이 되고 있던 만석보의 신보를 파괴하였다. 전봉준은 폭동에 참가했던 농민들을 결속시켜 대규모 폭력투쟁을 전개하여 봉건통치자에게 큰 타격을 가할 작정이었지만, 반면 자신들의 목적이 달성되었다고 생각한 다수의 농민은 고부의 소위 유지들의 권유에 따라 25일에는 거의 전부가 해산하고 말았다.[91]

▨▨▨▨ **90**　이이화, 앞의 글, 226~229쪽.
▨▨▨▨ **91**　북한사회과학원역사연구소 편, 《조선근대혁명운동사》, 도서출판 한마당, 1988, 76~77쪽.

전봉준은 일단 봉기군을 해산시켰지만, 그렇다고 혁명을 포기한 것은 아니었다. 보다 치밀한 전략의 수립이 필요했고 동지들과의 협의와 역할분담이 필요했던 것이다. '전략적인 해산'이거나 '삼보 전진을 위한 일보 후퇴'였다고 하는 편이 정확할 것이다.

동학 · 도참 · 비결이 농민 마음 사로잡아

동학농민군이 '척왜'를 가치로 든 데는 그럴만한 까닭이 있었다. 일본의 약탈적인 양곡무역은 탐관오리의 수탈에 신음하는 농민들에게 설상가상, 이중삼중의 부담이 되고 있었다. 쌀의 유출로 인한 물가의 앙등, 일본 어선의 남획으로 우리 어민의 실업 상태, 임오군란 · 갑신정변과 관련한 거액의 배상금 지불 등은 농민의 부담으로 돌아왔다.

1876년 강화도조약으로 일본에 개항한 이래 일본 상인들이 조선 농촌에 침투하여 갖은 방법으로 쌀 · 콩 등을 매점하여 일본으로 실어갔다. 이 바람에 조선 농민들은 심한 식량난에 허덕였다. 1875년 일본의 강화도 침범으로 시작된 일본 상품의 조선 진출은 급속도로 증가되어 상권을 장악하였다. 이에 따라 정부는 1889년(고종 26) 식량난을 해결하기 위해 곡물수출금지령을 내렸다. 이른바 방곡령防穀令이다. 방곡령이 실시되면서 일본 상인들은 큰 타격을 입었다.

이로써 두 나라 사이에 분규가 일어나자 정부는 서둘러 관찰사들에게 방곡령의 해제를 지시하였다. 방곡령이 해제되고 일본에 배상금까지 지불하면서 일본 상인들의 매점매석이 더욱 기승을 부리게 되고, 농민들의 생활은 갈수록 어려워졌다. 일본 상인들은 매년 다량의 농산물, 특히 쌀·대두·소·가죽·인삼·면화 등을 약탈해갔다. 1877년 후기부터 1882년 전반기까지 5년간, 평균 농산물의 대일 수출액은 61만여 엔이었지만 1891~1893년에는 789만여 엔으로 늘어났다. 이 농산물 중에서 가장 큰 비중을 차지하고 있는 것은 쌀을 필수로 하는 곡물이었다.[92]

이런 상황에서 전국적으로 한재旱災가 거듭되면서 사방에서 도적떼가 횡행하고 무장한 화적들은 닥치는 대로 노략질을 일삼았다. 전국 어느 곳에서나 화적이 없는 곳이 없게 되어 상화商貨의 유통이 막힐 정도에 이르렀다.

농민들은 더 이상 견디기 어려운 처지가 되었다. 이 무렵에 농민들 사이에 동학이 구원의 메시아로 다가왔다. 봉건적 신분제와 이중삼중으로 얽힌 수탈구조에서 해방을 약속하는 동학사상은 농민들의 소망을 반영하기에 모자라지 않았다. 당연하게 교도의 수가 늘어나고, 이들을 교화하기 위해서 여러 지역에 교단지부인 접소接所가 설치되었다. 접주를 임명하여 지역 내의 교세 확장과 교도의 교화에 힘쓰게 하였다.

---

92 북한사회과학원역사연구소, 앞의 책, 68쪽.

동학은 1860년에 창도된 이래 1864년 교조 최제우가 처형되는 등 정부의 극심한 탄압을 받아왔다. 1871년에는 이필제 난에 연루된 혐의로 많은 교도가 박해를 받았다. 동학의 교세를 크게 확장한 것은 제2대 교주 최시형이었다. 최시형은 관의 검색을 피해서 강원·경상도 산간지역을 중심으로 은밀히 포교활동을 펴는 한편 1883년에는 공주 목천군에《동경대전》간행소를 설치하면서부터 충청지방에까지 교세가 확대되었다. 교세가 확장되자 전라도·경기도 지역에서도 신도들이 몰려들었다. 교세의 확대는 필연적으로 교단의 조직을 보다 체계적으로 정비하는 계기를 만들었다.

접주의 구관區管 지역에 따라 대접주·도접주·수접주·접주 등의 구별이 주어졌다. 예컨대 영호대접주나 영호수접주가 있는가 하면, 두 도시를 구관하는 광양·순천 수접주 같은 것이 있었다. 대체로 호남이니 관동이니 하는 넓은 지역과 지방의 읍에는 대접주들을 두고, 그 밑에 수명의 접주를 두어 이들로 하여금 각기 읍내의 일부지역을 분담·주관케 하였으며, 면에는 면접주를 따로 두기도 했다.

그리고 다른 한편으로는 일종의 교구제도와도 같이 이른바 포包제를 실시하여, 대접주로서 각기 포주包主로 삼아 예하의 여러 접주들의 통솔과 교단의 행정 기능을 맡겼다. 그리하여 포에는 각기 사무를 분장케 하기 위하여 교장 · 교수 · 도집 · 집강 · 대정 · 중정 등 여섯 가지 임무를 분담케 하였다. 교단을 총괄하는 중추기관으로 충주에 법소를 두고, 각 지방에는 도소를 두어, 도접주로 하여금 접주 통솔에 임하게 하였다. 포는 또 그것대로 교도의 동원 조직의 성격도 띠었던 것 같다.[93]

▨▨▨ **93** 한우근,《전정판 동학과 농민봉기》, 일조각, 1994, 85쪽.

최시형, 호남 순회로 교세 확장

1890년대 들어 동학의 교세가 더욱 신장되었다. 1888년 최시형이 전주와 삼례 지역을 순회하면서 전라도에서 교세가 급격하게 성장한 것이다. 교세가 신장되면서 관의 탄압이 가중되었다. 동학도라는 이유로 교도들이 체포되고 가산을 빼앗겼다. 최시형의 핵심 측근들이 체포되거나 피살되었다. 최시형을 체포하려는 관의 추적은 더욱 심해갔다.

최시형은 은신을 하면서도 동학의 경전과 가사를 새로 결집할 필요성을 느끼고 구전되어 오던 내용들을 묶어《동경대전》과《용담유사》를 편찬하고, 이를 출판·간행하여 교도들에게 배포하였다. 이로써 동학의 이념이 정비되었다. 여기에 교단의 조직체제가 갖춰지고 지역 책임자까지 임명되면서 동학은 종교집단의 차원을 넘어 거대한 정치집단으로 부상하였다. 지역 책임자는 그 지방의 신망 있는 교도 중에서 선임되었다.

청주의 손천민, 옥천의 박석규, 보은의 임규호, 예산의 박희연, 문의의 임정준, 청산의 박태호, 부안의 박낙철, 무장의 손화중, 남원의 김개남, 청풍의 성두한, 홍천의 차기석, 인제의 김치운 등이 저명한 도접주의 면면이다. 이처럼 동학이 빠른 기간에 상당한 규모의 세력으로 성장한 데는 동학사상에 나타난 평등주의를 비롯하여 후천개벽사상이 핍박받는 민중의 마음을 움직이게 하는 흡인력이 크게 작용하였다. 여기에 도참사상, 정감록과 비결책의 소문 등이 동학과 결합되면서 민중의 마음을 사로잡았다.

대표적인 사례가 선운사 용문암 비결책에 관한 소문이었다. 선운사 용문암의 석불에는 비결책이 들어있는데, 이것을 1892년 8월 무장의 손화중 포에서 입수하였다는 것이다. 이때부터 "비결이 세상에 나오는 날은 그 나라가 망할 것이오, 망한 후에 다시 흥한다"라는 말이 널리 퍼졌다. 동학의 교리나 사상보다 비결에 대한 소문이 쉽게 농민들에게 다가왔다. 동학을 믿으면 병에 걸리지 않고 불치병도 낫는다는 그럴듯한 소문도 나돌았다. 현실체제에서 핍박받는 민중들은 변혁을 기대하고, 그것이 다소 허황한 내용이라 해도 여기에 기대하려 든다.

각종 유언流言이 퍼지고 참설이 나돌았다. 전봉준에 대한 신비성이 농민들 사이에 회자되었다. 예언과 비기秘記는 정변이나 혁명 과정에서 특히 많이 나타난다. 예언과 비기처럼 사람을 움직이기 쉬운 것도 없기 때문이다. 예나 이제나 정치변혁의 과정에서는 어김없이 예언과 비기가 등장하고 막강한 '효험'을 발휘하였다. 최제우가 동학을 창도할 때 '오색부五色符'라는 부적을 신도들에게 나눠주고 불살라 먹도록 하였다. 동학혁명 과정에서는 '궁을부弓乙符'라는 부적을 나누어 먹거나 몸에 부착하면 총과 화살을 피할 수 있다고 농민군들이 부적을 지니고 다녔다. 이는 농민군이 모여들고 관군이 겁을 먹게 된 요인 중의 하나가 되었다. 동학혁명은 이런 복합적인 작용으로 급류를 타듯이 진행되어갔다. 동학농민혁명과 관련하여 대표적인 비결의 하나를 소개한다.

임진년(1892) 8월의 일이었다. 전라도 무장의 선운사 도솔암 남쪽 수십 보 떨어진 곳에 50여 장丈이나 되는 층암절벽이 있고, 그 절벽 바위 전면에 큰 불상이 조각되어 있었다. 전설에 의하면, 그 석불은 거금 3000년 전에 있던 검단선사黔丹禪師(선운사를 창건했다는 전설의 명승)의 불상이라고 하며 그 석불 배꼽 속에는 신기한 비결이 들어있는데 그 비결이 나오는 날에는 한양이 멸망한다는 소문이 자자하였다.

그 증거로는 거금 103년 전 전라감사로 내려온 이서구李書九라는 사람이 도임한 후 며칠이 지난 다음 이상한 기운이 남쪽에서 일어남을 보고 그곳으로 찾아가 마침내 무장선운사에 이르러 도솔암에 있는 석불을 찾아 그 배꼽을 떼고 속에 들어있는 비결을 꺼냈다. 갑자기 뇌성벽력이 일어나므로 이서구는 겁에 질려 책의 내용을 자세히 볼 수 없어 다시 넣고 봉해버렸다고 한다.

그때 이서구는 책장 첫머리에 쓰여있는 '전라감사 이서구 개탁開坼(여는 것)'이란 글자만을 보고 말았다. …….
어느날 손화중 접接 중에서 이 선운사 석불비결 이야기가 화제에 올랐다. ……. 좌중은 그이 옳다 하고 청죽靑竹 수백 개와 새끼 수천 발을 구하여 석불 앞에 발판을 만들고 석불의 배꼽을 도끼로 부수고 그 속에 있는 것을 꺼내었다. …….

교세는 날로 확장되어 전라도 서남부 일대를 장악하였을 뿐 아니라. 전라도 일대에 그 영향력을 미치고 있었다. 손화중 포에는 무장 선운사 석불 속에서 비결이 나온 후 무장, 고창, 영광, 장성, 홍덕, 고부, 부안, 정읍 등지의 사람들이 이민吏民을 가리지 않고 수만 명이 쏟아져 들어오기 때문이다.[94]

---

[94] 오지영, 앞의 책.

탐학한 조병갑의 죄상을 밝히고

한국 근대사에서 가장 부패한 탐관오리로 지목되고 동학 농민혁명을 직접 촉발시킨 당사자이기도 한 조병갑에 대해 서는 예상외로 자료가 빈약한 편이다. 심지어 그의 생몰연대 까지도 정확하게 나타나지 않는다. 본관이 양주인 조병갑은 순조 왕비 조씨 일족이다.

조병갑의 할아버지는 규장각 검서관과 의금부도사를 지 냈고, 아버지는 태인군수에 이어 현감을 지낸 조태순의 서자 이며, 영의정을 지낸 조두순의 조카이다. 순조 왕비인 조대 비의 비호 아래 출세한 가문이다. 조병갑이나 조두순이 과거 급제자의 명단에 없는 점으로 미루어 정상적인 방법으로 관 직에 출사한 것이 아니라 권력의 비호를 받아 음직으로 고위 직에 올랐던 것 같다.

조병갑은 영해민란의 주모자 이필제를 국문할 적에 의금 부도사로 기록을 담당한 적도 있다. 그는 1892년(고종 19) 4월 고부군수에 부임하였다. 그전에도 여러 주군州郡을 돌아다니며 탐학행위를 일삼는 탐관오리로 알려졌다. 조병갑과 그의 부친이 주로 전라도 곡창지대의 군수에 임명된 것은, 당시 이 지역이 가장 탐학하기에 적합한 '기름진' 곳이었기 때문이다.

조병갑과 관련한 역사적인 웃음거리의 하나는 경상남도 함양에 선정비善政碑가 세워진 일이다. 경상남도 함양읍 상림 북측 역사인물공원 앞엔 〈군수조후병갑청덕선정비郡守趙侯秉甲淸德善政碑〉라는 이름의 조병갑 선정비가 세워져 있다. "조선말 조병갑 군수는 유민을 편케 하고 봉급을 털어 관청을 고치고 세금을 감해주며 마음이 곧고 정사에 엄했기에 그 사심 없는 선정을 기리어 고종 24년(1887) 7월에 비를 세웠다"는 내용의 비문이다.

따지고보면 조병갑만이 탐관오리였던 것도 아니다. 전라감사 김문현의 탐학도 이에 못지 않았다. 전운사轉運使 조필영은 전운영轉運營의 세미를 운반하면서 운임·유실 등의 조건으로 정량보다 더 거두어들이고 서울로 수송한 뒤에는 부족미의 명분으로 농민들을 수탈하였다. 조필영은 풍양 조씨로 조대비의 배경을 업고 농민들의 뼛골을 짜냈다. 여기에 균전사均田使 김창석은 농민들에게 묵은 토지를 개간하면 일정 기간 동안 세금을 내지 않도록 해주겠다고 하고서는, 농민들이 추수할 때는 관리들을 동원하여 도조를 빼앗아갔다. 이중삼중의 수탈에 농민들은 농토를 버리고 도망가거나 유리걸식하는 사람이 줄을 이었다.

이와 같은 수령들의 탐학이 전라도 일대에서 공공연하게 자행되고 있었다. 전라도뿐 아니라 전국적인 현상이었다. 부패한 왕조의 말기 증세였다. 견디다 못한 고부의 농민들이 부정의 사례를 적은 민장民狀을 들고 조병갑을 찾아가 등소等訴라는 이름의 이른바 '선처'를 호소하려다가 옥게 간히거나 관아 마당에서 내쫓기었다. 이래저래 고부 농민들의 원성은 하늘에 닿고 그들은 급속하게 결속되어갔다. 이때 메시아처럼 전봉준이 등장하고 평소 신망받는 인격이었던 그는 개인적인 원한까지 겹쳐서 조병갑을 비롯한 탐관오리들의 숙청에 감연히 발 벗고 나섰다.

조병갑이 살던 시대보다 앞서 산 다산 정약용은 《목민심서》에서 "나뭇가지 하나 병들지 않은 것이 없다"면서 "굶은 호랑이와 독수리가 더욱 사납게 농민들을 둥치고 빼앗는다"라고 조선 후기 농민의 실상을 밝혔다.

전봉준이 공초에서 밝힌 고부군수 조병갑의 '죄상'은 다음과 같다.

1. 보를 쌓은 봇둑 아래서 그 물의 혜택을 받는 농민에 대하여 억압적인 명령을 내려 상답이면 1두락에 2말을 세금으로 거두고, 하등 농에 대해서도 1두락에 1말을 세금으로 거두어, 도합하니 벼가 700여 석이나 되었다.
2. 묵은 황무지는 백성에게 갈아 먹으라고 허락하여 관가

에서 문권까지 발급하면서 세금은 징수하지 않는다고
해 놓고, 가을 추수 때가 되니 억지로 거두어 갔다.

3. 부잣집 백성에게서 돈 2만여 량을 억지로 빼앗았다(그
   것은 불효, 불목, 음행 및 잡기 등의 일로 죄목을 얽어서 그렇게
   했다).

4. 그 아비가 일찍이 태인 고을에서 원을 지냈는데, 그 아
   비를 위하여 비각을 세운다고 하면서, 1000여 량을 억
   지로 거두었다.

5. 대동미를 민간에서 정백미 16말씩 일정한 값을 기준으
   로 해서 거두는데, 막상 쌀을 상납하면 하등미로 값을
   쳐서 그 잉여 이익을 몽땅 먹어버렸다.

6. 수리사업으로 보를 쌓을 때 억지로 다른 산에서 수백년
   된 큰 나무를 베어다가 일꾼들에게 보를 쌓게 하고는,
   한 푼도 일꾼에게 품삯을 주지 않은 일 등이다.[95]

●사발통문 통해 비밀조직·선전활동 주력

고부 농민들의 등소에 전봉준이 직접 나서지는 않았다. 뒤
에서 민소를 짓는 등 '배후조종'의 역할을 하고 있었다. 앞에
나서 직접 활동하기보다 대사大事를 준비하고 있었다. 사발
통문沙鉢通文을 통해 동지를 규합하고 여론을 모으고 있었다.

이 무렵 고부 중심의 농민지도자들은 고부를 중심으로
새로운 변란계획을 꾸미고 있었다. 곧 도인들이 사발통문
을 돌리고 봉기를 계획한 것이다.

이 통문에 의하면, '계사 11월 ○일'(1893년 11월)이 앞
에 나오고 이어 서명자의 명단이 나온다.[96]

격문의 서명자는 전봉준을 비롯하여 송두호·정종혁·송

---

96 이이화, 앞의 글, 224쪽.

대화·김도삼·송주옥 등 6명의 고부 사람과 태인의 최경선, 고창의 손여옥 등의 이름이 올라 있다. 1893년 겨울의 거사는 준비 과정에서 일단 중단되었다. 그해 11월 30일(음력) 고부군수 조병갑이 익산군수로 전임되면서 표적물이 사라졌기 때문이었다.

익산군수로 발령을 받은 조병갑은 이듬해인 갑오년(1984)에도 고부를 떠나지 않았다. 원망의 대상이던 인물이 복직운동에 성공하여 고부군수로 눌러앉은 꼴을 보자 전봉준은 이제 최후의 수단인 무력으로 조병갑을 추방하고자 결심했다. 전봉준은 그의 거사계획에 동조한 동지들과 함께 병력을 모았다. 장정 300명이 금세 모여들었다.

동학농민봉기군이 고부관아를 습격했을 때 조병갑은 이미 탈출하고 없었다. 조병갑은 앵성리(현 정읍시 영원면) 조曺 모씨로부터 농민들이 관아로 몰려온다는 소식을 전해 듣고 고부 입석리 진선마을 부호 정참봉 집으로 숨어들었다가 변장하고 야간에 정읍에서 순창을 거쳐 전주 감영으로 도망하여, 난민을 진압하기 위해 병정 수백 명을 지원해달라고 애걸하였다. 그러나 민란의 대상자를 맞아줄 곳은 아무 데도 없었다.

안핵사 이용태의 탐학, 농민봉기 부채질

민란을 일으키고 국고를 횡령하였다는 죄로 2월 15일 고부군수직에서 파직된 조병갑은 향리인 공주에 은신해 있다가 4월 20일 의금부도사에게 체포되어 서울로 압송되었다. 그리고 5월 4일 전라도 고금도(현 완도군 고금면)로 유배되었다. 정부는 용안현감 박원명朴源明을 서둘러 고부군수에 임명하여 사태를 수습케 하였다. 신임군수 박원명은 민심수습에 나섰다. 난민들을 불러놓고 크게 잔치를 열어 각자 안심하고 생업에 열중하라고 위무하였다. 조정에서는 용서하기로 했으니 문책하지 않겠다는 다짐도 잊지 않았다.

한편 장흥부사 이용태李容泰를 고부군 안핵사按覈使로 임명하여 현지에 보냈다. 안핵사는 조선 후기에 여기저기서 발생하는 민란을 수습하기 위하여 파견하던 임시 벼슬아치였다.

그런데 이것이 또 화근이 되었다. 농민들은 승냥이를 피하려다가 호랑이를 만난 격이었다. 이용태는 역졸 800명을 대동하고 고부에 내려와 주모자를 색출한다는 구실로 마을마다 수색하면서 닥치는 대로 농민들을 체포하고 재물을 약탈하는가 하면 처자들을 겁탈하는 등 만행을 자행하였다. 군수 박원명에게도 협박·공갈의 행패를 부렸지만 신임 군수는 안핵의 일을 맡은 이용태와 맞설 수 없는 처지였다.

　군중들이 해산하고 10일도 못되어 안핵사 이용태는 역졸 800명을 거느리고 고부에 들이닥쳐 새로 부임한 군수 박원명에게 민란의 주모자들을 찾아내라고 위협하며 역졸을 고부군내에 풀어 마을을 뒤지고 다녔다. 부녀자를 간음하고 재산을 약탈하며, 백성들을 마구 구타하고 고기 꿰듯 사람을 얽어갔다.[97]

　전라감사 김문현도 사태수습보다는 재물 긁어모으기에 혈안이 되었다. 부자들을 잡아다가 동학교도라는 구실로 매질을 하고 재물을 우려냈다. 무관한 사람들까지 끌려와 곤장을 맞거나 재물을 빼앗겼다. 여기에 서울에서 내려온 포교, 감영에서 온 포교, 각 읍에서 차출되어 온 사령배들까지 동학도의 체포에 혈안이 되면서 고부는 '늙은 황소를 뜯어먹는 야수들의 쟁탈전'과 같은 상황이 되고 말았다.

▨▨▨ **97** 崔永年,〈東徒問辨〉,《東學亂記錄(上)》, 국사편찬위원회, 1970, 157쪽.

이용태는 고부·부안·고창·무장 등 각지로 돌아다니며 백성들의 재물을 노략질함이 많았다. 하루는 무장 선운사에서 다소 생활에 여유가 있는 사람들을 잡아 동학군이라 트집을 잡아 결박하여 서울로 압송하다가 손화중 포包 도인들의 손에 걸려 정읍 연지원 주막거리에서 매를 얻어맞고 도망친 일이 있었다.……

이때부터 경포京捕(서울에서 온 포교), 영포營捕(감영에서 온 포교) 각 읍 사령배들이 벌때같이 쏟아져 일어나 동학군 잡는 일이 더 한층 그악스러워졌고 동학군들도 역시 전과 달라 목숨을 걸고 반격할 자세를 취했다. …… 이때부터 인심은 극히 흉흉해지고 앞으로 장차 큰일이 일어날 것을 예언하는 사람도 있었다.[98]

민란을 진압할 안핵사의 임무를 띄고 내려온 이용태는 여러 날이 지나도록 조정에 보고를 한번도 올리지 않았다. 오로지 재물갈취와 정치보복에 정신을 빼앗기고 있었다. 이용태와 김문현, 대소 포교들이 할퀴고 간 자리는 초토화, 그것이었다. 난민들의 가옥이나 재물뿐 아니었다. 전봉준·김도삼·정익서 등의 집이 불타고 수많은 동학교도들이 체포되었다. 역설적으로 이들의 만행은 혁명의 불길에 기름을 끼얹은 셈이었고 마침내 동학농민군들은 그 불길로 뛰어들기 시

98 최현식, 앞의 책, 49쪽에서 재인용.

작했다.

고부관아를 공격할 때까지만 해도 일반 농민들은 아직 혁명의 기운이 충만하지 않았다. 그래서 제1차 봉기 때는 고부군 지역을 넘어서지 않았던 것이다.

이용태는 사태가 심상치 않게 전개되자 뒤늦게 조정에 다음과 같은 내용의 장계狀啓를 올렸다.

1. 토지제도가 해이해진 점
2. 전운소轉運所가 부족미를 채우기 위하여 수탈한 점.
3. 유망流亡한 곳의 세를 받을 수 없었던 점.
4. 개간한 황무지에 과세한 점.
5. 미개간한 황무지에 땔감을 과세한 점.
6. 만석보에 과세한 점.
7. 팔왕보八旺洑에 과세한 점.[99]

그 나름대로 민요의 원인을 어느 정도 파악하고 있었던 것 같다.

---

99 《고종실록》 갑오(1894) 4월 24일자.

제 **10** 장

제폭구민의 횃불을 들다

공경부터 방백 수령까지 모두 국가의 위태로움은
생각지 아니하고 한갓 자신을 살찌우는 것과
가문을 빛내는 데에만 급급하여 사람 선발하는 문을
돈벌이로 볼 뿐이며, 응시의 장소를
물건으로 사고 파는 시장으로 만들었다.
허다한 돈과 뇌물은 국고로 들어가지 않고
도리어 개인의 배만 채우고 있다.
국가에는 누적된 빚이 있으나 갚을 생각은 아니하고
교만과 사치와 음란과 더러운 일만을 거리낌 없이 자행하니
8도는 어육이 되고 만민은 도탄에 빠졌다.

– 전봉준 등의 〈창의문〉

흰옷 입은 농민군 2차 봉기

1894년 3월 21일(양력 4월 26일) 무장茂長의 당산마을 앞 들 판에서 다시 동학농민군의 봉기가 시작되었다. 1월 10일 고부관아를 점거했다가 스스로 해산한 지 80일 만의 일이다.

이번에는 지난번 때와는 군중의 수나 조직, 구호, 지휘체계 등이 확연히 달랐다. 1월의 1차 봉기가 다소 자연발생적이었던 데 비해 이번 봉기는 사전에 치밀하게 조직되고 동원된 혁명적인 집결이었다.

무장에서 재개된 농민혁명은 백산에서 황토현으로 집결지를 옮기면서 수많은 농민이 자발적으로 참가하여 혁명의 진행은 급물살을 타게 되었다.

고부에서 농민들의 해산과 함께 몸을 숨겼던 전봉준은 무장으로 옮겨서 손화중·김개남·김덕명 등 오래전부터 두터운 교우관계를 맺어온 동지들을 만나 본격적인 혁명을 기포할 장소를 무장으로 결정하였다. 그것은 동지 손화중이 동학접주로 있는 곳이고, 자신의 친지들도 많이 살고 있어서 거사 준비에 적합한 지역이었기 때문이다.

이 무렵에는 고부관아 점거의 주동 인물로 전봉준이 지목되어 조정에까지 보고되고, 그의 이름은 전국적으로 알려지게 되었다. 조정에서는 눈에 불을 켜고 그의 체포에 나섰으나 전봉준은 변신을 하고 이곳저곳 옮겨다니면서 관의 추적을 피하고 있었다.

혁명지도부는 3월 초순부터 농민군을 지휘하게 될 호남창의대장소湖南倡義大將所를 조직하였다. 전봉준이 총대장인 동도대장東徒大將에 추대되고 손화중·김개남이 총관령, 김덕명·오지영이 총참모, 최경선이 영솔장, 송희옥·정백현 등이 비서에 선임되었다. 대부분이 보은집회 등에 참가했던 동학의 핵심 멤버들이었다. 이들은 고부관아를 공격할 때에도 앞장섰으며 사발통문을 만들어 돌릴 때에도 서명한 면면들이다.

지도부가 구성되면서 며칠 만에 수천 명의 동학농민혁명군이 집결하였다. 전봉준을 비롯한 지도부의 인사들이 그만큼 농민들의 신망을 받고 있었기에 가능했던 일이다.

전봉준이 농민폭동을 대체로 결속하고 3일 만에 사방에서 모여온 사람의 수를 장악하여 보니 손화중이 이끈 포에는 고창두령 오하영·오지영·임향로·임천서 등의 영솔 하에 1500여 명, 무장두령 송경찬·강경중 등의 영솔 하에 1300여 명, 정읍두령 손여옥·차치구 등의 영솔 하에 1200명이 모여오고 김덕명이 이끈 포에는 태인두령 최경선, 김제두령 김봉년, 금구두령 김사엽·김봉득·유한필 등의 영솔 하에 2000여 명이 모여왔다.[100]

오합지졸일 수밖에 없는 혁명군의 진영이 예상했던 것보다 신속하게 정비되었다. 대의를 위하여 자발적으로 참여하였기 때문에 모든 사람이 솔선수범할 수밖에 없었다. 지휘본부에는 '동도대장'이라고 쓰인 백기의 대장기에 '보국안민保國安民' 네 글자가 선명하게 새겨져 하늘 높이 게양되었다. 그리고 전봉준은 다음과 같은 격문을 전국에 보내어 참여를 호소하였다.

격문

우리가 의義를 들어 이에 이름은 그의 본의가 단연 다른 데 있는 것 아니고, 창생을 도탄에서 건지고 국가를 반석 위에 두자는 데 있다. 안으로 탐학한 관리의 머리를 베고 밖으로는 횡포한 강적의 무리를 구축하는 데 있다.

양반과 부호 밑에서 고통을 받고 있는 민중들과 방백方伯 수령守領 밑에서 굴욕을 당하고 있는 소리小吏들은 우리와 같이 원한이 깊은 자다. 조금도 주저치 말고 이 시

───── **100** 오지영, 앞의 책, 111쪽.

각으로 일어서라. 만일 기회를 잃으면 후회하여도 미치지 못할 것이다.

갑오 정월 일
호남창의대장소
재백산在白山

격문을 띄운 지 며칠이 지나자 호남 일대의 동학교도와 일반 농민들이 전봉준의 거사를 지지하며 구름처럼 몰려왔다. 동학의 포가 있는 지역은 각자 지역별로 기포起包하여 소속 창의대장소로 모여들었다.

고부 백산을 중심한 인근 각 읍은 말할 것도 없거니와 영광·옥구·만경·무안·임실·남원·순창·진안·장수·무주·부안·장흥·담양·창평·장성·능주·광주·나주·보성·영암·해남·곡성·구례·순천·전주 등지의 교도가 거의 때를 같이해서 일어섰다.

고부 백산으로 모여드는 군중은 비단 교도들뿐이 아니었다. 관의 행패와 양반, 토호들의 극악한 착취에 원한이 골수에까지 사무친 인민들은 모두 동학의 깃발 아래로 모여들었다. 이렇게 모여드는 인민들은 지역별로 동학의 포 조직에 흡수되어 군장의 지휘 아래 교도와 동일한 행동을 취하게 된다. 아침나절 점고에 80여 명밖에 안 되던 포에서도 저녁 때면 그 인원이 200명 혹은 300명으로 늘어났다.

식량의 조달은 관창에 쌓여있는 세미稅米를 가지고 넉넉히 충당할 수 있었지만, 인원이 늘면 느는 대로 곧장 군막을 새로 쳐야 한다. 백산 일대는 밤늦도록 군막을 치는 망치소리가 끊일 사이가 없었다. 밤이면 군데군데 화톳불이 찬란했다.

대장소에서는 전봉준을 비롯하여 그 막료가 둘러앉아 전략을 책정하기에 밤낮이 없었다.

한편에서는 군사를 조련한다. 총질에 익숙한 사람은 특별히 선발되어 군기고에서 탈취한 총으로 장비를 갖추고 총질하는 연습을 하였다.

또 한편에서는 대를 베어다가 죽창을 만든다. 궁장이는 활을 메운다. 화살을 다듬는다.[101]

전봉준은 2월 20일경 다시 각 읍에 격문을 띄워 거의를 하게 된 뜻을 밝히고 혁명의 참여를 독려하였다.

백성을 지키고 길러야 할 지방관은 치민의 도를 모르고 자신의 직책을 돈벌이 수단으로 삼는다. 여기에 더하여 전운영이 창설됨으로써 많은 폐단이 번극하니 민인들이 도탄에 빠졌고 나라가 위태롭다. 우리는 비록 초야의

▨▨▨ **101** 최인욱, 앞의 책, 26~27쪽.

유민이지만 차마 나라의 위기를 좌시할 수 없다. 원컨대 각 읍의 여러 군자는 한목소리로 의를 떨쳐 일어나 나라를 해치는 적을 제거하여 위로는 종사를 보전하고 아래로는 백성들을 편안케 하자.[102]

▩▩ **102** 이복영, 〈南遊隨錄〉 갑오 2월 20일, 《東學農民戰爭史料叢書》, 동학농민전쟁100주년기념사업추진위원회 편, 史芸研究所, 1996.

무장에서 타오른 혁명의 불길

　　동학농민혁명의 제2차 기포 장소가 무장인가, 백산인가를 둘러싸고 학계에서는 오래전부터 논란이 일었다. 과거에는 백산설이 정설처럼 굳어졌는데 근래에는 무장설이 더 공감을 받고 있는 편이다.

　　2차 기포의 장소가 무장이라는 논거로는, 〈전봉준공초 초초初招〉와 '전봉준 판결선고서'에 무장에서 기포했다는 기록과 함께 〈취어聚語〉에 실린 '무장동학배포고문'과 〈오하기문〉 72쪽의 기록이 있으며, 〈수록隨錄〉의 일지와 박문규의 〈석남역사소설－박씨정기역사〉 10쪽 그리고 김방선의 〈임하유고林下遺稿〉의 기록이 있다(박맹수, 〈사료로 읽는 동학농민혁명(11) : 전라도 무장현의 동학농민군 전면기포에 대하여〉, 《문화저널(60)》 1993년 5월호, 전주 : 전북문화저널사, 27∼29쪽 참조)[103]

　　이에 대해 최현식은 여섯 가지 이유와 사례를 들어 백산기포설을 주장한다.

1. 동학농민군의 집결지는 부안·고부·태인 등지에도 있었다. 따라서 무장의 집결은 전체의 일부라고 볼 수밖에 없다.

2. 전봉준의 공초 275개 문항 가운데 '고부기포'란 표현은 있으나 무장기포라는 표현은 없다.

3. 백산에서 각 지역의 농민군들이 모여 비로소 동학농민군으로서의 대오를 결성했으니 이곳을 기포지(발상지)로 보는 것이 타당할 것이다.

4. 농민군의 진압에 나선 관군이 고부로 출동했다는 점이다. 만일 기포지가 무장이었다면 관군이 무장으로 출동했을 것이다.

5. 전봉준은 왜 무장에 머물렀던가. 원래 전봉준은 접주일 뿐 포包를 거느리지 못했다. 공초에서 말한 바와 같이 동학의 교敎를 행한 일이 없기 때문에 접주로서의 조직을 갖지 못했다. 그리하여 그는 밀접한 관계에 있는 손화중포를 거느리기 위해서였다. 당시 손화중 포는 도내에서 가장 거포巨包로 알려져 있었다.

6. 무장의 동학농민군과 고부의 동학농민군이 백산에서 연합부대를 형성했다는 일부의 설은 봉기지(발상지)가 두 군데였다는 이야기이다.[104]

▰▰▰ **103** 신복룡, 앞의 책, 註10, 125쪽.
▰▰▰ **104** 최현식, 앞의 책, 61~62쪽.

신용하 교수는 〈갑오농민전쟁의 1차 농민전쟁〉에서 무장기의설을 제기하고, 신복룡 교수는 《전봉준평전》에서, 이이화는 〈전봉준과 동학농민전쟁(1)〉에서 각각 무장기포설을 주장한다. 최초로 동학농민봉기를 연구하여 학문적으로 접근한 한우근 교수는 《동학과 농민봉기》에서, 우윤 교수는 《전봉준과 갑오농민전쟁》에서 백산기포설을 주장하고, 최현식 선생은 《갑오동학혁명사》에서 보다 구체적으로 백산기포설을 제기하였다. 그러나 그동안 연구된 자료와 증언을 종합하면, 무장에서 제2차 기포가 있었던 것으로 굳어가고 있는 실정이다.

전봉준이 무장의 당산마을 앞 들판을 제2차 기포 장소로 택한 데는 그럴만한 까닭이 있었다.

1. 무장 대접주 손화중의 포가 그 규모로는 전라도에서 가장 커서 당시 그가 거느리고 있는 군대는 3000명에 이르렀으며, 이미 1년 전의 보은취회 때 손화중은 독자적으로 호남의 동학도를 모았던 금구취당의 두목이었다. 따라서 무장에 도소를 설치하면 단기간에 효율적으로 대규모 동학조직의 세력을 도소의 휘하에 둘 수 있었다.

2. 전봉준과 손화중의 절친한 친분과 동지적 결합관계 때문이었다. 손화중은 전봉준보다 6년 연상이었으나 전봉준이 학식과 지략에서 탁월했기 때문에 손화중은 대

접주이면서도 전봉준을 자기의 윗자리에 받아들였다.

3. 무장이 지리적으로 고부에 비교적 가까운 동학조직의 거점이었다.[105]

105 신용하, 〈고부민란의 사발통문〉, 《동학과 갑오농민전쟁연구》, 일조각, 1993, 143~144쪽 ; 신복룡, 앞의 책, 126쪽.

혁명군 5색기 들고 대오 갖춰

　무장에 집결한 농민혁명군은 '동도대장'의 대기大旗를 앞세우고 각기 청황적백흑靑黃赤白黑의 5색기로 그 표식을 삼아 대오를 정비하였다. 실제적으로 동학농민혁명군의 진군이 결행되는 순간이었다.

　전봉준은 이 자리에서 다시 한번 혁명의 당위를 설명하고, 이번 거사의 대의大義를 4개 항의 행동강령으로 집약하여 선포하였다.

　1. 사람을 죽이지 말고 재물을 손상하지 말라.
　2. 충효를 다하여 제세안민濟世安民하라.
　3. 일본 오랑캐倭夷를 축멸하여 성도聖道를 깨끗이 하라.
　4. 병兵을 몰아 서울로 들어가 권귀權貴를 진멸하라.

　3월 21일을 동학농민혁명의 봉기일로 정한 것은 이날이 동학교주 최시형의 탄생일이었기 때문이다. 동학교도들을 움직이게 하기 위해 교주의 탄일을 거사일로 택한 것이다. 이날 부장에 집결한 군중은 수천 명에 이르렀다. 당시 봉기 군측의 자세한 기록은 남아있지 않지만 전봉준은 〈공초〉에서 4000여 명이라 밝혔다. 지방관청의 보고에도 수천 명으로 기록되었다.

부안현이 전라감사에 올린 보고에 따르면, 4일 동학농민군 수천 명이 금구·원평으로부터 몰려와 부흥역에 있는 부대와 합세하여 동헌東軒으로 돌입, 현감 이철화를 감금하고 아리衙吏들을 결박한 다음 군기軍器를 탈취해 가지고 6일 그들이 도교산(현 정읍시 덕천면)으로 이동해 간 틈에 간신히 풀려나왔다고 하였다.[106]

혁명군 지휘부는 거사 전날인 3월 20일 전봉준·손화중·김개남 3인의 명의로 〈창의문〉을 발표하여 혁명의 대의를 천하에 공포하였다.

창의문
세상에서 사람을 가장 귀하다고 여기는 것은 인륜이라는 것이 있기 때문이다. 군신부자는 인륜의 가장 큰 것이

---

106 최현식, 앞의 책, 63쪽.

다. 인군人君이 어질고 신하가 곧으며 아비가 사랑하고 아들이 효도한 후에야 나라가 무강의 역域에 미쳐가는 것이다. 지금 우리 성상은 어질고 효성스럽고 자상하고 자애하며 정신이 밝아 총명하고 지혜가 있으니 요순의 덕화와 문경의 다스림을 가히 바랄 수 있으리라. 그러나 오늘의 신하된 자들은 보국을 생각하지 아니하고 한갓 녹위만 도적질하여 총명을 가리고 아부와 아첨만을 일삼아 충성되이 간하는 말을 요언이라 이르고 정직한 사람을 비도라 하여 안으로는 보국의 인재가 없고 밖으로는 백성을 탐학하는 관리가 많도다. 인민의 마음은 날로 변하여 생업을 즐길 수 없고 나아가 몸을 보존할 계책이 없다. 학정이 날로 심하고 원성은 그치지 아니하니 군신의 의리義理와 부자의 윤리와 상하의 명분은 무너지고 말았다. 관자가 말하길 '사유四維가 펴지 못하면 나라가 멸망하고 만다'고 했는데 오늘의 형세는 옛날보다 더욱 심하다. 공경부터 방백수령까지 모두 국가의 위태로움은 생각지 아니하고 한갓 자신을 살찌우는 것과 가문을 빛내는 데에만 급급하여 사람 선발하는 문을 돈벌이로 볼 뿐이며, 응시의 장소를 물건을 사고파는 시장으로 만들었다. 허다한 돈과 뇌물은 국고로 들어가지 않고 도리어 개인의 배만 채우고 있다. 국가는 누적된 빚이 있으나 갚을 생각은 아니하고 교만과 사치와 음란과 더러운 일만을 거리낌 없이 자행하니 8도는 어육이 되고 만민은 도탄에 빠졌다. 수재守宰의 탐학에 백성이 어찌 곤궁치 아니하랴. 백성은 나라의 근본이라. 근본이 쇠잔하면 나라도 망하는 것이다. 보국안민의 방책은 생각하지 아니하고 밖으로는 향제鄕第를 설치하여 오로지 제 몸만을 위하고 부질없이 국록만을 도적질 하는 것이 어찌 옳은 일이라 하겠는가.

우리는 비록 초야의 유민이지만 임금의 토지를 부쳐 먹고 임금의 옷을 입고 사니 어찌 국가의 존망을 앉아서 보기만 하겠는가. 8도가 마음을 합하고 수많은 백성이 뜻을 모아 이제 의로운 깃발을 들어 보국안민으로써 사생의 맹세를 하노니, 금일의 광경은 비록 놀랄 만한 일이기는 하나 경동輕動하지 말고 각자 그 생업에 편안히 하여 함께 태평세월을 빌고 임금의 덕화德化를 누리게 되면 천만다행이겠노라.

갑오 3월 20일
호남창의소
전봉준
손화중
김개남

사발통문으로 거사 통고

　무장에서 수천 명의 동학농민군이 집결하기까지에는 전봉준을 중심으로 하는 지도부의 다양한 노력과 치밀한 전략이 준비되었다. 이들은 사발통문을 만들어 돌리고, 각각 연고를 통해 동학접주와 지방유력자들을 만나 혁명의 대의를 설명하고 이들을 설득하였다.

　전봉준은 1893년이 저물어가는 11월 하순 어느날 정읍의 손여옥, 태인의 최경선 등 농민대표 20여 명과 함께 고부 서부면 죽산리 송두호의 집에서 봉기의 구체적인 계획을 수립하였다. 그 방법의 하나로 창안된 것이 사발통문이었다. '사발통문'이란 일반인에게 알리는 호소문이나 격문을 쓰고 나서 주모자가 드러나지 않게 사발모양으로 둥글게 돌려가며 적은 통문通文을 말한다. 동학혁명 주모자들은 커다란 사발 밑바닥에 봉기의 대의를 적고 참여자들이 서명하여 비밀리에 회람시켰다. 사발통문은 봉건전제 시대에 민초들이 비밀

통문의 수단으로 이용해온 것인데, 고종황제 때에 널리 쓰였다는 기록이 있고, 특히 동학농민혁명 준비 과정에서 이용되어 세상에 알려지게 되었다.

현재 전하고 있는 사발통문은 1968년 12월 전북 정읍군 고부면 송준섭의 집 마루 밑에서 족보와 함께 발견되었다. 이 사발통문에는 다음과 같은 내용이 남아 있다.

우右와 같이 격문을 사방에 날래 전하니 여론이 비등하였다. 매일 난망亂亡을 구가하던 민중들은 곳곳에 모여서 말하되, "났네 났어, 난리가 났어" "에이참 잘 되얏지. 그냥 이대로 지내서야 백성이 한 사람이 남아 있겠나" 하며 기일이 오기를 기다리더라.

이때에 도인들은 선후책을 결정하기 위하여 고부 서부면 죽산리 송두호 집에 도소를 정하고 매일 운집하여 차서次序를 결정하니 그 결의된 내용은 다음과 같다.

1. 고부성을 격파하고 군수 조병갑을 효수할 사.
2. 군기고와 화약고를 점령할 사.
3. 군수에게 아부하여 인민을 갈취한 탐리를 쳐 징계할 사.
4. 전주영을 함락하고 서울로 곧바로 올라갈 사.

이와 같이 결의가 되고 따라서 군략에 능하고 모든 일

에 민활한 영도자가 될 장將……(이하 판독 불능)[107]

농민혁명 지도부는 비밀을 지키고 거사 가담자들의 뜻을
모으기 위해 큰 사발에다 거사의 명분과 서명자들의 명단을
적시한 것이다. 이렇게 만들어진 '사발통문'은 각 마을의 '각
리이집강좌하各里里執綱座下'들에게 연통되었다. '이집강'은
마을에서 뜻을 같이 하는 동지들이다.

작가 송기숙은 소설 《녹두장군》 제4권 마지막 부분에서
전봉준 등 농민군 지도자들이 사발통문에 서명하는 과정과
서명자 명단을 다음과 같이 그리고 있다.

그때 김도삼이가 벼룻집을 끌어당겼다. 미리 써는 통
문을 펴고 맨 끝 빈 자리에 둥그렇게 원을 하나 그렸다.
붓에 먹을 찍어 전봉준이한테 넘겼다. 김도삼이한테서 붓
을 받은 전봉준은 그 원의 원심과 직선으로 원 밖에다 자
기 이름을 적었다.

사람들은 숨을 죽이고 전봉준이가 이름 적는 것을 보
고 있었다.

자기 가슴에 칼이라도 꽂고 있는 비장한 모습이었다.

자기 이름을 적은 전봉준은 붓을 곁에 있는 송두호에
게 넘겼다.

---

107 이이화, 앞의 글, 224쪽에서 재인용.

송두호는 정중하게 붓을 받아 전봉준이 이름 곁에 자기 이름을 써내려갔다. 획 하나하나에 힘을 넣어 적었다.

마지막에는 붓끝이 파르르 떨렸다. 20명이 이름을 다 적을 때까지 한 사람 한 사람 적는 것을 모두 숨을 죽이고 보고 있었다.

손을 발발 떠는 사람도 있었다. 이름들이 원에서 햇살처럼 퍼져 나갔다.

사발통문이었다. 주모자를 가리지 못하게 하는 기명방법이었다.

이름은 다음과 같았다. 전봉준 송두호 정종혁 송대화 김도삼 송주옥 송주성 황홍모 최흥렬 이봉근 황찬오 김응칠 황채오 이문형 송국섭 이성하 손여옥 최경선 임노홍 송인호……

결국 주모자를 숨기기 위해 사발모양으로 서명을 한 통문이 사발통문인 셈이다.

마침내 3월 21일, 진군의 나팔이 울렸다.

이제 전봉준의 준엄한 목소리는 산천을 울렸고 농민군의 함성은 조선천지를 진동시켰다. 그런데 이 무렵 감사 김문현과 안핵사 이용태와 각지의 수령들은 전주의 한벽루에 모여 기생을 끼고 풍악을 울리며 질탕하게 놀고 있었다. 고부의 난민이 여늬 민란떼와 같이 곧 수그러들 것

이라 생각했으리라. 그러나 이들 봉건지배자들은 우리의 민중을 너무 깔보고 있었던 것이다.[108]

민중은 배를 띄우기도 하지만 분노하면 배를 뒤엎기도 한다. 호남의 민중들은 농민을 착취의 대상으로 밖에 여기지 않던 지배세력을 뒤엎고자 봉기에 나섰다. 생명을 건 도박이었고 패배하면 역적이 되는 '운명의 반역'을 꾀한 것이다.

3월 23일 농민군 3000여 명은 창과 칼, 또는 죽창을 들고 향교와 각 관청을 습격했다. 고부는 난민들에 의해 무정부상태에 들어갔다. 농민군은 흰 무명으로 머리띠를 매고 길이 5척이 넘는 죽창을 지녔다. 이들은 굴치屈峙를 넘어 흥덕을 지나 일부는 정읍을 거쳐 고부로 향하고 일부는 줄포로 진출했다. 이들이 이러한 우회로를 잡은 것은 정읍 인근 지역에 봉기를 전하고 동참을 호소하기 위해서였다.[109]

이때 부안과 태인 지역에서도 무장에서처럼 농민들이 모여들었다. 군중의 수가 급속히 늘어나면서 백산에는 무장 · 고창 · 부안 · 정읍 · 태인 · 흥덕 · 금구 · 김제지역에

▨▨▨ **108** 이이화, 앞의 글, 236~237쪽에서 재인용.
▨▨▨ **109** 신복룡, 앞의 책, 128~129쪽.

서 모여든 농민군 1만여 명이 군사대오를 형성하고, 지휘부의 명령으로 정연하게 움직이기 시작하였다. 마침내 동학농민혁명의 횃불이 타올랐다. 혁명군의 진군 소식에 관리들은 줄행랑을 치고 농민들은 환호하면서 혁명대열에 참여하였다. 전라도 지역은 점차 해방구가 되고 관리들은 손을 놓고 불안에 떨었다.

3월 20일 이후 고부에서 시작하여 태인, 홍덕, 고창, 금구, 부안, 김제, 무장을 차례로 침범하였는데, 이곳을 지키던 수령들은 모두 달아났고 아전과 군교들도 뒤따라 사방으로 흩어졌으므로 적은 나타나지도 않은 상황에서 이미 고을이 텅 비어버렸다.

그러나 일반 백성들에게는 먹을 것과 짚신을 요구할 뿐 부녀자와 재물을 약탈하지 않았다.

이런 까닭에 이들을 추종하는 사람들이 날로 늘어나 적의 기세가 점점 커졌다.

금산군의 보고에 의하면, 이달 12일 동학무리 수천 명이 짧은 몽둥이를 들고 흰 두건을 머리에 쓰고서 군에 모여들어 구실아치들의 집을 불태웠다고 한다.

고부군의 보고에 의하면, 이달 23일 동학무리 3000여 명이 어떤 자는 창, 칼을 잡고, 어떤 자는 죽창을 들고 총을 쏘면서 밀고 들어와 향교와 각 관아 건물에 분산하여 주둔하였다고 한다.

홍덕현의 보고에 의하면, 동학무리 3천여 명이 고창으로부터 홍덕으로 옮겨와 주둔하고 있는데, 장차 부안으로 향할 것이라고 하였다.

금구현의 보고에 의하면 동학무리들이 이달 25일 저들이 태인에서 점심을 먹고, 이 고을 원평에서 하룻밤을 머물렀다고 하였다. 같은 날 미시(하오 1시~3시 사이)에 고부군의 보고에 의하면, 저들이 이 고을 두지면에 진을 치고 화약고를 불태웠다고 하였다.

26일 술시(하오 7시~9시 사이)에 태인현의 보고에 의하면, 저들이 고부의 백산, 예동으로부터 이 고을 용산 화호의 신덕정으로 옮겨와 주둔하면서 총을 쏘아대고 함성을 지르는데 그 기세가 너무나 대단하여 어떻게 방어해야 할지 모르겠다고 하였다.[110]

동학농민혁명군의 지휘부는 봉기군이 며칠 사이에 1만 명 이상으로 늘어나면서 엄격한 통제와 기율이 필요해졌다. 그래서 〈동학군 12개조 기율〉을 만들어 공포하였다.

동학군 12개조 기율
1. 항복한 자는 대접을 받는다.
2. 곤궁한 자는 구제한다.

110 황현,《梧下記聞》.

3. 탐학한 자는 추방한다.

4. 순종하는 자는 경복한다.

5. 도수하는 자는 쫓지 말라.

6. 굶주린 자는 먹인다.

7. 간활한 자는 없애버린다.

8. 빈한한 자는 구해주라.

9. 불충한 자는 없애버린다.

10. 거역하는 자는 효유하라.

11. 병자에게는 약을 주라.

12. 불효자는 죽인다.

전라도 여러 지역에서 농민과 동학도가 혁명군진영에 속속 가담하고 있었다. 동학농민군이 증가하면서 대오를 재편성하고 기율을 더욱 강화하였다. 이때부터 지방단위별로 본격적인 동학농민군이 조직되기 시작하였다. 부서별로 책임자도 임명되었다.

농민군은 분명한 투쟁목표를 제시하였고, 거기다 정규군 못지않은 군율까지 갖추게 되었다. 농민대중은 열렬히 환영하였다. 전봉준은 여기에 부응이라도 하듯이 농민군 지휘부를 '제중의소濟衆義所'라고 이름하였다. 농민대중은 기다리고 기다리던 그날이 왔음을 실감하였다. 농민들은 "전 대장은 참 영웅이요, 이인異人이니, 신출귀몰의 재

주가 있고 바람을 타고 구름을 부리는 요술이 있으며 천
하의 장사요 세상에 다시 없는 영웅이다."라고 수군거렸
다. 한마디로 전봉준과 농민군에게 거는 기대가 그만큼
컸음을 말해주는 증거이리라.[111]

111 우윤, 앞의 책, 1993, 171쪽.

동학농민혁명군 지도자로 부상되다

전봉준은 이미 동학농민혁명의 최고 지도자로 부상되었고, 민중은 그를 후천개벽의 메시아로 인식하였다. 그에게는 범접하기 어려운 카리스마가 형성되었다. 역사상 대부분의 혁명은 지도자가 신비성으로 포장되고 민중의 열정으로 추진된다.

거대한 혁명의 수레바퀴는 굉음을 내면서 전라도 전지역을 휘돌았다. 머뭇거리던 항민들도, 주춤거리던 원민들도 머리에 흰수건을 질끈 동여매고, 죽창을 꼬나들고 광제창생의 대열에 합류하였다. 소문이 꼬리를 물고 증폭되면서 이 지역은 혁명의 열기로 가득 찼다.

같은 당인 김개남·손화중·최경선과 모의하여 대사를 일으켜 전화위복의 계책으로 백성을 꾀내고, 동학은 "하늘을 대신하여 세상을 다스리고, 보국안민을 한다"고

소리높여 외치며, 살인과 약탈을 하지 않고 오로지 탐관오리만은 용서하지 않았다. 이에 백성들이 호응하여 전라우도 연해 지역 십 여 고을에서 일시에 호응하여 열흘이 못가서 수만 명에 이르렀다. 동학이 난민과 결합한 것은 이로부터 시작되었다.[112]

혁명의 봉화가 타오르면서 호남지역은 혁명의 열풍이 들불처럼 번져나갔다. 4월 3일 동학농민군의 일대는 백산에서 부안으로 이동하고, 또 다른 일대는 태인에 주둔하였다. 4일에는 동학농민군 수천 명이 금구·원평으로 몰려가 현감 이철화를 감금하고 탐관오리들을 결박한 다음 무기를 빼앗아 갔다. 인곡·용산·북촌에 머물고 있던 동학군은 6일 도교산(현 정읍시 덕천면)으로 이동해갔다. 동학군의 주력부대 대부분이 도교산으로 집결하였다.

동학농민군의 본래의 계획은 무장에서(손화중포가 주력이 되었기 때문인 듯) 고부·태인·금구를 거쳐 전주로 진격할 계획이었으나 전라감영군 만여 명이 고부 방면으로 출동해 온다는 소식을 듣고 고부로부터 동북東北 10리 거리에 위치한 도교산에 집결하였던 것이다.[113]

▨▨▨ **112** 황현 지음, 임형택 외 옮김, 《역주 매천야록(상)》, 문학과지성사, 2005, 332쪽.
▨▨▨ **113** 최현식, 앞의 책, 64쪽.

전봉준은 백산에서 창고를 열어 양곡을 빈궁한 농민들에게 나눠주었다. 관미 4000석을 저장할 만큼 규모가 큰 창고였다.

백산의 창고는 경창京倉에 왕래하는 큰 길을 지나게 된다. 백산의 창고는 바닷가 높은 언덕 기슭에 있었다. 백산은 그 이름처럼 산 전체가 석회질의 하얀 흙이었으며, 남쪽은 바닷색으로 끝없이 남쪽에 접하였고 동북쪽은 기름진 들이 천리나 되는 호남의 창으로 보배스런 땅이다. 백산의 관창官倉은 당시 4000석을 저장하였다고 하는데, 전봉준은 일찍이 먼저 그 사실을 듣고 구미위원救米委員을 선정하여 그것을 모두 사방에 분배하였다.

가렴주구에 눈물을 흘리며 도탄에 빠져 촌읍이 서로를 부여잡고 굶주림을 부르짖던 상황에서 백산의 관창을 개방한 것은 최고의 혜택이었다. 곤궁한 백성들이 계속 이어져 이곳에 집합하였고, 근처의 교도들도 이 말을 듣고 다투어 참가하여 다음날에는 모두 3000명에 이르렀다.[114]

배고픈 농민들에게 쌀은 구세주, 그것이었다. 굶주린 농민들에게 창고가 열리고 쌀을 나눠준다는 소식이 전해지면서 호남지방의 민심은 걷잡을 수 없이 격동하였다. 농민혁명

114 菊池謙讓, 〈동학당의 난〉, 앞의 책 ; 동학농민전쟁100주년기념사업추진위원회 편, 앞의 책, 1991, 170~171쪽(연감).

군으로 참여하는 사람들이 늘면서 하루가 다르게 세勢가 붙고 위세가 당당해졌다.

이 무렵 전봉준은 동학농민혁명이 전국적인 호응을 얻어 전개하기 위하여 신임하는 밀사를 각지로 보냈다. 충청도 출신 김영배에게 격문을 들려 충청도 여러 지역을 돌도록 하고, 태인출신 김용하를 금산(전라도) 방면으로 보내 호응할 것을 독려하였다.

대장 전봉준은 백립·백의 차림에 손에는 염주를 들고 입으로는 '삼칠三七' 주문을 외며 지휘하고 있었다. 대오는 삼삼오오의 진법에 따라 질서정연하게 나아가고 있었다.

농민군은 4월 1일(양력 5월 5일) 태인현을 들이치고 이어 원평을 지나 진을 치고 있었다. 21개 전라감영의 군대가 내려온다는 말을 듣고 4월 3일 태인땅으로 돌아와 북촌과 요산에서 밤을 새웠고 한 패는 부안 부흥역으로 옮겨갔다. 그리고 다음날 태인의 농민군은 백산으로 되돌아왔고 부안으로 간 농민군은 군기를 빼앗고 관아 뒷산인 상소산에 진을 치고 있었다.

이때 김문현은 나름대로 몇 가지 조치를 취했다. 이서와 군교를 풀어 전주의 서문과 남문을 지키게 하고(4월 3일) 이어 무남영 영관 이경호로 하여금 무남영의 군대와 잡색, 각 읍에서 올라온 포군을 거느리게 하고 송봉회에게 도내의 보부상패들을 이끌고 금구 대로로 나가게 했다.

또 도내의 도한屠漢으로 짠 별초군別抄軍, 유상油商으로 짠 수초군水抄軍, 종이쟁이로 짠 산초군山抄軍을 편성하여 무남영군과 합류케 했다. 이들은 도내에 끌어모을 수 있는 최대의 병력이었다. 더욱이 금산·태인의 보부상패와 무부巫夫들이 향병鄕兵의 중심을 이루었는데 이들은 날쌔고 사납기로 이름이 나 있었다.[115]

▨▨▨ **115** 이이화, 앞의 글, 239~240쪽.

홍계훈을 양호초토사로 임명

정부는 전라도의 민란 소식이 전해지자 당황하면서 진압 책을 강구하였다. 김문현으로부터 민란의 보고를 받은 정부 는 3월 29일 장위영壯衛營 정령관正領官 홍계훈洪啓薰을 전라 병사로 임명하였다. 이용태를 안핵사로 내려보냈으나 진압 은커녕 날이 갈수록 사태가 더욱 악화되자 직급을 높혀 전라 병사로 임명한 것이다. 정부는 뒤이어 4월 2일 홍계훈을 다 시 양호초토사兩湖抄討使로 임명하여 경군京軍으로 하여금 봉 기군을 진압토록 하였다.

고종은 전라도의 민란 소식에 접하고 "전라도는 조선 왕 조의 선조가 태어난 곳으로 타 지역과는 다른 곳이니 근래 창궐하고 있다는 동학의 무리들을 초제剿除하여 안민지책安 民之策을 강구하라"고 당부하였다.

드디어 4월 2일 홍계훈을 양호초토사로 임명하여 경군

을 파견키로 하고 이보다 앞서 전라감영에서는 감영군을 출동키로 했다. 금구현감 김명수가 출전을 자원했으나 장재將才가 못되어 허락지 않았다. 금위대장 이장렴의 아들로 훈련원첨정을 지냈던 전라감영 우령관右領官 이경호를 조정에 요청하여 별장別將으로 특용하고, 병방兵房 김달관, 대관隊官 이재한, 초관哨官 유영호, 향관餉官 김명수 등으로 하여금 영병營兵 700명과 토병土兵 560명, 그리고 보부상도반수褓負商都班首 송봉호가 이끄는 전라도 내의 부부상대 1000여 명을 4월 3일 백산으로 출동시켰다.[116]

관군이 동학농민혁명군을 토벌하기 위하여 편성되고 '민란'의 현지에 파견되었다. 관군이 반란군을 토벌한 것은 동서고금을 막론하고 늘 있는 일이다. 그러나 전라도에서 일어난 봉기는 반란군이 아닌 '척왜척양'과 '보국안민' 그리고 '광제창생'의 기치를 든 동학농민혁명군이었다. 관군이 자국의 백성을 토벌하게 되고, 그마저 힘에 부쳐 결국 외국군이 들어오게 되었다.

고부민란의 보고가 경성에 도달하였을 때, 경성은 마치 평씨平氏의 육바라六波羅와 같이 매우 태평하였다. 선무공작으로 쉽게 진정된 보은, 금구의 민란평정 소식에

---

116 崔永年, 〈東徒問辨〉, 《東學亂記錄(上)》.

베개를 높게 하고 제사와 기도의 환락에 싸여 있던 왕궁은 고부민란의 창궐을 듣고서야 비로소 경악하여 직접 장흥부사 이용태李容泰에게 안핵사를 겸하여 토벌의 대임을 맡기고 곧바로 고부로 향하게 하였다.

이용태는 침착하고 의지가 강하며 꾀가 많은 인물이었다. 그는 고부민란이 이미 동학교도와 합류하여 그 세력이 대단함을 알고, 전주영의 대포 2문門과 임시로 편제한 관군 1000명 외에 전라도의 보부상을 합세시켜 총 세력 2000명으로 기세도 당당하게 고부에 도착하였는데, 이때가 3월 2일이었다.

이보다 먼저 고부에서의 민란은 백산 방면으로 옮아가 고부 읍내는 매우 조용하였는데, 관군이 잠시 이곳에 주둔하였을 때 관군에 참여한 고부 읍민도 적지 않았다. 지난번은 난민의 구역이었고, 오늘은 관군의 거리가 되었다.[117]

용장勇將 아래 약졸弱卒이 없고, 약장弱將 밑에 강졸強卒이 없다는 옛말처럼 부패와 무능으로 얼룩진 고종황제의 정부에 관군이라고 변변할 리가 없었다.

이때 무남영병 700여 명과 향병 600여 명은 원평·태

117 菊池謙讓, 앞의 글, 172쪽.

인의 거리를 휩쓸며 백산 아래로 진출했다. 그들은 원래 군량미가 준비되어 있지 않아서 지나는 고을마다에서 이를 조달해야 했다. 그들은 지나오는 길에 민가에 들어가 닥치는 대로 빼앗고 점포를 부수고 상인을 겁탈했고 마을에 들어가서는 소·돼지·닭·개 따위를 마구 잡아먹었다. 그리하여 관군이 온다는 소식을 듣고 마을 사람들은 몸을 숨기고 달아났다.

이와 달리 농민군들은 조금도 마을을 범하지 않았다. 더욱이 전봉준은 '동도대장'의 이름으로 4대 행동강령을 발표했고, 또 명을 내려 대장들과 굳게 약속하기를 "매양 대적할 때에는 우리는 칼날에 피를 묻히지 않고서 이기는 것을 전공으로 삼으며 비록 부득이 싸우더라도 결코 목숨을 상하지 않는 것을 위주로 해야 한다. 매번 행진하여 지날 적에는 결코 사람이나 가축을 해쳐서는 안되며 효제충신스런 사람이 사는 마을에는 십리 안에 머무르지 말라"고 했다.

농민군은 짐을 대신 져주기도 했다. 그리하여 이들이 마을로 들어가면 사람들은 방을 내어주고 줄을 이어 밥 광주리를 이고 왔다.[118]

이런 정부의 군대와 혁명군의 사이에서 싸움 같은 싸움이

---

118 《梧下記聞》과《동도비록》에 나옴(이이화, 앞의 글, 240쪽에서 재인용).

되겠는가. 마치 근대 중국의 장개석 국민당군과 모택동 적군의 행적과도 비교될 정도였다.

관군의 부패상에 관한 증언이 있다.

"당시에 열두 살이었던 부친한테서 들은 얘긴디, 관군이 밥을 혀오라고 해서 동네사람들은 굶으면서도 할 수 없이 밥을 혀다 바쳤다여. 나락을 도굿대로 찧던 시절이었응께 오죽이나 혔것어, 뉘가 반이나 되었재."

김진덕金鎭德(73세) 노인이 서두를 꺼내자, 모여 있는 사람들은 당시 관군의 행패가 이만저만이 아니었다며 고개를 설레설레 흔들었다.

특히 부녀자 강탈이 심해 젊은 여자들의 경우 대부분 피난을 갔다고 한다. 김동식金東植(77세) 노인이 들려주는 '권씨 부인'의 일화가 이러한 사실을 강력하게 뒷받침해준다.

관군의 행패가 극심해지자 권씨 부인도 만삭이 된 몸을 이끌고 산속에 파놓은 굴로 피난을 갔는데, 거기에서 숯불 연기에 질식되어 죽었다고 한다.

옆에서 듣고 있던 손자 이재춘李在春(61세) 노인도 그걸 시인했다. 그 권씨 할머니에게서는 자손이 없었으며, 할아버지는 뒤에 다시 결혼하였다는 것이다. 그러므로 '권씨 부인'이 이재춘 노인의 친할머니는 아닌 셈이다.

향토의 기록인 장봉선의 《전봉준 실기》에도, "더욱 심한 일은 처녀, 부녀는 물론이고 자색이 유한 자는 남복을 개착시켜 종군케 하므로 노변은 십리에 계견인연鷄犬人煙이 끊겼다"고 한 걸 보면 관군의 약탈이 얼마나 심했는가를 짐작할 수 있다.[119]

119　문순태, 《동학기행》, 어문각, 1986, 65~66쪽.

제 11 장

피로 물든 황토현 전투

그들은
이빨 빠진 사자가 되어
허공에 허공에 허공에 대고
허망하게 으르렁거리지 않았다
보아다오, 그들은
만인을 위해
땅과 밥과 자유의 정복자로서
승리를 위해 노래하고 싸웠다
대나무로 창을 깎아
죽창이라 불렀고 무기라 불렀고
괭이와 죽창과 돌멩이로 단결하여
탐한한 관리의 머리를 베고
양반과 부호의 다리를 꺾어
밥과 땅과 자유를 쟁취했다.

– 김남주, 〈황토현에 부치는 노래〉에서

혈전의 대명사가 된 황토현 싸움

　　동학농민군과 관군이 접전한 최초의 싸움이었던 '황토현 전투'는 한국농민혁명사 또는 한국민중혁명사에서 고딕체로 기록되는 피의 역사다. 오늘날, '황토현 전투'는 혈전의 대명사처럼 쓰이게 되었다.

　　전봉준은 백산에서 동학농민군의 대오를 편성하여 전투태세를 갖춘 후 4월 3일(음력) 1대를 부안현 부안역驛으로, 1대를 태인현 인곡 북촌 용산으로 진주시켰다. 이곳에서 일박한 동학농민군의 1대는 익일인 4월 4일(음력) 금구현 원평으로 진출하여 이곳 봉기군과 합류한 후 금구현 관아를 습격하고 현감을 결박하여 이곳 무기를 접수하였다.
　　한편 다른 1대는 부안현 관아를 습격하여 현감 이철화를 결박하고 군기고를 파괴한 후 이곳 군기고와 전곡을 접수하였다.

본래 전봉준은 동학농민군을 이끌고 태인·금구를 거쳐 곧 전주로 공격해 들어갈 예정이었으나 전주 영병營兵이 출동한다는 소식을 듣고 금구·부안에서 다시 고부로 돌아와 고부군 도교산에 둔진하였다. 이에 앞서 4월 4일 (음력) 금구·부안을 점령한 이들은 2통의 통문을 법성포 등지에 발송하여 농민군 항쟁의 목적을 다시 천명하였다. 즉 전운사 조필영의 횡포, 균전사 김창석의 불법 수탈, 일본 밀무역상들에 의한 미곡 매점에 따른 미가米價의 상승, 지방관의 백지白地 및 개간지의 과세 등 전라도 일대의 민폐를 바로잡고 위로는 국가를 도우며 아래로는 빈사의 민생을 건지는 것이 죽음을 맹세하고 무기를 든 목적이라고 설명하였다.[120]

동학농민군 지도부는 황토현 전투를 앞두고 몇 차례 사발통문과 밀서 형식의 통문을 돌려서 혁명의 의지를 천명하였다.

동학농민군 통문

성명聖明이 위에 있고 생민이 도탄이니 누가 민폐의 근본인고. 이는 포흠질하는 관리로 말미암은 것이니, 포흠질하는 관리의 근본은 탐관貪官으로 말미암은 것이고 탐

━━ **120** 김의환, 앞의 책, 84~85쪽.

관의 소기所紀는 집권의 탐람貪婪에 있다. 오호라, 난亂이 극하니 다스려지고 흐리니 바뀌는 것은 당연한 이치이다.

지금 우리들이 백성을 위하고 나라를 위하는 이 마당에 어찌 이서吏胥와 민인民人의 구별이 있겠는가? 그 근본을 캐면 이서 역시 백성이니 각 공문부公文簿의 이포吏逋(관리들의 포흠질)는 민막民瘼(백성에 대한 병폐)의 조건이므로 몰수하여 와서 보고하라. 또한 시각을 어기지 말기를 특별히 명심하라.[121]

통문(1)

1. 전운영轉運營이 이서와 백성에게 미치는 폐해를 혁파할 것.
2. 균전관均田官의 폐해를 혁파할 것.
3. 각 시정市井에서 분전수세分錢收稅를 혁파할 것.
4. 각 포구에서 선주船主의 늑탈을 혁파할 것.
5. 외국 상인과 미곡 무역을 금지할 것.
6. 염전에 대한 징세를 중지할 것.
7. 각종 물품의 도가취리都價取利를 금지할 것.
8. 백지징세白地徵稅의 폐단을 혁파할 것.
9. 와환臥還은 발본하여 시행하지 말 것.[122]

---

121 《秘書類纂 朝鮮外交交涉資料(中)》, 〈동학당휘보〉, 갑오 4월초 4일자(양력 5월 8일).

동학농민혁명군은 접전을 앞두고 농민들의 지지와 참여를 위하여 여러 가지 홍보전을 전개하였다. 당시의 여건상 통문을 통해 알리는 방법이 채택될 수밖에 없었다. 다음은 두 번째 공포한 통문이다.

통문(2)

오늘 우리의 의거는 위로는 종사를 보호하고, 아래로는 백성들을 편안케 하고자 죽음으로써 맹세한 것이니, 놀라지 말고 차례로 우두머리들은 와서 회개할지어다.

전운영이 이민들에게 끼치는 폐단과 균전관의 거폐생폐去弊生弊와 각 시정의 분전회수와 각 포구의 선주늑탈과 타국 밀무역상들의 무역과 소금의 시장세와 각종 물건의 도매상의 폭리와 백지징세와 송전기진松田起陳과 고리대의 발본 등 많은 폐악은 이루 다 기록할 수 없으나, 우리 사농공상의 사업에 종사하는 백성들은 동심협력하여 위로는 국가를 돕고 아래로는 빈사의 민생을 편안케 하면 어찌 다행이 아니겠는가!123

동학농민군의 사기는 충천했지만 막상 무기는 형편없이 열악하여 구식총과 칼 그리고 죽창이 전부였다. 반면에 관군

▬ **122** 《駐韓日本公使館記錄(1894~1895)》, 전라도 민요보고(民擾報告).
▬ **123** 박은식 지음, 김도형 역주, 〈갑오년동학의 난〉, 《한국통사》, 대구 : 계명대학교, 1998.

은 나름대로 무장을 갖추고 있었다. 또 보부상을 풀어 정보를 취하고 있어서 농민군의 무장 실태를 파악하고 있었다. 원인이야 무엇이었든 간에 황토현에서 처참한 동족상쟁의 전투가 벌어졌다. 동학농민군 지도부는 전투에 앞서 다시 한번 전의를 다지고 기의起義하게 된 이유를 방문榜文을 통해 밝혔다.

동학농민군 방문榜文

방금의 사세事勢는 앉아서 죽음을 기다릴 수 없는 형편이다. 웅병 맹장은 각각 그 믿는 땅에 있고 각 군郡의 재사는 그를 먼 곳에 보내어 근왕勤王의 일을 한다. 대저 오늘날 우리들의 주위를 둘러싸고 있는 형편으로 말하면, 집권대신들은 모두가 외척인데, 주야로 하는 일이란 오로지 자기의 배만 부르게 하는 일이고, 자기의 당, 자기의 파만을 각 읍에 널리 보내어 백성 해치기를 일삼고 있으니 백성들이 어찌 이를 감내할 수 있다는 말인가?

초토사 홍계훈은 본래가 무식한 사람이라, 동학의 위세를 두려워하면서도 부득이 출병하였다. 망령되이도 공이 있는 김시풍을 죽이고 이것으로 공을 삼으려 하니 홍계훈은 반드시 사형을 받아 죽을 것이다. 가장 가석한 일은 3년 이내에 우리 나라가 귀속될 것이므로 우리 동학이 의병을 일으켜 백성들을 편안케 함이니라.[124]

갑오 4월 27일

마침내 결전의 시간이 다가오고 있었다. 비 내리는 4월 6일의 밤이 어둠 속에 깔리고 있었다. 그리고 접전이 이루어졌다.

4월 6일 점심때쯤 태인과 부안의 동학농민군들이 도교산으로 집결하자 백산으로 출동했던 전라감영군도 그 뒤를 쫓아 행군해갔다. 이때 동학농민군은 두승산에서 동북으로 뻗어내린 시목리 고지인 사시봉에 진을 치고 있었다. 뒤를 쫓던 관군은 6일 해질 무렵 황토현에 이르러 진을 치고 머물렀다. 이때의 형세를 보면 동학농민군 진지는 남쪽에 위치하여 높은 곳이요, 이에 비하여 황토현은 북쪽에 위치하여 낮았다. 서로의 거리는 약 1.5킬로미터 정도였다. 4월 6일 밤 바야흐로 전기는 무르익었다.

동학군은 이날 밤, 관군이 야습해올 것을 예측하여 병력을 나누어 주위 요처에 잠복해놓고 본진에는 병력이 없는 대신 허수아비를 만들어 흰 포목布木으로 위장해놓았다. 과연 관군은 밤이 깊어 동학군 진지를 야습해왔다. 관군으로서는 동학군과의 싸움이 처음이어서 그들을 오합지졸로 과소평가한 나머지 거침없이 적진을 치고 들어갔다.

그러나 얼마 후 관군은 스스로가 적군의 위계에 빠진 것을 알았다. 적군들이 전후 좌우에서 치고 달려드니 어느새 포위되어 혼전이 벌어졌다. 지리에 어두워 지적을 분간 못하니 대적을 못하고 시산혈해를 이루며 도망치고 말았다. 그리고 동학농민군 한 부대는 관군의 본진을 기습하여 또한 큰 성과를 거두었으니 이 싸움에서 관군은 영관 이경호, 서기 유상문이 전사하고 많은 사상자를 냈다.

이때 관군이 버리고 간 물품 가운데는 민간인으로부터 약탈한 금·은 보화가 많이 남아 있었다고 하며 어찌된 일인지 전사한 감영군 가운데는 남자로 변장한 여자의 시체도 있었다고 한다.[125]

---

125 최현식, 앞의 책, 67~68쪽.

누가 먼저 공격했는가

어느 쪽이 선공한 것인지 자료에 따라 차이가 있다. 다음은 관군이 선공했다는 기록이다.

전라중군 김달관, 초관 이재섭은 민정 수천 명을 거느리고 좌익으로 10리 지점에 진을 쳤고 초관 유영호는 보부상대 1000여 명을 이끌고 백산(황토현의 착오임)의 뒤편 30리 지점에 진을 치고 있었다. 김달관·이재섭이 공을 세우려고 상사의 명령도 듣지 않고 앞을 다투어 산으로 쳐올라갔으나 적의 세력을 당하지 못하여 대패하고 도망치니 유영호 부하도 도망치고 한 사람도 없었다. 별장 이경호는 이를 보고 결사일전을 각오하였으나, 향관(군량담당관) 김명수(금구현감)는 애초에 별장의 자리에 특용해주지 않은 불평으로 군량운반도 제대로 하지 않아 무남병武南兵 700인과 토병 560명이 여러 날을 제대로 먹지 못하여 영병들의 형색이 말이 아니었다. 그런데다 연일 비가 내려 기한에 떨고 있었다. 4월 7일 새벽, 별장 이경호는 칼을 휘둘러 호령하니 영병의 사기가 비로소 떨쳐 백산을 쳐올라갔으나 화살과 탄환이 비 오듯하여 앞에서 쓰러지니 뒤에서는 도망치는 것이었다.

좌우를 돌아보니 서기 유상문과 관노 김암회 두 사람뿐이었다. 이경호는 적군 7인을 베고 탄환에 맞아 전사했다. 유상문이 역시 전사하고 김암회는 시체를 걸머지고 도망쳤다. 관의 대소를 막론하고 나라에 몸을 바치는 절개야말로 어찌 장하지 않으랴—다만 대사를 그르친 사람은 2, 3인(김달관 · 이재섭 · 김명수)이었다.[126]

다음은 동학군이 먼저 공격했다는 자료이다.

고부에 이르러 백산 위에 진을 치고 해가 저물어 바야흐로 저녁밥을 먹는데 군율이 없이 흩어져 정신을 잃고 있을 때 동학군들이 쳐들어왔다. 관군과 보부상대들은 싸워보지도 못하고 무너져 도망치니 죽은 사람을 헤아릴 수 없을 지경이었다. 우영관右領官 이곤양(이경호)이 죽고 나머지는 뿔뿔이 도망치고 말았다.[127]

126 최현식, 앞의 책, 69~70쪽.
127 최현식, 앞의 책, 70쪽.

전라감사 김문현은 4월 8일 정부에 올린 황토현 전투에 관해 다음과 같이 보고하였다.

당초 신영新營(무남영) 병정과 각 고을 포군을 요처에 배치하여 경군이 내려오기를 기다리라 하였다. 그런데 저들 양당(태인에 집합했던 부대와 부안에 집결했던 부대)이 한 곳(도교산)으로 모이니 그들 모임이 비록 오합지졸 같으나 그 세가 왕성했다. 어제 인시寅時(새벽 3시 경)께 감영군이 사방을 포위하고 공격했으나 감영군이 패하여 도리어 살해당했다.[128]

몇 가지 자료를 종합할 때 관군이 먼저 공격한 것으로 보인다. 관군은 경군의 지원군이 내려오기를 기다리면서 동학군 활동을 견제하기로 하였는데, 김달관·이재섭 등이 공명심에서 선제공격을 함으로써 전투가 벌어졌다. 이 싸움에서 관군은 참패하고 동학농민군이 크게 승리하였다.

동학군은 구식총 30개, 기타 칼 수백 개만을 가지고 있었으며, 심지어는 죽창으로 대항할 뿐이었다. 동학군이 이평면을 지나 두승산 기슭 깊은 계곡인 시목리柿木里에 도착하였을 때는 전체 세력이 2000명이었다. 시목리는 약간 높은 구

---

128 〈兩湖招討錄〉, 4월 초 9일조(최현식, 앞의 책, 71쪽에서 재인용).

릉지대로 그곳에 10여 채의 시골집이 있었는데, 닭 울음소리가 집을 감싸고 소나무가 빽빽이 들어서 있는 완전한 산골이었다. 동학군은 이곳에 본진本陣을 설치하였는데, 그들의 계획은 방어하기에 편리한 지형을 이용하여 관군이 공격하여 올 경우 두승산 동쪽의 좁은 계곡에서 공격을 막으려는 것이었다.

3월 6일 아침, 급히 온 사자가 관군이 대규모로 이 방면을 향해 진군 중임을 알려왔다. 관군은 부대를 세 개로 편성하였는데, 첫째 부대는 약 500명으로 송봉호宋鳳浩가 지휘하였고, 둘째 부대는 300명으로 이재한李在漢이 통솔하였으며, 셋째 부대는 보부상 800명이 별동대로서 뒤따르고 있었다. 총지휘하는 이용태는 중앙에 있고 관군의 선봉은 대포 2문을 끌었으며, 전위의 군사는 정교하고 날카로운 무기를 가지고 있었다. 모두 군복을 착용한 그 모습은 정연한 것이 동학 잡군과는 비교도 되지 않았다. 행군의 용맹스러운 모습을 본 사람이라면 동학군의 참패를 예상하지 않을 수 없었다. 동학군은 관군의 행군을 보고 길에서 공격하려 하였지만 전봉준은 그것을 허락하지 않았다.

3월 6일 저녁, 관군은 모두 황토현黃土峴에 도착하였다. 황토현은 사자봉獅子峯이라고도 불렸는데, 동학군은 그곳을 점령하고 "사자는 사시死屍와 통하니 이곳에 관군의 시체를 매장하자"고 하는 등 사기가 매우 고양되었으니, 투지가 더욱 굳세게 되었다.

관군의 본영지 황토현과 동학군의 본영지 시목리는 15리 정도의 거리를 두고 서로 마주보고 있었는데, 이곳은 두승산 기슭의 줄기를 이룬 곳이었다.

그날 밤, 관군은 군사가 많음을 믿고 보부상의 첩보에 안도하여 아무것도 대비하지 않았고, 관군의 막사에서는 춤추고 노래하는 소리까지 들렸다. 동학군 척후병은 황토현 본영에 접근하여 그 실상을 탐지하였지만, 관군의 지휘관과 군사들은 다음날의 싸움도 하기 전에 주연을 베풂으로써 이날 행군한 피로를 더욱 심하게 하는 등 적의 진지가 가까이 대치하고 있음을 전혀 알지 못하였다.

전봉준를 승패를 결정짓는 것은 오늘 밤 안에 있으며 기묘한 계책으로 야습하여 관군을 단번에 쓸어버려야 한다는 뜻을 하달하고, 진영 내의 모든 군사가 수면에 깊이 빠질 시간이 오기만을 기다리고 있었다.[129]

129 菊池謙讓, 앞의 글 ; 앞의 책, 동학농민전쟁100주년기념사업추진위원회 편, 172~173쪽.

동학혁명전쟁 중 가장 혁혁한 전과

전봉준은 황토현의 전략적 위치를 훤히 꿰고 있어서 황토현을 첫 접전지로 잡았다. 그리고 관군을 유도하여 싸움판을 벌였다.

황토현의 서남쪽은 두승산 줄기에 이어진 깊은 계곡 지대로 계곡을 사이에 두고 시목리가 있어서 양군의 진영은 부르면 대답할 수 있는 대치 상황이었다. 관군은 판단을 잘못하여 그날 밤 완전히 무장을 풀어버려 마치 개선한 밤의 잔치와도 같이 잠과 환호 그리고 술자리를 베푸는 등 편하게 지냈다. 때는 바로 3경更이 지나고, 3월 7일 잔월殘月은 이미 사자봉 서쪽에 지며 밤이 깊어 가는데도 경비를 서는 군사는 한 명도 없었다. 동학군은 두 부대로 나누어 앞의 부대는 서남쪽 정면으로, 뒷 부대는 동북쪽의 뒷 진영을 기습하기로 하였다. 모든 군사는 창검을 가지고 밭두둑에 엎드려 전진하였고, 지름길로 천천히 소리를 죽이고 진격하여 관군 진영에 이르렀다. 관군 가운데 보부상 부대는 평상복을 입고 있었기 때문에, 관군은 동학군을 보고서도 순찰하는 보부상으로 여겼는지 검문도 하지 않았다. 동학군은 황토현 고지에 도달하자 비로소 일제히 고함을 지르며 돌격하고 종횡으로 습격하였다. 기습을 당한 관군은 전열을 가다듬을 틈도 없이 패퇴하였다. 당시 관군을 따라갔던 보부상의 접주로 지금까지 살아 있는 한 사람이 그날 밤 패배의 광경을 다음과 같이 나에게 이야기했다.

"4월 6일 아침, 고부를 떠나 징집된 마을 사람들과 함께 고생스럽게 군량을 운반하였다. 비가 온 뒤라 수레와 짐을 실은 말의 행진이 생각과 같이 되지 않았기 때문에, 우리들은 커다란 짐만을 챙겨서 진군하였다. 두승산 동쪽의 장거리長巨里에서는 좁은 계곡길을 더듬으며 진군하였는데, 길은 좁았고 비탈길은 고르지 않았다. 그러나 모든 군사는 매우 원기왕성하여 행진 중에도 노래를 부르고 크게 소리를 지르는 등 와자지껄하였다. 여러 번 휴식을 취하면서 저녁 무렵 황토현에 도착하였다. 그 뒤 곧바로 짐을 풀고는 진지의 막사를 만들었으며 각 부대, 각 군단의 작은 진지를 각소에 만든 뒤 밥을 지었다. 모두 배가 고파 저녁밥을 달라고 크게 소리쳤는데, 장교 한 명과 10여 명의 군사가 마련한 소고기와 술을 먹고는 모든 군사가 원기를 회복하였으며 술잔치를 열지는 않았다. 그리고 아둔한 동학사람들은 모두 나무껍질을 먹고 계곡의 물로만 배를 채워 당장 내일은 길도 걷지 못할 것이라고 비웃었다.

이러한 유희에 빠진 전쟁은 다시는 없을 것이라고 생각되었다. 그날 밤 처음에는 경계를 하였다. 그러나 동학군 진영이 너무 고요하여 불빛조차 보이지 않았기 때문에 모두 안심하고 그 뒤부터는 술을 마셔 취하고 노래를 부르고 춤을 추다가 깊이 잠들었는데 나도 술에 취해 잠이 들었다. 그러다가 한밤중에 적이 습격해 온다는 커다란 부르짖음에 잠이 깨었는데, 이리저리 도망하는 사람, 엎어지는 사람, 울부짖는 사람, 엎드린 사람, 숨는 사람 등 진영 주위에는 죽은 시체가 쌓여 있었다. 약 2000명 가량의 관군 가운데 무기를 가지고 대적한 사람은 매우 적었고, 나머지는 않아서 칼을 맞거나 자다가 죽는 등 그 패배의 모습은 매우 참혹하였다. 나는 황토현 북쪽 소나무 숲에 몸을 숨기고 겨우 지름길을 더듬으며, 백산 서쪽 해안까지 갔다가 배를 타고 아산 쪽으로 도망하여 목숨을 건졌다. 왜냐하면 동쪽으로 도망한 사람들은 동학군의 별동대에게 습격당하였고 또 곳곳에 수리의 작은 샛강이 있어서 그냥 건널 수가 없었기 때문이다. 7일 동트기 이전까지 대개가 살해되었는데, 이 싸움에서 나의 동료 보부상은 70~80명 가량이 전사하거나 살해되었다. 관군은 다수의 군기를 버렸고 대포 2문도 퇴각시켰으며 쌀 100석을 잃었다."

황토현의 야간 습격은 동학군이 각 지역에서 벌인 전투 중 가장 혁혁한 승리를 거둔 큰 싸움이었다. 동학군 측 기록에 따르면, 야간 습격하던 날 밤, 관군 장교의 막사에는 납치되었던 여러 명의 젊은 여자들이 울부짖다가 도망하는 것을 보았으며, 또 관군의 옷 속에서 여러 번 약탈품을 찾아냈는데, 당시 관군의 약함은 저항하지도 못하는 닭이나 돼지와 같은 상황이었다고 비난하였다.[130]

황토현 전투는 치열하게 전개되고 동학농민군의 큰 승리로 끝났다. 당연히 동학군의 사기는 충천하였으며 관군의 처지는 말이 아니었다. '의기義氣' 하나만으로 구성된 오합지졸의 농민봉기군이 관군과 싸워 이긴 것은 흔치 않는 일이었다. 신라 후대 이래 발생한 각급 민란이나 농민봉기는 대부분 농민들의 희생으로 마무리되었다.

황토현 전투에서 관군은 많은 사상자를 냈다. 황현은 《오하기문》에서 1000여 명이 사상되었다고 하였다. 또 《동비토록》에는 사망자가 200여 명이라고 축소되었다. 사상자 숫자는 정확한 통계가 나와 있지 않다.

일설에는 황토현 전투에서 관군 측은 642명이 전사하고 부상자는 63명, 농민군 측은 6명이 전사하고 부상자는

━━━ **130**　菊池謙讓, 앞의 글, 174~176쪽.

27명이라고 하지만, 그게 과연 정확한 통계인지는 심히 의심스럽다.[131]

정확한 수치는 아닐지 모르지만 황토현 전투에서 관군의 희생과 농민군의 희생은 10분의 1이상의 차이가 있었다. 첫 접전에서 농민군이 대승을 거두게 된 데는 전봉준 등 지휘부의 전략이 주효하였다. 황토현 지역의 지형을 잘 알고 적절히 대처했던 것이 승리의 요인이었다. 여기에 오합지졸이지만 사기가 넘치고, 무엇보다 수백 년 동안 짓밟히고 억눌려 왔던 '한풀이' 장이 되었다.

농민군은 신바람이 났고, 여기에 '광제창생' '척왜척양'의 대의명분이 주어졌다. 창고가 열리면서 배고픔이 해결되고, 주위의 농민들이 밥을 지어오면서 더러는 막걸리동이도 나왔을 것이다. 동학교도들에게는 '개벽'의 날이 오는 것으로, 농민들에게는 배불리 먹고 압제가 없는 '새날'이 오는 것으로 인식되었을 것이다.

황토현 전투와 관련하여 '혁명시인' 김남주는 〈황토현에 부치는 노래〉를 지었다. 군사독재와 싸우며 민중의 고통을 노래하다가 출감 뒤에 사망한 시인은 감옥에서 이 시를 쓰면서, 스스로 전봉준을 닮고자 했을지 모른다.

---

131 문순태, 앞의 책, 65쪽.

〈황토현에 부치는 노래〉

김남주

한 시대의
불행한 아들로 태어나
고독과 공포에 결코 굴하지 않았던 사람
암울한 시대 한가운데
말뚝처럼 햇불처럼 우뚝 서서
한 시대의 아픔을
온몸으로 한몸으로 껴안고
피투성이로 싸웠던 사람
뒤따라오는 세대를 위하여
승리 없는 투쟁
어떤 불행 어떤 고통도
결코 두려워하지 않았던 사람
누구보다도 자기 시대를
가장 정열적으로 사랑하고
누구보다도 자기 시대를
가장 격정적으로 노래하고 싸우고
한 시대와 더불어 사라지는데
기꺼이 동의했던 사람
우리는 그의 이름을
키가 작다 해서

녹두꽃이라 부르기도 하고
동학농민혁명의 수령이라 해서
동도대장, 녹두장군
전봉준이라 부르기도 하니
보아다오, 이 사람을
거만하게 깎아 세운
그의 콧날이며 상투머리는
죽어도 풀지 못할 원한, 원한
압제의 하늘을 가리키고 있지 않은가
죽어서도 감을 수 없는
저 부라린 눈동자, 눈동자는
90년이 지난 오늘에도
불타는 도화선이 되어
아직도 어둠을 되쏘아보며
죽음에 항거를 하고 있지 않은가
탄환처럼 들어박힌
캄캄한 이마의 벌판, 벌판
저 커다란 혹부리는
한 시대의 아픔을 말하고 있지 않은가
한 시대의 상처를 말하고 있지 않은가
한 시대의 절망을 말하고 있지 않은가

보아다오 보아다오

이 사람을 보아다오
이 민중의 지도자는
학정과 가렴주구에 시달린
만백성을 일으켜 세워
눈을 뜨게 하고
소노가 손을 맞잡게 하여
싸움의 주먹이 되게 하고
싸움의 팔이 되게 하고
소리와 소리를 합하게 하여
대지의 힘찬 목소리가 되게 하였다
그들 만백성들은
이 위대한 혁명가의 가르침으로
미처 알지 못한 사람들과
형제가 되었을 뿐만 아니라
새 세상을 겨냥한 동지가 되었을 뿐만 아니라
외롭고 가난한 사람들이
아직까지 한 번도 맛보지 못한
자유를 알게 되었을 뿐만 아니라
적과 동지를 분간하여
민중의 해방을 위하여
전투에 가담할 줄 알게 되었으니

보아다오, 그들은

강자의 발밑에 무릎을 꿇고
자유를 위하여 구걸 따위는 하지 않았다
보아다오, 그들은
부호의 담벼락을 서성거리며
밥을 위해 토지를 위해
걸식 따위는 하지 않았다
보아다오, 그들은
판관의 턱을 쳐다보며 정의를 위해
기도 따위는 하지 않았다
보아다오, 그들은
성단의 탁자 앞에 무릎을 꿇고
선을 구걸하지도 않았다
보아다오, 그들은
이빨 빠진 사자가 되어
허공에 허공에 허공에 대고
허망하게 으르렁대지도 않았다

보아다오, 보아다오
이 민중의 지도자는
이 혁명의 아들들은
만 백성을 위해
땅과 밥과 자유의 정복자로서
승리를 위해 노래하고 싸웠다

대나무로 창을 깎아
죽창이라 불렀고 무기라 불렀고
괭이와 죽창과 돌멩이로 단결하여
탐학한 관리의 머리를 베고
양반과 부호의 다리를 꺾어
밥과 땅과 자유를 쟁취했다

보아다오, 보아다오
새로 태어난 이 민중을
이 민주의 강인한 투지를
굶주림과 추위와
투쟁 속에서 더욱 튼튼하게 단결된
이 용감한 조직을 보아다오
고통과 고통과의 결합
인간의 성채
죽음으로써만이 끝장이 나는
이 끊임없는 싸움, 싸움을 보아다오
밥과 땅과 자유
정의의 신성한 깃발을 치켜들고
유혈의 투쟁에 가담했던
저 동학농민의 횃불을 보아다오
압제와 수탈의 가면을 쓴
양반과 부호들의 강탈에 항쟁했던

저 1894년 갑오년
농민혁명의 함성을 들어다오
그리고 다시 우리 모두 이 사람을 보아다오
오늘도 우리와 함께 살아 있고
영구히 살아남을 이 사람을
녹두 전봉준 장군을 보아다오.

제 **12** 장

호남의 심장부 전주성을 접수하다

아, 원평 집회로 따지면 1년 조금 넘게,
고부봉기로 따지면 4개월이 못되게,
무장봉기로 따지면 한 달이 조금 넘게,
끝내 호남의 심장부요 나라 살림의 4할을 넘게 갖다 바치는
호남의 수부가 마침내 농민군의 손아귀에 떨어진 것이다.
이날 초여름의 햇볕은 따사롭게 전주성을 내리쪼이고 있었다.
– 이이화, 〈전봉준과 동학농민전쟁〉

정읍공격은 전주점령 전단계

맹자는 대장부의 기풍을 호연지기浩然之氣로 표현하였다. "천하의 광거廣居에 살며 천하의 정위正位에 서며 천하의 대도를 행함으로써 뜻을 얻으면 백성과 더불어 이에 말미암고 뜻을 얻지 못하면 홀로 그 도를 행한다. 부귀도 그 마음을 음란하게 할 수 없으며 위무威武도 그를 굴복시킬 수 없으니 이를 대장부라 이른다"고 하였다. 전봉준을 여기에 빗대어도 손색이 없을 것이다. 전봉준은 체구는 비록 왜소하고 말은 다소 어눌했지만, 품은 뜻과 기상과 하는 행동은 가히 대장부의 모습이었다.

황토현 전투에서 동학농민군이 크게 승리했다는 소문은 사방으로 전해졌다. 소문은 풍문을 낳고 풍문은 각종 참설과 유언비어를 새끼치면서 걷잡을 수 없이 퍼져나갔다. 그 중심에 전봉준이 있었다. 전봉준은 상복차림으로 농민군을 지휘하여 상징성이 돋보였다. 장차 조선의 운명은 전봉준의 손에 달렸고, 세상은 동학농민군이 지배하게 될 것이라는 소문이 퍼져나갔다. 여기에 동학농민군은 총을 맞아도 죽지 않는다는 소문이 덧칠되면서 신비감과 외경심은 상승작용을 일으켰다. 실제로 농민군은 동학의 부적을 몸에 간직하고 전장에 나갔다. 이런 소식이 관군에게 알려지면서 관군은 움츠리고 사기에 크게 영향을 미쳤다.

황토현에서 개가한 농민군은 그날 해질 무렵 정읍으로 진격하였다. 전봉준이 가장 먼저 정읍을 공격한 것은 여세를 몰아 전주를 점령하기 위해서였다. 이 과정과 관련하여 두 선학의 연구 실적을 인용한다.

이들은 황토현에서 출발, 점심때 조금 지나 모천강에서 점심과 휴식을 취하고 연지원을 거쳐 정읍 관아로 들어 분탕을 치고 정읍의 보부상 점막店幕을 불태우고 밤늦게 삼거리에서 잠을 잤다. 황토현에서 삼거리까지는 약 35리의 거리였다. 이들은 신바람이 나서 초여름의 들판을 내달렸다.

다음날 그들은 흥덕을 거쳐 고창으로 들이닥쳤다. 농민군들은 고창성을 점령하고 옥문을 깨고 잡혀있던 농민군 7명을 풀어줬다. 그리고 바로 성 앞에 있는 만석군의 토호로 온갖 불법과 횡포를 저지른 은수룡殷壽龍의 집을 부수고 불태웠다.

그리고 성내의 군기를 빼앗고 장부를 거두어들이면서

이날 밤은 이곳에서 잤다. 황토현 이후 토호의 집을 불태운 일은 이것이 처음이었을 것이다. 그들은 악질 구실아치와 토호·양반만을 골라 집을 불태우거나 잡아 족쳤던 것이다.[132]

농민군은 곧 현아懸衙를 습격하여 형방에 갇혀 있는 6명의 죄수를 석방하고 군기고를 파괴하여 많은 군기를 접수하였다. 이어서 현감의 가사家舍와 도사령都使令의 집을 아울러 타파하고 이 곳 보부상들이 주접하는 집을 불질러 보부상들에게 경종을 울리고 이날 밤 고부군 삼거리로 옮겨 숙영하였다.

황토현 싸움에서 승리를 거둔 후 전봉준이 재빨리 정읍을 공격한 것은 이어서 곧 전주를 점령하기 위해서였다. 그러나 4월 5일(음력) 군산에 상륙한 양호초토사 홍계훈이 4월 7일(음력) 경군을 거느리고 전주로 입성한다는 소식을 듣고 보다 화력을 강화할 필요를 느끼게 되었다. 이에 따라 지방 관아에 비치되어 있는 무기를 접수하여 전력을 강화하기 위해 전라도 서해안 여러 군현으로 진군의 방향을 돌리게 되었다. 이 같은 목적 아래 4월 7일(음력) 삼거리에 유한 동학농민군은 4월 8일 전봉준의 인솔아래 흥덕읍으로 진주하였다. 흥덕읍으로 진주한 이들은

---

132 이이화, 앞의 글.

그곳 군기고를 파괴하고 탄약과 창검 · 조총을 무난히 접수한 후 정오경에는 다시 고창으로 진주하였다.

이들은 고창읍의 옥문을 파괴하고 억울하게 감금되어 있는 동학교도 7명을 석방하였다. 또 이들은 읍저邑底에 있는 부호 은대정의 집으로 몰려가 가옥을 파괴하고 소각한 다음 군기를 접수하고 장적帳籍을 수험收驗하였다. 이어서 고창 현아 각 건물을 파괴하고 인부印符를 탈취하려 하자 현감은 그대로 도망치고 말았다. 농민군은 그날 고창읍내에서 머물렀다.[133]

두 사람의 글 중에 토호의 이름이 다르게 표기되었다. 은수룡이 맞는 듯하다.

정읍을 점거한 동학농민군은 진로를 남쪽으로 정하고 진군하였다. 이동경로를 보면, 정읍의 연지원(4월 6일)─홍덕(4월 7일)─고창(4월 8일)─무장(4월 9~12일)─영광(4월 12~16일)─함평(4월 16일)─무안(4월 18일)─나주(4월 19일)를 거쳐 장성 황룡천으로 남진하여 경군을 맞게 되었다.[134]

전봉준이 주력 부대를 이끌고 바로 북진하지 않고 남진한 데는 그럴 만한 까닭이 있었다. 호남의 요새 전주성을 공격

▨▨▨ **133** 김의환, 앞의 책, 95~96쪽.
▨▨▨ **134** 光緖 20년 4월 14일, 18일 승정원 開折(신복룡, 앞의 책, 140쪽에서 재인용).

하기 위해서는 무기와 식량 그리고 더 많은 농민군의 전력이 요구되었다. 그래서 무기를 비롯하여 물자가 풍부한 나주를 공격하여 물량을 확보하려는 전략이었다. 학자들 중에는 전봉준이 전주를 선공하지 않고 남진한 것을 두고 국권國權을 도모할 혁명의 의도가 없었던 것이 아닌가 하는 의문을 제기하기도 하지만, 실상은 북진을 위한 전략상의 남진이었다.

황룡촌 전투에서도 승리

농민혁명군이 고을에 진공하면 군수를 비롯하여 관리들은 대부분 겁을 먹고 도망치거나 관아의 문을 굳게 닫아걸고 방비에 나설 뿐 대응하려 하지 않았다. 반면에 지역 농민들은 대대적으로 이들을 환영해 마지않았다. 심지어 자기 집에 불을 지르고 혁명군에 가담하는 사람도 있었다. 그만큼 결의를 다지기 위한 행동이었다.

농민군이 남진하면서 속속 관아를 점거해도 홍계훈은 사태의 추이를 지켜보면서 쉽게 움직이려 하지 않았다. 황토현의 참패로 전력의 큰 손실을 입은 데다 군사들의 사기도 극도로 저하되어 싸울 계제가 못되었다. 또 내려오기로 된 증원 부대가 도착하기를 기다리면서 시간을 벌자는 계산도 깔려 있었다. 황토현에서 패배한 홍계훈은 민심을 돌리기 위해 여러 가지 위무책을 썼다. 4월 8일에는 농민봉기군이 각자 집으로 돌아가도록 하는 방문榜文을 각 고을에 붙였다.

이번 양호兩湖의 동학교도들을 평정하려 이달 초 7일 전주에 머물고 있는 바 이런 서투鼠偸(작은 도적·동학군) 쯤이야 왕명으로 며칠 아니면 초멸되겠지만 그러면 너희 백성들이 오랫 동안 소요의 피해를 입은 데다가 이제 농사철인데 자칫하면 실업의 폐단을 가져올까 염려되어 안타까운 일이 아니랴? 본군문本軍門에서는 성상의 백성을 생각하는 은혜를 베풀어 이에 방문을 게시하여 타이르니 놀라지 말고 안심하고 동요됨이 없이 너희 자제와 친척에게 일러 사설邪說에 물들어 죄를 범하는 일이 없다면 어찌 불행한 일이 있겠는가.

그리고 고을의 교졸校卒들이 동학군을 잡는다고 백성에게 민폐를 끼치는 일이 있으면 마을에서 그들을 결박해놓고 그 성명을 기록하여 보고해 오면 그들을 엄벌에 처하겠으니 꼭 거행토록 하라.[135]

동학농민군은 사기가 충천하고 주민들의 전폭적인 지지가 있었기 때문에 홍계훈의 방문 따위에 겁을 먹거나 '회개'하여 전선을 떠난 사람은 거의 없었다. 오히려 농민군의 사기를 북돋아주는 역할을 하게 되었다.

홍계훈은 9일이 되어서야 경병 160명과 향병 200명을 금구와 태인으로 투입하고, 14일에는 선발대 2대를 무장으로

■■■ **135** 최현식, 앞의 책, 82~83쪽에서 재인용.

내려 보냈다. 이런 정도의 군사로는 1만에 가까운 농민군을 대적할 수 없었다. 그래서 전라병사 이문영이 전라좌우도에 징병령을 내려 군사 모집에 나섰다. 징병령은 소연한 민심을 더욱 어지럽혔을 뿐 별다른 효과는 없었다. 간신히 끌어모은 장병의 수는 몇 백 명에 불과하였다. 이들을 각 고을관아에 배치했지만, 강제로 끌려온 농민들이 관복을 입고 관군으로 활동한다는 것은, 그야말로 억지 춘향이 노릇이었다. 숫적으로도 중과부적이었다.

장성의 황룡촌에서 다시 한번 접전이 벌어졌다. 동학농민군과 관군 사이에 벌어진 두 번째 큰 전투이다. 전봉준은 4월 21일 군사를 이끌고 장성 황룡촌에 이르러 월평 삼봉三峰에서 진을 쳤다. 이를 정탐한 홍계훈은 이튿날인 4월 23일 관군 300명을 동원하여 공격명령을 내렸다. 이날 오전 동학농민군 4000~5000명이 황룡촌에 집합하여 점심식사 중인 것을 탐지한 관군이 대포 2문으로써 포격을 가하면서 전투는 시작되었다. 관군이 먼저 공격한 것이다. 관군은 숫적으로 열세였지만 대환포를 쏘면서 농민군을 공격하고 나섰다. 그러나 황토현에서 이미 관군의 역량을 시험해온 농민군은 관군을 두려워하지 않았다.

이때의 농민군의 행렬을 일본의 한 신문은 다음과 같이 보도하였다. "동학당의 실력을 살펴 보건데 4000명, 그 가운데 2000명은 화승총을 가졌고, 기병 100명은 2열로 나뉘어 수색에 종사하고 있다. 그 동작은 양식 조련과 닮아 지방민을 감복게 하였다."[136]

또 다른 기록은 당시 농민군이 사용한 '장태'에 대해 상세하게 전하고 있다.

농민군은 장태를 앞세우고 관군에게 돌진했다. 장태는 청죽靑竹을 얽어 만든 것으로 그 밑에 차바퀴를 달았다. 그 속에 사람이 앉아 총을 쏘았다고 한다. 다른 기록에는 그 둘레가 열 아름쯤 되고 길이가 열 발쯤 되었다고 한다. 내가 장성 황룡촌에서 만난 광산光山 접주 이춘영의 손자 이찬종과 이현종의 증언에 따르면, 장태의 크기는 길이가 11~12자였고 높이가 4.5자였다고 한다.

그들의 아버지 이규익李圭益(1898~1993)은 장태는 방탄용으로 당시 죽세공 기술자들이 황룡촌에서 4킬로미터 떨어진 임곡臨谷의 가정부락에서 대나무를 베어다가 장성군 삼계면 사창리에서 7, 8개를 만들었다고 한다.

장태는 대를 쪼개 원통을 만들고 그 안에 볏짚을 채워 넣은 일종의 방탄차였다. 황현은 "큰 죽룡竹龍이 몰려오는데, 크고 둥글며 닭우리처럼 생긴 것이 수십 개다. 게다가 밖에는 칼을 꽂아서 마치 고슴도치와 같고 아래는 두 바퀴를 달아서 굴러서 몰려온다. 관군이 연환과 시석을

136 《東京日日新聞》, 1894년 5월 26일자.

쏘았으나 죽룡이 모두 막아주고 적은 그 뒤를 따라 포를 몰면서 몰려온다"고 증언하고 있으나 바퀴가 달렸다는 것은 사실과 다르다.

장태를 만든 사람이 누구인가에 관해서는 기록이 일정하지 않다. 오지영은 장흥 접주 이방언이 장태를 만들었기 때문에 이장태라 했다고 전한다. 그러나 최현식의 주장에 따르면, 장태를 만든 사람은 이방언이 아니라 담양의 이용길(1857~?)인데 그는 월평 싸움에서 장태를 만들어 이장태라는 이름을 얻었다고 한다. 또 이찬종의 증언에 따르면, 장태를 만든 사람은 그곳의 죽세공이었던 김남수라고 하는 말을 아버지로부터 들었다고 한다.

월평 삼봉에서 관군이 연환과 시석을 쏘았으나 모두 죽룡이 막아내고 농민군은 그 뒤를 따라 포를 쏘면서 몰려왔다. 초토사의 대영大營에서도 멀리 바라보기만 하고 구원할 수가 없어서 제 마음대로 달아나게 내버려두니 농민군은 쫓지 않고 군사를 거두어 퇴각했다. 이날 죽은 관군의 수가 7명이요 대환포 2문을 빼앗겼다. 농민군 가운데는 대환포에 맞아 죽은 자가 많아 이들을 끌어모아 무덤 17개를 만들어 하나에 시체 4~5구씩을 묻었다. 농민군은 다시 월평으로 들어가 마을 가득히 깃대를 세우고 밥을 지으려 하다가 경군이 습격해온다는 말을 듣고 나팔소리 한 번 나더니 군사를 재촉하여 앞으로 나가는데 말탄 자가 200여 명이었다.[137]

동학농민군은 황룡촌 전투에서도 관군을 격퇴하는 데 성공하였다. 관군 지휘자가 공명심에 들떠서 전열이 갖춰지기도 전에 대포를 쏘는 등 서두르다가 농민군의 공격에 쉽게 무너지고 말았다. 농민군도 40~50명이 사망하는 큰 희생을 치렀지만, 전과는 승리한 싸움이었다. 이 싸움에서 동학농민군은 대관 이학승을 죽이고, 야포 2문과 양총 100여 정을 노획하는 전과를 올렸다.

황룡촌 전투와 관련하여 관변의 한 기록은 다음과 같이 전한다.

출전장병이 당황하며 달려와 말하기를 관군이 장성 월평에 닿았을 때 그들 무리(동학군)가 마침 황룡촌에 이르러 서로 접전하며 '구르프포' 한 방을 쏘니 그들에게 맞아 죽은 자가 가히 수백이라. 그들 1만여 명이 죽음을 무릅쓰고 앞으로 돌격해와 30리 지경까지 추격해 왔다. 그들의 수는 많고 우리는 적어서 피곤하여 자빠지며 창황히 본진으로 돌아왔으나 대관 이학승은 칼을 휘두르며 뒤에서 싸우다가 병정 5명과 더불어 그들에게 죽었다. 그리고 '구르프포' 1좌와 '회선포' 및 탄환을 잃었다.[138]

---

137 신복룡, 앞의 책, 141~142쪽.
138 〈兩湖招討謄錄〉,《東學亂記錄(上)》, 국사편찬위원회, 1970.

농민군과 전투에서 거듭 패배한 홍계훈은 정부에 증원군을 요청하면서 청나라 군대를 불러오도록 건의하였다. (청군의 원군 요청에 관해서는 뒤에서 다시 쓰겠다.) 홍계훈의 증원 요청을 받은 정부에서는 16일 강화도에 주둔한 수비병을 전라도에 파견키로 하는 한편 김문현을 전라감사에서 파면하고 외무협판 김학진을 후임으로 임명하였으나 그는 미처 부임하지 못하고 있었다.

남진을 계속하던 동학농민군은 방향을 바꾸어 25일 정읍으로 되돌아와서 다시 한번 관아를 짓밟고 태인에서 금구를 거쳐 26일에는 전주성 인근인 삼천三川에 도착하여 포진하였다. 농민군은 북상하던 중 태인 원평리에서 경군을 위문하기 위해 내탕금 1만 냥을 갖고 왕명을 받고 내려온 선전관 이주호와 부하 2명을 체포하였다. 그리고 전날 왕의 윤음을 전달하러 왔던 초토사 종사관 이효응, 배은환과 함께 이들을 원평 장터에서 참수하였다.

연전연패의 소식에 놀란 정부에서는 4월 27일 이원회를 양호순변사兩湖巡邊使로 임명하고, 홍계훈의 군대를 통제할 권한과 강화·청주지역의 군사를 호남에 파견하면서 이들의 지휘권을 이원회에게 주었다. 이후 이원회가 동학농민군을 토벌하는 권한을 갖게 되었다.

● 마침내 전주성에 입성하다

4월 27일이 밝았다. 날씨는 화창하였다. 이날 동학농민혁명군은 예상과는 달리 별로 힘 안들이고 호남의 심장부 전주성에 무혈 입성하였다. 홍계훈이 모든 병졸을 거두어 남쪽으로 내려가서 전주성은 텅 빈 상태에 놓여 있었다. 김문현은 전날 감사의 감투가 날아간 처지이고 후임자는 아직 부임하지 않아서 지휘체계도 공백상태에 빠져 있었다.

이날 농민군은 물밀 듯이 전주성을 차지했다. 그리고 전봉준 등 지도부는 선화당에 자리잡고 호령했다. 전주성 안에 있던 관노·사령 들은 춤을 추며 날뛰었다. 그들은 전봉준의 호령을 들뜬 마음으로 듣고, 이어 농민군들을 이끌고 신바람이 나서 전주의 관아들을 안내했다.

농민군은 민활하게 움직여 모든 공공건물을 접수했다. 그들은 무기고에 들이닥쳐 무기를 꺼내왔고, 창고를 헐어

곡식을 실어 내왔고, 감옥을 부수어 죄인들을 풀어주었다. 그들은 또 지도부의 강력한 지시에도 아랑곳없이 횡포를 부리던 양반·부호와 그 하수인인 영리營吏들은 농민군과 관노·사령들에게 곤욕을 당했다. 농민군들은 곧바로 전주 전보국으로 달려갔으나 전보국원과 시설은 이미 철거된 상태여서 기물만 부수고 돌아왔다. 이로 인해 관변에서는 뒷날 김제의 전보국 시설을 이용하여 겨우 중앙에 보고할 수 있었다.[139]

정부에서는 전주성이 함락당한 지 이틀이 지난 뒤에야 이 사실을 보고받았다. 동학농민군의 전주성 입성 광경을 《전주부사全州府史》는 다음과 같이 기술하고 있다.

동일(음력 4월 27일) 적도賊徒는 나아가 전주 삼천에 둔하고 다시 전주성으로 몰려와, 정오경 먼저 부서府西의 완산을 점거, 나팔을 불고 부내府內를 향하여 소총을 난사함으로써 시장부근은 형용할 수 없는 혼란에 빠져 서민들은 앞을 다투어 피난하였다.

경기전 전의에는 도도군道徒軍의 포성이 우뢰와 같이 진동하고 완산 정산에 이른 도도군은 무려 수만 명이 일자로 진을 펴고 서문으로 몰려들어, 성안의 부민들과 충

139 이이화, 〈전봉준과 동학농민전쟁②, 투쟁-반봉건 변혁운동과 집강소〉, 《역사비평(8호)》, 316쪽, 1990.

돌, 호곡하는 소리가 천지를 진동시켰다.

당시 신임감사 김학진은 아직 부임해오지 않았고, 전
감사 김문현이 감영에서 군령을 발하여 부민과 더불어 4문
을 수비하였다.

모인 자들 중에는 혹은 궁시를 가지고, 혹은 성벽 위에
많은 돌을 옮겨 이를 던져 몰려오는 적(동학농민군)을 막으
려 하였고, 또 남문 밖 성벽에 연해 있는 20~30호의 민가
를 방해가 된다고 하여 성병城兵이 스스로 이를 소각하는
등 방어에 최선을 다했다.

그러나 한편으로 영부 관속 가운데는 몰래 적과 내응
하는 자가 나와 마침내 강적을 지탱할 방법이 없어 겨우
포 일발을 응사했을 뿐, 힘없이 궤주하여 적도 3000여 명
이 조수와 같이 남문으로부터 성내로 쇄도하였다.[140]

한 일본인 연구가는 동학농민군의 전주성 입성 과정을 다
음과 같이 썼다.

황토현의 싸움에서 커다란 승리를 거둔 동학군은 다시
백산에 집합하였는데, 여기에서 군대의 위용은 정리되었
고 사방에서 동지를 많이 불러 모았다.

큰 승리의 보고가 일단 사방에 전해지자, 무장에서 군

140 문순태, 앞의 책, 131~132쪽에서 재인용.

대를 일으켜 태인과 부안 지방을 횡행하였다. 손화중은 손천민과 함께 와서 합쳤으며 이상옥은 보은에서 봉기하였다. 최경인은 태인에서 참가하였으며 김개남은 남원에서 군대를 일으켰다. 정종혁은 고부에서, 허공집은 공주에서, 임정학은 정읍에서 병사를 일으켰다. 김봉년은 김제에서, 오하영은 고창에서 동지를 모아서 합쳤으며, 배규인은 무안에서, 진우범은 만경에서, 김덕명은 금구에서 일제히 호응하였다. 전봉준의 군대는 4월 15일 삼삼오오의 대오를 정리하여 청·황·적·백·흑의 5색 깃발과 경천안민敬天安民의 깃발을 세우고 손에는 염주를 들고 입으로는 주문을 외었다. 이것은 마치 십자군의 행진, 성스러운 교도들의 행진과도 같았으며, 태인, 장성 등 여러 고을을 지날 때마다 동지를 모아 전주로 전진하였다.

행군하는 길가에는 남녀 모두 축복하며 이들을 맞이하였고, 장성을 지나 전주에 가까울 무렵에는 전체 군사가 약 1만 명에 도달하였다. 술을 싣고 역머리에 마중나온 사람도 있었고, 처자와 친척들이 서로 부둥켜안으며 참가하는 동지를 배웅하는 사람도 있었다. 그 광경은 마치 인의仁義로운 왕자王者가 군사를 일으킨 것과 같이 길가 곳곳에서 환호가 터졌다.[141]

---

141 동학농민전쟁100주년기념사업 추진위원회 편, 앞의 책, 176~177쪽.

죄수 풀어주고 빈민구휼

일본인 연구가는 동학농민군의 전주성의 점거 과정을 상세히 기록하였다.

전주 점거

전봉준의 동학군이 당당하게 전주성에 들어가자 성문은 열려 있었고, 방비하는 군사는 한 사람도 보이지 않았다. 감사 김문현은 사마司馬 최영년을 동반하고 한벽정寒碧亭에서 풍류음영을 즐기는 환락 중에 있었다. 전봉준 등이 감영에 들어가 세금을 부과하는 문서를 태워버리고 관리를 쫓아버리며 동학본영소라는 간판을 달 때까지도 전라도 감사 김문현은 술에서 깨어나지 않았고, 시인 매하산인梅下山人과 기생 향월香月의 손을 잡고 태평스러운 꿈을 꾸고 있었다. 동학 본영에서 감사는 길게 한숨을 짓고 전봉준은 사람을 시켜 감영의 인장을 김문현으로 하여금 바치게 하였다.

전주는 한 사람의 군사도 잃지 않고 고스란히 동학군의 손에 들어왔으며, 김문헌은 여산으로 도망갔다. 동학군의 전주 점령 소식이 전해지자, 호남의 50여 군은 동학의 지배를 받기에 이르렀다. 김개남은 남원을 점거하였고, 김정현과 안승관은 수원에 다가갔으며 고석주는 홍천을 점거하였고, 김복용과 이희개는 목천 세성산을 공략하였다. 최한규는 유구리를 점령하였고, 정원준은 옥천을 함락하는 등 조선의 8도는 이미 동학군에게 점령되기에 이르렀다.

전주 함락의 보고가 경성에 도달하자, 경성 정부는 너무나 당황하여 인선조차 제대로 하지 못하고 홍계훈을 전라병사로 임명하여 강화의 병사 500명을 거느리고 전주의 동학군 토벌을 위해 급히 파견하였는데, 이때가 3월 30일이었다.[142]

동학농민군이 마침내 전주성을 함락한 것이다. 그야말로 무혈입성이었다. 동학농민군이 전주성을 쉽게 함락할 수 있었던 요인의 하나는 성안에 농민군 내응자가 많았기 때문이다. 전주성뿐 아니라 농민군이 점거한 지역마다 내응자가 많았다. 농민군이 민중의 절대적인 지지를 받고 있었음을 보여

---

142 동학농민전쟁100주년기념사업 추진위원회 편, 앞의 책, 178~179쪽.

주는 사례이다.

전봉준이 군사를 이끌고 남진하는 동안 홍계훈이 이를 뒤쫓아 남쪽으로 내려간 사이, 전봉준은 군사를 돌려 텅빈 전주성을 피 흘리지 않고 점령한 것이다. 전봉준의 용병술이 보통이 아님을 보여준다.

김문현은 동학농민군이 밀려오자 줄행랑을 놓고 말았다. 처음에는 그나마 체통이 있어서 4인교를 타고 피신하다가 위급한 상황이 되자 4인교를 버리고 헤어진 옷과 짚신을 얻어 신고 피난민에 섞여 공주로 달아났다.

전주성을 점령한 전봉준은 본부를 선화당에 정하고 장수들에게 4대문을 굳게 지키게 하는 한편, 옥문을 열어 죄수들을 모두 풀어주었다. 군기고의 무기를 거두고 관곡을 풀어 가난한 백성들에게 나눠주었다. 감사와 고위 관리들은 모두 도망가고 남은 자는 사령이나 관노들뿐이었다. 전봉준은 이들에게 동학에 입교하는 것을 허락하였다.

전봉준은 전주성을 점령하자 동학농민군이 복수심에 불타서 살상과 약탈을 일삼는 것을 염려하여 12개조의 군율을 선포하였다. 그리고 이를 어긴 자는 가차없이 처단하였다.

一. 항복한 자는 대접을 받는다.

一. 곤궁한 자는 구제한다.

一. 탐학한 자는 몰아낸다.

一. 순종하는 자는 경복한다.

一. 도주하는 자는 쫓지 말라.

一. 굶주린 자는 먹인다.

一. 간교하고 교활한 자는 없애버린다.

一. 가난한 자는 구해주라.

一. 불충한 자는 없애버린다.

一. 거역하는 자는 효유하라.

一. 병자에게는 약을 준다.

一. 불효자는 죽인다.[143]

전봉준은 이날 오후 전주 부민들을 관아에 모아놓고 일장
의 연설을 하였다.

"우리는 보국안민을 주장하는 자들이라 백성과 국가를
위하여 노력함이요, 결코 타의가 없으니 동포들은 각기 안심
하라"고 위무한 다음, 관리들에게는 "비록 관리라도 죄 없는
자는 논하지 않을 것이며, 설사 죄가 있다하더라도 전과를
뉘우치고 의거에 합종合從하는 자는 특별히 용서할 것이고
그렇지 않으면 목을 베겠다"고 엄명을 내렸다.

이어서 방문을 남문에 게시하여 수구파 정부와 초토사 홍
계훈의 죄를 물었다.

143　김윤식, 《續陰晴史(上)》, 국사편찬위원회, 1971, 131쪽.

방문

　방금의 사세事勢는 앉아서 죽음을 기다릴 수 없는 형편
이다. 웅병 맹장은 각각 그 믿는 땅에 있고 각군郡의 재사
才士는 그를 먼 곳에 보내어 근왕勤王의 일을 한다. 대저
오늘날 우리들의 주위를 둘러싸고 있는 형편으로 말하면,
집권대신들은 모두가 외척인데 주야로 하는 일이란 오로
지 자기의 배만 부르게 하는 일이고, 자기의 당, 자기의
파 만을 각 읍에 널리 보내어 백성 해치기를 일삼고 있으
니 백성들이 어찌 이를 감내할 수 있다는 말인가? 초토사
홍계훈은 본래가 무식한 사람이라, 동학의 위세를 두려워
하면서도 부득이 출병하였다. 망령되게도 공이 있는 김시
풍을 죽이고 이것으로 공을 삼으려 하니 홍계훈은 반드시
사형을 받아 죽을 것이다. 가장 가석한 일은 3년 이내에
우리나라가 귀속될 것이므로 우리 동학이 의병을 일으켜
백성들을 편안케 함이니라.

갑오 4월 27일[144]

　홍계훈은 황룡촌 전투의 패전 소식에도 움직이려 하지 않
다가 4월 25일에야 영광을 출발하였다. 그리고 27일 금구에
도착하였다. 여기서 농민군에게 처형당한 선전관 이주호, 종
사관 이효응 · 배은환 등의 시신을 수습하고, 동학농민군이

144　《나라사랑(제15집)》.

전주성 근처에 진출한 것을 알면서도 밤이 늦었다는 이유로 금구에서 하룻밤을 묵었다.

홍계훈이 28일 전주에 도착했을 때는 이미 동학농민군이 전날에 성을 점령한 뒤였다. 홍계훈은 1500명의 병졸을 지휘하여 전주성이 한눈에 내려다보이는 완산에 포진하였다. 농민군도 이런 정황을 알고 전열을 갖추고 전투태세에 들어갔다. 양측은 전주천을 사이에 두고 3일 동안이나 대치하였다.

한편 전주성 탈환을 앞두고 홍계훈은 민심을 돌리기 위해 여러 가지 위무책을 썼다. 5월 초에 발표한 농민군 군사들에게 각자 집으로 돌아가도록 하는 〈요유문曉諭文〉도 그중의 하나였지만, 농민군은 이를 우습게 받아들였다.

요유문

슬프다. 너희들은 모두가 국가의 적자赤子이나 전명숙全明叔의 거짓되고 음험한 말에 무혹되어 스스로 용서받지 못할 죄과에 빠짐을 알지 못했으니 슬프고도 슬프도다. 너희들의 그 동안의 정상만 하더라도 주살하지 않을 수 없을 터인데 심지어 윤음綸音을 가지고 간 관원을 멋대로 살해하여 스스로 부도不道한 난적이 되었으니 일이 이에 미치면 하늘과 사람이 함께 분노할 것이다.

너희들이 이제라도 뉘우치고 귀순하여 척사위정한다면 이는 이른바 "사람이 뉘라서 허물이 없으리요 고치는 것이 선이다"는 말에 합치되는 것이며 "협종한 자는 벌하지 말라"는 유훈維訓도 있으니 너희들이 능히 위기를 함출하여 전명숙을 원문轅門에 묶어와 왕법王法을 바르게 하는 자가 있다면 마땅히 계문啓聞하여 상상上賞으로 시행하고 특히 공로를 참작하여 속죄를 표시하겠다는 뜻으로 이미 여러번 유시했건만 아직껏 소식이 없으니 더욱 분원한 일이다.

만약 일향자감一向自感하여 따르지 않는다면 다시 무엇이 애석할 것이 있으리오. 모두 진멸하여 흔적도 남기지 않을 것이다. 나는 다시 말하지 않을 것이니 모름지기 지실하라.[145]

3일 동안이나 대치하고 있던 관군은 5월 1일 날이 밝자 성내를 향해 야포를 쏘아댔다. 공격을 개시한 것이다. 농민군도 즉각 대응하여 전주성 점령 이래 공수가 뒤바뀐 최초의 전투가 벌어졌다.

전투는 5월 2일과 3일 사이에 치열하게 전개되었다. 농민군은 관군이 쏘아대는 "탄환을 피하기 위해서 등에다 황색종이에 붉은 글자로 주문을 쓴 부적을 붙인 채, 입으로는 탄환을 제거하는 주문 '시천주조화정侍天主造化定'을 높이 외치면서 빗발치는 탄환 속으로 뛰어 들어왔다. 관군은 신예의 화력으로 이를 맞았고, 내려다보며 총격했다."[146]

▨ **145** 황현 지음, 이민수 옮김, 《東學亂》, 을유문화사, 1985, 155쪽.
▨ **146** 신복룡, 앞의 책, 148쪽.

봉기 한 달 만에 전주성 점령

    이 전투에서 농민군은 많은 피해를 입었다. 그리하여 5월 3일에는 설욕전에 나섰다. 농민군 5000여 명이 전주성 북문을 열고 나와서 관군과 접전하였다. 그러나 관군의 수가 크게 늘어나고 화력도 크게 향상된 터이어서 전투는 농민군의 참담한 패배를 가져왔다. 이 전투에서 농민군 500여 명이 다치거나 죽었다. 농민군 지도자 김순명 등이 죽고, 전봉준은 머리와 허벅지를 다쳤다. 이날 오후 6시경 농민군은 성안으로 후퇴하여 전열을 정비하였다. 홍계훈은 동학농민군의 투지를 두려워하여 공격을 피하고 완산에서 위협적인 발포만을 계속하고 있었다.

    일본인 연구가는 당시의 상황을 다음과 같이 생생하게 전한다.

    1일 오전 10시 동학농민군은 돌연 남문을 나와 경군 진지를 향하여 공격을 개시하였다. 미진교를 건너 남북 2대로 갈라진 동학농민군은 완산 주봉에 있는 경군을 향하여 돌진하였다.

남쪽으로 향한 일대는 순창가도로 나아가 남고천을 건너 곤지산으로 올라가고, 또 다른 일대는 전주천의 좌안을 끼고 완산동으로 들어가 주봉을 공격한 다음 건너편 검두봉 언덕에 포진한 관군의 일대를 역습하려고 하였다. 이리하여 일거에 완산을 점령하고 본영을 공격하기 위해 매곡을 사이에 두고 주봉과 검두봉 사이에서 일대 백병전을 전개하였다.

동학농민군은 손에 손에 창, 대창, 화승총을 들었고, 그 가운데는 무기를 가지지 않은 자도 있어 이들은 소나무 가지를 꺾어 흔들면서 진격하였다. 이들 동학농민군은 탄환을 물리치기 위한 방편으로 노란 종이에 주문을 써서 등에 붙이고, 또 십수인씩 집단을 이루어 높게 백포장을 펴 세우고, 주문을 큰소리로 외며 비 오듯 쏟아지는 탄환 속을 뚫고 나갔다.

경군은 신예무기로써 이들을 요격하였으므로 동학농민군은 많은 사상자가 났지만, 조금도 이에 굴하지 않고 언덕배기를 기어 올라갔다. 이때 후방 주봉 위에 결진하고 있던 강화병이 내려와 경군을 응원하는 바람에 양군은 대접전을 벌였다.

그러나 지리적으로 불리하고 경군의 우수한 화력을 당

할 수 없었던 동학농민군은 많은 희생자를 내고 결국 성 안으로 후퇴하고 말았다. 때는 오후 4시경이었다.

5월 2일 경군은 다시 구브프포와 선회포로써 완산 위 에서 성안의 동학농민군 진지를 맹포격하였다. 이로 인하 여 경기전이 부서졌다.

5월 3일 동학농민군은 일대 설욕전을 시도하였다. 오 전 10시경 동학농민군은 서문과 북문을 나와 완산 칠봉의 최고봉인 유연대를 향해 물밀듯이 공격해갔다. 그 군장과 위용은 1차 공격 때와 같았다.

경군은 크게 동요하여 남쪽으로 궤주하였다. 동학농민 군은 이를 추격하여 일거에 다가산을 점거하고 경군의 본 영으로 육박해갔다.

그러나 관군은 다시 포탄을 퍼부으며 이에 맞서 동학 농민군은 많은 사상자를 내게 되고 용장 김순명과 14세의 동장사 이복용이 사로잡혔다. 이때 동학농민군은 500여 명의 많은 전사자를 냈다.

오후 6시 무렵 동학농민군은 다시 성안으로 후퇴하고 말았다.

2차에 걸친 공격전에서 비록 목적은 달성하지 못하였 으나 동학농민군은 만만찮은 투지를 과시하였다. 초토사 홍계훈은 이러한 동학농민군의 투지를 두려워하여 성안 으로 공격은 피하고 완산 위에서 여전히 위협적인 발포만 을 하였다.[147]

전봉준은 이번 완산 전투에서 많은 군사를 잃고 처음으로 '쓴맛'을 보게 되었다. 장수 중에서도 죽거나 사로잡힌 이가 있었다. 그러나 전주성은 여전히 동학농민혁명군의 깃발이 휘날리는 혁명군의 진지가 되고 있었다. 관군은 전주성을 공격할 엄두도 내지 못하였다.

동학농민군은 비록 적지 않은 희생을 치렀지만 여전히 사기는 높고 의기가 충천하였다.

아, 원평집회로 따지면 1년 조금 넘게, 고부봉기로 따지면 4개월이 못 되게, 무장봉기로 따지면 한 달이 조금 넘게, 끝내 호남의 심장부요 나라 살림의 4할을 넘게 갖다 바치는 호남의 수부가 마침내 농민군의 손아귀에 떨어진 것이다. 이날 초여름의 햇살은 따사롭게 전주성을 내리쪼이고 있었다.[148]

---

147 동학농민전쟁100주년기념사업 추진위원회 편, 앞의 책, 176~177쪽.
148 이이화, 앞의 글, 252쪽.

제 13 장

전주화약, 청군 · 왜군 밀려오고

불창같은 언어와
소금절인 정신으로
한번 미친놈처럼 벌떡일어나
이웃의 공포와 쓰라림을 노래하지 못하고
어디 시詩에 눈이 있고 가슴이 있으며
하물며 주먹이 있느냐
원숙한 연륜으로 지긋이 충고하며
오오 욕조의 물을 다 들이켜도
더욱 깊은 목마름은 무엇인가
더 깊이 더 깊이 서서히 빠져드는
이 처참한 늪의 이름은 무엇인가.

― 곽재구, 〈늪에 대하여〉

청국에 파병청원서 보내

전봉준은 완주 전투에서 다친 머리와 다리의 상처를 치료하면서 전주성에 포진하고 있었다. 관군도 산발적으로 포를 쏘아 위협할 뿐 피아간에 접전은 이루어지지 않았다. 전주성이 10여 일 동안 소강상태가 유지된 데는 그럴 만한 이유가 있었다.

농민군이 두 번의 패전에서 많은 사상자를 내자 전봉준도 점차 앞날을 비관하게 되었다. 이후에도 간헐적인 전투와 소강이 유지되는 가운데 5~6일이 지나갔다. 경군이나 혁명군 어느 쪽도 전주성을 둘러싼 공방전에 더 이상의 유혈을 원치 않았다. 홍계훈의 입장에서 본다면 전주성 탈환도 자신이 없거니와 전주는 왕조의 본관이니 함부로 다루지 말라는 조정의 분부를 거역할 수도 없었다. 전봉준의 입장에서 보더라도 이 전투에는 자신이 넘을 수 없는 벽이 있었다. 그는 우선 자신이 최초로 거병했던 당시의 소명인 탐관오리들이 어느 정도 제거되었거나 아니면 그 뜻이 위에 전달되었다고 생각했다. 그뿐 아니라 자신의 병력으로는 더 이상 관군과 지원병을 감당할 수 없다고 생각했다. 그러나 무엇보다 전봉준을 주저하게 만든 것은 정부의 외국 군대 차용 논의와 북접의 시기에 찬 눈초리였다. 그가 애당초 기병한 궁극적인 동기는 "국기國基를 반석 위에 올려놓기 위함"이었으나 이제는 오히려 자신의 그와 같은 처사가 국가의 위기를 초래하고 있다는 사실을 그는 괴로워했다.[149]

전봉준의 고심은 깊어갔다. '광제창생'과 '제폭구민'의 기치 아래 거병하여 그동안 몇 차례의 전투에서 크게 승리하였다. 탐관오리들을 처단하고 악질 부호들에게 경종을 울렸다. 이름 없는 수많은 백성들로부터 구세주와 같은 지지와 환영을 받았다. 그러나 완주 싸움에서 많은 사상자를 내면서 군사들의 사기가 크게 떨어졌다. 무엇보다 감당하기 어려운 것은 정부가 동학농민군을 초제剿除하고자 청국에 원병을 요청하고, 일본군도 침입해올 것이라는 소문이 나돌았다.

동족 간에 피 흘리는 것도 차마 못할 일인데 외군의 원병 소문은 감당하기 어려운 부담이었다. 국가의 안위나 백성의

149 신복룡, 앞의 책, 151~152쪽.

생활보다 자신들의 권력유지에 눈이 먼 민씨 수구파 정권은 관군의 연패와 전주성 함락 소식을 듣고 청군을 불러오는 문제를 논의하였다. 먼저 4월 4일 전주 탈환을 위한 중신회의에는 민씨 정권의 핵심 멤버들이 참석하여 동학농민군 토벌을 위한 대책을 논의하였다. 참석자는 다음과 같다.

판부사 심순택과 김홍집, 좌의정 조병세, 판부사 정범조를 위시하여 제학提學 민영준, 민응식, 민영환, 직제학直提學 민영소, 김성근, 조동면, 이원일, 직각直閣 김세기, 민영달, 박봉빈, 서상조, 민경호, 윤헌, 민영철, 민영주, 남규연, 심상한, 지교持敎 김규식金奎軾, 이용선.

이날 민씨 정권의 세도가들이 모인 회의에서는 청군을 차용해서라도 반란군을 토벌하자는 데 의견이 합치되었다. 외국군이 들어왔을 때의 문제보다 자신들의 권력을 지키는 일이 더욱 시급했던 것이다. 그러나 워낙 민심이 떠나 있던 권력이라 회의가 끝난 뒤에 돈명 김병시金炳始에게 청국에 원병을 요청하는 문제에 대한 의견을 물었다. 김병시는 단호한 어조로 이를 반대하였다.

비도(동학군)들의 죄야 용서할 수 없지만, 그들도 모두 우리의 백성이니 어찌 우리의 군사로 다스리지 않고 다른 나라의 병력을 빌려 이를 토벌한다면 백성들의 심정이 어떻겠는가? 민심이 동요할 것이니, 이는 삼갈 일이다. 일본도 역시 염려가 없지 않다. 청국 대사관에 사람을 보내어 잠깐 멈추게 하고 우리 경군을 출동시켜 토벌 중에 있으니 그 하회下回를 지켜보는 것이 좋을까 한다.[150]

당시 민씨 정권의 주변에 이런 사람이 있었다는 것이 이상할 정도이다. 김병시는 상황을 정확히 내다보고 있었다. 청군이 출병할 경우 텐진조약에 따라 일군도 출병하게 될 것이라는 점을 예상한 것이다.

조정에서 청군의 원병에 대한 문제가 제기된 것은 홍계훈이 전주성 함락 뒤에 '외병차용'을 품의한 것이 크게 작용하였다. 다음은 홍계훈이 조정에 품의한 내용이다.

가만히 엎드려 생각하니 난亂에는 병란과 민란이 있고, 학學에는 정학과 곡학이 있는 것으로 안집安集의 방법과 막는 계책이 이 조가朝家의 그 의를 얻는 데서 나온 것이 아닌가 생각되도다. 지금 동학이 창궐하여 양남에 굴하고 무뢰청탁하여 의부蟻附하며 조수외축操守畏縮 하여 호시虎視하도다. 큰 것은 만으로 헤아리고 작은 것은 천으로 헤아리도다. 처음에는 수령들의 탐묵貪墨으로 인하여 생령이 도탄되었도다.

▬▬ **150** 최현식, 앞의 책, 103쪽.

배운 바가 부족하나 난은 실로 근심되도다. 스스로 적은 방어의 군대가 있거늘 사도師道의 신이 어찌 좌시함에 이르러 이 자만을 이루게 되었는가. 후회막급이로다. 지난해 귀가한 자가 금일에 다시 일어나니 이는 비단 우리 조정의 먼 염려일 뿐 아니라 또한 인국의 수치가 되도다.

작년 금년 양년에 멀리 왕사王師를 일으켜 영송에 피곤함과 군대가 왕래에 피곤함을 이루 다 말할 수 없도다. 성도聖度가 천대天大하여 깊은 죄로써 아니하고 다시 신을 보내어 초토케 하고 이어 윤음綸音하여 은위를 아울러 베풀었으나 일향방진하도다. 만약 장차 놀음으로써 노勞를 기다리게 한다면 이는 소위 삭削하여도 반反이요, 불삭不削하여도 반이니, 초멸할 길이 만무하여 신의 죄가 크도다.

복명의 날에 자승대죄하여 왕법에 순응하겠도다. 그러나 오늘의 사세를 보면 우리는 적은데 그들은 많아 분병分兵하여 추격하기가 어려우니 엎드려 빌고 청컨대 외병을 빌려 도와주도록 하면 그 무리로 하여금 그 수미首尾를 불접케 하고 그 음신音信을 불통케 하겠으니, 이로써 그들은 반드시 세력이 외로와져 흩어지고 힘이 궁하여 자해하리라. 일거하여 만전함은 오직 이 일조一條 뿐이로다. 그러나 두렵기는 처분이 어떠하올는지 알 수 없도다.[151]

151 문순태, 앞의 책, 137~138쪽.

정부는 외국군을 불러왔을 때 생기게 될 여러가지 상황 전개를 헤아리지 않고 다시 청국에 청병하기로 하였다. 1882년(고종 19) 구식군대가 임오병란을 일으켰을 때 민씨 정권은 청국군을 끌어들여 이를 진압하고, 1884년(고종 21) 개화당이 이른바 갑신정변을 일으켰을 때에도 위안스카이의 청국군에 의지하여 이를 진압하였다. 두 차례의 출병으로 청국의 내정 간섭이 더욱 심해졌음은 물론이다.

민영준은 고종의 재가를 받고 당시 서울에 체류 중이던 위안스카이를 찾아가 원병을 요청하기에 이르렀다. 청국에 보낸 국서의 내용이 또한 비굴하고 치졸하기 그지 없었다. 자기 나라 지역과 주민을 폄훼하는 내용까지 담고 있었다.

조회照會하는 일은 폐방弊邦(우리나라) 전라도 관내의 태인·고부 등 지방의 민습이 흉한凶悍(흉하고 사나운 것)하고 성정이 험흉하여 본래 다스리기가 곤란하다고 일컫으더니 요새 와서 동학교비東學敎匪와 부동하여 만여 인의 군중을 모아 현읍 10여 곳을 공함하고 이제 또 북상하여 전주 영부가 함락되었습니다. 앞서 연군鍊軍을 파견하여 초무에 힘썼으나 이들이 마침내 죽기로써 거전拒戰하여 연군은 패하고 대포 등 군기도 많이 잃었습니다. 이 흉완凶頑으로 소요가 오래가면 특히 염려될 뿐 아니라 항차 서울과의 거리는 겨우 4백 수십 리 밖에 되지 않는데 저들의 북상하는 대로 맡겨둔다면 서울까지 소동되어 손해되는 바가 적지 않을 것입니다.

우리 조선의 새로 훈련된 각 군의 현수現數는 거우 서울을 호위할 정도이고 또 전진戰陣의 경험도 없어 흉구凶寇를 소탕하기 곤란하고 이런 일이 오래가면 중국 정부에 걱정을 끼침이 클 것입니다.

임오(고종 19년 군란을 말함) 갑신(고종 21년 정변) 두 변란 때에도 청국군이 감정戡定해준 것을 힘입었는데 이번에도 그때 일을 참작해서 귀 총리에게 청원하는 바이니, 신속히 북양대신에게 전간電懇하여 군대를 파견토록 하여 속히 와 초렴하여주면 우리나라도 각 장병으로 하여금 군무를 수습케 하여 좌진挫殄시킨 뒤에는 곧 철회하여, 감히 계속하여 유방留防을 요청하여 귀국의 군대를 오랫동안 수고롭게 하지 않겠습니다. 아울러 청하노니 귀 총리께서는 빨리 구조하여 급박함을 구제하여 주기를 바라면서 이에 조회하는 바입니다.[152]

폐정개혁을 요구하여 전주성을 점령하고 관군과 대치하고 있던 전봉준은 정세의 흐름을 예의주시하고 있었다. 위안스카이를 통해 청국에 출병청원 소식도 속속 전해졌다.

전봉준이 거느린 동학농민군이나 새로 부임하여 삼례역에 머물고 있던 전라감사 김학진에게는 서로 상충되는 고충

▨▨▨▨ **152** 최현식, 앞의 책, 103~104쪽.

이 있었다. 전봉준의 경우, 기대하던 북접의 호응이 없었고 완주 전투의 패배로 농민군의 동요가 일어났다. 외부와의 연락이 두절되면서 성내의 양곡이 바닥나고, 지방 농민군의 호응도 없었다.

전주성을 점령하는 데는 성공했지만, 외부와 차단됨으로써 오히려 고립무원의 상태가 되고 만 것이다. 또한 농번기가 되면서 농민들의 마음이 들뜨기 시작한 데다 청군의 출병소식에 이어 일본군도 출병한다는 소문이 전해지면서 농민군 진영은 크게 동요하는 움직임이 나타났다.

김학진의 경우는 조정의 압박이 갈수록 심해졌다. 동학농민군을 토벌하거나 화해의 방도를 강구하여 해산조처하라는 압력이었다. 전주성은 조선 왕조 선대의 본향이라 함부로 대포를 쏘아댈 처지도 못되었다. 그래서 김학진은 전봉준에게 밀사를 보내어 자신의 뜻을 전하고 타협안을 제시하였다. 이에 맞서 전봉준은 〈소지문訴志文〉을 보내어 자신의 뜻을 전하였다.

소지문訴志文

저희도 이 나라 선왕의 유민遺民이라 어찌 옳지 못하게 위를 범할 마음으로 편안히 하늘과 땅 사이에서 숨을 쉴 수 있겠습니까. 저희의 이 거사는 비록 놀랄 만한 일인 줄 아오나 출병을 해서 마구 잡아 죽이는 것은 누가 먼저 한 것입니까? 전도백道伯이 허다한 양민을 죽이고 도리어 저희들 죄라고 이르니 덕화德化를 펴고 백성을 다스리는 사람이 무고한 백성을 많이 죽인 것은 죄가 아니고 무엇이며 가짜 인부印符로 방목榜目을 붙이니 손가락으로 쓴 것도 인부가 될 수 있습니까? 대원군을 받들어 국정을 감역케 하자는 것은 이에 합당하거늘 어찌하여 반역이라고 말하며 잡아 죽입니까? 임금님의 말씀을 받들어 백성을 선유하는 종사관이 임금님의 말씀은 보여주지 아니하고 다만 토벌한다, 잡아가둔다, 병정을 부른다 하는 문자만 보이니 만일 참인 것을 알면 어찌 이럴 리가 있겠습니까?

전주 감영에 대포 놓은 것을 가지고 저희들 죄라고 하지마는 성주를 시켜 대포를 놓아 경기전慶基殿을 무너뜨린 것은 옳으며 군대를 동원해서 문죄를 한다면서 무고한 백성을 살해하는 것은 옳습니까? 성에 들어가고 무기를 수집한 것은 신명을 방어하는 데 불과한 일입니다. 눈 한 번 흘긴 것도 반드시 앙갚음을 한다는데 조상의 무덤을 파고 백성의 재물을 토색하는 것은 저희가 가장 미워하고 엄격히 금하는 바입니다.

탐관오리가 아무리 학정질을 해도 정부에서는 못 들은 척하고 내버려두어 백성들만 생명 재산을 보전하기 어렵기 때문에 탐관오리를 낱낱이 없애버리는 곳인데 봉산封山에 진을 친다거나 우물을 파는 것은 국법으로 금한 바 있거늘 각하께서 고의로 범한 것은 무슨 뜻입니까? 느끼고 깨달아서 죄를 속하게 하는 방법은 각하께서 선처해서 나라에 보고하는 것인즉 모든 백성들이 한 가지로 바라고 치하하는 일이 아닙니까? 말을 이만 그칠 뿐입니다.

세중생등 의소濟衆生等義所[153]

관군과 동학농민군 사이에 협상의 기운이 감돌았다. 은밀하게 양측의 밀사가 오갔다. 관군 측에서는 그 사이에도 거듭 〈효유문〉을 보내어 농민군 진영을 교란하는 전략을 병행하였다. 〈효유문〉의 한 대목은 다음과 같다.

앞뒤의 효유가 이렇게 곡진한 데도 너희들이 끝내 의혹을 풀지 않는도다. 의심할 여지가 없는 것에 의심을 두면서 망설이고 좇지 않으니 어찌 그리 어리석은가. 너희들이 살기를 도모하면 속히 성문을 열 것이요, 흩어진다면 결코 좇아가 잡지 않을 것이리라. 또 각 고을에 신칙申飭해서 가로막거나 잡아들이지 못하게 할 것이다. 지금 이는 왕명을 받들어 거행하는 것이니 내가 어찌 거짓말로 너희들을 속이겠는가.[154]

홍계훈은 또 앞의 〈효유문〉과 비슷한 내용의 〈방문〉을 곳곳에 내다 걸어 농민군의 투항을 재촉하였다.

153 〈兩湖招討謄錄〉,《東學亂記錄(上)》, 207쪽.
154 〈兩湖招討謄錄〉 부록 5월 초 4일조,《東學亂記錄(上)》.

전후해서 효유했는 데도 너희들은 끝내 의심을 풀지 않고 있다. 아무런 의심이 없는 것을 의심하고 머뭇거리면서 좇지 않으니 어찌 그렇게 미혹하며 어찌 그렇게 어리석은가? 너희들이 목숨을 구하려거든 곧 성문을 열고 나가라. 결코 쫓아 잡지 않을 것이며 또 각 고을에 말하여 저해함이 없게 하리라. 이제 이미 왕명을 받들었으니 내 어찌 너희들에게 거짓말을 할 수 있겠는가. 이렇게 다시 효유하여도 오히려 의혹을 풀지 않고 개개인이 나와서 죽음을 받아라. 그렇지 않으면 곧 성을 파괴하고 들어가서 남김없이 처없앨 터이니 모두 그렇게 알라.[155]

또한 관군 측에서는 전봉준이 이미 죽었으므로 농민군은 더 이상 저항하지 말고 투항하라는 〈화유문〉을 보내어 농민군의 진영을 교란하고자 하였다.

그간 여러 차례 효유하였는데도 귀화하지 않았을 뿐 아니라 윤음을 선유宣諭하러 온 관원을 살해하였으니 어떠한 형벌로 다스려야 할 것인가. 그런데 괴수 전명숙全明淑(전봉준)이 이미 죽었다고 하니 특별히 관대한 처분으로 너희들의 생명을 보존하여줄 것이다. 각 고을의 폐정에 대하여는 가히 두어도 될 것은 그대로 두고, 가히 개혁해야 할 것

━━━ **155** 〈兩湖招討謄錄〉,《東學亂記錄(上)》.

은 개혁하겠다. 지금 여러가지 조목을 들었으나 어지럽고 모두 이치에 맞지 않으며 이는 어리석은 백성들을 현혹시켜 화를 일삼으려는 계략적인 것이니 어찌 개과천선의 뜻이 있다고 하겠는가.

너희들이 가지고 있는 군기를 모두 가져다 바치고 성문을 열어 관군을 맞아들여 정부의 호생지덕好生之德을 받도록 하여 주기 바란다.[156]

---

156 주 155와 같음.

고심 끝에 철군 결정

　이처럼 긴박한 정세를 지켜보던 전봉준은 마침내 철군을 결정하였다. 앞에서 철군하게 된 배경을 설명하였지만, 전봉준이 무엇보다 염려했던 것은 외국군의 출병소식이었다. 아무리 제폭구민과 광제창생을 위하여 일어선 혁명이라 해도 외국군의 출병으로 국가안위가 위협받는 상황을 맞게 되어 전퇴에 고민을 하지 않을 수 없었다.

　그래서 고심 끝에 택한 결정이 철병이었다. 전봉준의 생애에서 이때의 결단을 하면서 아마 가장 치열한 내적 갈등을 겪었을 것이다. 그래도 기포할 때에는 대의와 명분이 분명하였는데, 전주성을 점령하고 나서 스스로 퇴각해야 한다는 것은 보통 어려운 결단이 아니었다.

　전봉준은 전라관찰사 김학진과 전주성 철수와 관련하여 협상을 벌였다. 그리고 어렵게 몇 가지 합의가 이루어졌다.

1. 동학농민군은 전주성을 다시 관군에게 비워준다.

2. 동학농민군은 해산하여 본업으로 돌아간다.

3. 관군은 해산하는 동학농민군을 추격하여 체포하지 않는다.

4. 전라도 각지에 집강소執綱所를 설치하여 동학농민들을 행정에 참여시킨다.

이로써 '전주화약全州和約'이 체결되었다. 정부군과 이른바 '반군' 사이에 화약이 맺어진 것은 한국 역사상 초유의 일이었다. 동학농민군의 세력이 그만큼 강력했음을 보여준다. 이 화약에서 동학농민군이 직접 집강소를 설치하여 행정을 관장하게 된 것 역시 한국역사상 최초의 일이다. 농민군의 집강소 설치와 유지는 비록 짧은 기간이었지만, 동학농민군의 성공적인 혁명 과정이었고 한국 지방자치의 묘판과 같은 기능을 하게 되었다.

전주성을 점령한 지 10일 만인 5월 5일과 6일 이틀 동안 동학농민혁명군은 관군이 포위를 풀자 "북문을 열고 북을 치고 춤추면서 진陣을 정돈하여 전주성에서 철병하였다."[157] 정부는 5월 8일 홍계훈이 대사령을 내려 농민군에게 명분을 제공하였고, 김문현·조병갑·이용태·조필영 등을 귀양 보내어 백성들의 원성을 풀어주었다. 그래서 철병은 순조롭게 진

---

157 황현,《梧下記聞》, 100~101쪽.

349

행되었다. 전주성의 철병을 결정한 전봉준은 사후의 여러가지 계획과 전략을 세우고 철병을 수용하였다. 철병에 앞서 통문을 발령하여 농민군의 사기를 진작하는 일을 잊지 않았다.

소문에 따르면 청국군의 수는 3000명뿐인데 수만 명이라고 와전되었고, 또 각국의 군대가 도로에 계속 줄을 잇고 있다고 한다. 그러므로 잠시 병력을 퇴진할 것이다. 지금 그렇게 하지 않으면 이 다음에 후회해도 소용이 없을 것이다. 일이 이미 이 지경에 이르렀으므로 청국군이 물러간 뒤에 다시 의기를 들까 하니 각 군의 장졸들은 각별히 유념하여 명령을 기다리기 바란다.[158]

전봉준의 전주성 철병을 두고 동학군의 패배라고 보기는 어렵다. 당초 거병을 하면서 서울로 진격하여 부패한 권력자들을 척결하겠다던 선언에 배치되는 것은 사실이다. 그러나 한 달여 뒤에 김학진의 초청으로 전주 감영으로 들어가서 협상을 통해 '전주화약'을 맺고 〈폐정개혁 13개조〉의 개혁안을 제시한 것만 보더라도 결코 '패배의 철병'이 아니었음이 입증되었다.

전봉준의 전주성 철수와 관련하여 그의 '혁명성'에 의문을 제기하는 논자들이 있다. 봉기 과정에서 한양으로 곧추

----

158 《초토사전보》, 6월 15일자.

쳐들어가서 권귀權貴를 물리치겠다던 당초의 약속을 지키지 않은 점으로 미루어, 혁명이 아닌 민란의 수준이 아니겠는가 하는 수장이다. 또 민씨 정권의 티도를 제기하지 않는 점이나 사회개혁을 위한 정권 획득의 비전 결여 등은 혁명적 역량에 이르지 못했다는 평이다.

이와 관련하여 일본인 연구가는 다음과 같이 분석한다.

전봉준이 꽤 오래 전부터 농민의 대군에 의한 상경上京을 기도한 것은 주목할 만하다. 일반적으로 반 정부군이 수도를 공격한다는 것은 상투적인 전략이지만, 사회개혁의 의사를 가진 전봉준의 상경 작전에는 군사면 이외의 목적이 있었던 것으로 결론부터 말하자면, 필자는 그 목적은 민씨 정권 타도나 정권 쟁취가 목적이 아니라 일련의 폐정개혁 요구안을 조선 봉건지배계층에 제시하기 위한 서울에서의 대시위운동에 있었다고 생각한다.

박종근朴宗根은 명치 28년 3월 6일자《도쿄아사히신문》에 게재된 전봉준의 법정진술의 "모든 국사를 모두 한 사람의 세력가에게 맡기는 것은 매우 폐해가 크다는 것을 안다. 몇 사람의 명사가 협동하여 합의법에 의하여 정치를 하게 하려는 생각이었다"라는 부분을 근거로 하여 그가 의회정치 혹은 공화제를 모색하고 있는 것으로 간주했다. 만일 이것이 진실이었다면, 전봉준의 사회개혁 구상은 독자의 정권을 수립하고 조국을 적극적으로 개조해 간다는 매우 실천적이고도 구체적인 정치일정으로 되고, 그것은 반 권력투쟁의 테두리를 훨씬 넘어선 일대 혁명사업의 과정이었음을 가르킨다. 그러나 그와 같은 자기 완결적인 혁명적 역량을 갖추고 있었다고 한다면, 전봉준은 왜 농민군의 슬러건이나 고시문 가운데서, 가령 '민비 하야 요구'와 같은 중앙정부에 대한 정치적 주장을 하지 않고 또 전주에서 양군 대치상태의 타개를 위한 문서 교환에 의한 교섭에서 그 주도권을 잡지 못한 채로, 결국 민씨정권의 간악한 정전협정 페이스에 넘어가고 말았던가? 이런 것과는 역으로 그의 사회개혁 구상에는 막연한 민씨정권 타도는 있었다 하더라도 그 뒤에 와야 할 신정권 수립이라는 각본이 확립되어 있지 않았음을 알고 있다.

그런 맥락에서 생각해보면, 그의 사회개혁의 최종적인 실현을 위해서 필요한 정권 문제는 그의 주변에 충분한 혁명적 역량이 축적되어 있지 않는 한, 그 자신의 사상적 차원을 별개로 하고, 현실적으로는 반 민비파 권력과의 일시적 정권이양이라는 방향으로 향하지 않을 수 없었던 것이 아니겠는가. 즉 전봉준의 현실적 정치 판단의 테두리 안에서 농민군의 폐정개혁 요구의 제안諸案을 보장하는 최저조건으로서, 가령 이하응 추대가 있을 수 있었다고 생각되지 않는가.[159]

　橫川正夫,〈전봉준에 대한 고찰〉, 앞의 책, 노태구 편, 135~136쪽.

전봉준의 전주성 철병을 두고 다른 견해도 있다. 전봉준은 전주성에서 철저하게 패배하여 철병하게 되었다는 주장이다.

첫째, 전주성 공방은 관군의 일방적인 승리였다. 따라서 전주성 전투에서 마치 농민군이 관군을 제압한 것처럼 기술한 오지영의 기록은 사실과 많이 다르다. 관군이 압승을 하고서도 전주성을 즉시 탈환하지 않은 것은 기존의 설명처럼 관군의 포화로 경기전이 훼손될 것을 걱정해서가 아니라 고종이 성내 양민의 무고한 희생을 걱정했기 때문이다. 설령 대포로 공격을 한다 해도 경기전은 사정거리 밖에 있었다.

둘째, 이토록 완벽하게 승리한 관군이 농민군에게 화약을 요청했을 리 없다. 이와 같이 농민군이 궤멸된 상황에서 농민군이 읍폐민막을 휴전의 조건으로 제시할 계제도 아니었다. 또한 홍계훈도 농민군에게 폐정개혁이나 탐관오리의 처벌을 약속한 바도 없다. 그의 목표는 '비도匪徒'들의 귀화였을 뿐이다. 농민군과 관군 사이에 화약은 존재하지 않았다.

셋째, 농민군의 전주성 입성은 관군의 예봉을 한 곳으로 집중시키는 결과를 초래함으로써 스스로 포위공격을 당하게 되었을 뿐 아니라 외부로부터의 지원 차단을 초래했다는 점에서 농민군의 전략적 실수였다.

넷째, 세칭 전주화약의 실체는 관군의 무력에 압도당한 농민군의 해산이었을 뿐이다.[160]

기쿠치 겐조는 동학농민군이 전주성에서 철병하는 의도와 그 과정을 다음과 같이 기록하였다.

이보다 먼저 초토사 홍계훈은 전주를 점령한 동학군 토벌을 위해 강화 병사 1개 대대大隊와 대포 2문을 거느리고 4월 3일에 인천을 출발하여 군산에 상륙한 뒤 김제를 거쳐 영광에 도착하였다. 그리고 부대를 좌우로 나누어, 한 부대는 남문南門에서 다른 부대는 서문西門에서 공격하였다.

양쪽 군대의 승패가 아직 결정되지 않았을 때, 관군은 포환을 쏘아 조경전과 왕가에서 존중하는 궁전을 파괴하였으며 왕가의 신령스러운 장소에서 총을 쏘았다. 동학군은 주력을 남문 쪽으로 배치하여 힘껏 싸워 지켰기 때문에 관군은 뒷날을 기약해야 했다. 그리고 공격에 앞서 화해를 표명하면서 동학군의 해산을 요구하였고, 마침내 초토사와 동학군 사이에는 일종의 타협이 이루어졌다.

---

160 장영민, 〈동학농민군의 '전주화약'에 관한 재검토〉, 《진산한기두박사화갑기념논문집》 이리 : 원광대, 1993(신복룡, 《전봉준의 생애와 사상》, 158쪽에서 재인용).

이 화의가 쉽게 이루어진 이유는, 첫째, 전주성에서 교전한다면 성내가 파괴되고 손실됨은 물론이고 왕조에서 존중하는 궁선 등을 소실시기는 것을 두려워하였다는 것이고, 둘째, 아산 방면에서 청나라의 대병이 이미 와서 주둔하였으며 곧 일본과 교전하기에 이르렀는데, 만약 강력하게 관군에 대항한다면 청군으로 막아 싸워야 하기 때문에 동학군은 성 밖으로 물러나 해산하고 천하의 형세를 기다린다는 것 등이었다.

동학군은 화의를 받아들여 해산하기로 결정하였다. 그 뒤 전봉준은 태인 동곡東谷의 고향으로 돌아가 지내기로 하고, 4월 17일 수하의 수십 명을 데리고 곧바로 전주성을 나왔다.[161]

---

161 菊池謙讓, 앞의 글, 180쪽.

청군에 이어 불청객 일군도 파병

조선 정부의 원병 요청 국서는 위안스카이를 통해 청나라 정부에 전달되었다. 당시 청나라 실권자인 북양대신 이홍장李鴻章은 5월 1일(음력) 수사제독水師提督 정여창丁汝昌에게 군함을 이끌고 인천으로 출동하라고 명령하였다. 이와 함께 산해관에 주둔한 섭지초葉志超와 태원진총병 섭사성聶士成이 지휘하는 청군 910명에게도 출동명령을 내려 충남 아산으로 상륙하게 했다.

동학농민혁명의 진척상황을 주시하고 있던 일본은 청군의 파병 정보를 입수하고, 5월 6일 주한 일본공사 오토리大鳥圭介가 군함 3척을 이끌고 인천에 상륙하였다. 오토리는 420명의 육전대가 대포 4문을 이끌고 서울에 입성하고 별도로 오시마 요시마사大鳥義昌 소장은 6000명의 혼성여단을 지휘하여 인천에 상륙하였다. 섭지초의 청군 1500명과 일군 6000명이 인천에 거의 동시에 상륙한 것이다. 청군은 정부의 요청이었지만 일본군은 불청객으로 한국에 들어왔다. 정부나 국민에게 걱정이 이만저만이 아니었다. 그리고 동학농민혁명은 국제권의 성격으로 바뀌어가고 있었다.

6월 중순 어느 날, 때이른 뙤약볕이 내리쬐고 있었다. 이런 상황에서도 농민들은 벼를 심고 밭갈이를 하여 농작물이 자라고 있었다. 관찰사 김학진은 전봉준을 전주 감영으로 초청하였다. 농민군이 전주성에서 철수하였지만 다시 떨치고 일어날지도 모르는 상황이었다. 전주성에서 철수한 전봉준은 20명의 기병과 500명의 보병을 인솔하고 호남 지방을 순회하고 있었다.

전봉준이 감영을 방문하던 날, 성을 지키던 군졸들이 총검을 들고 좌우에 도열하여 이 색다른 '이방인'을 맞았다. 전봉준은 큰 관을 쓰고 마의를 입은 채 거리낌없이 감영으로 들어왔다. 마치 사열을 하는 듯한 모습이었다.[162]

전주 감영에서 관민의 수장이 마주앉았다. 전봉준과 김학진·홍계훈 세 사람은 이 자리에서 관민이 화해할 수 있는 방안을 논의하였다. 전봉준은 농민군이 보복을 당하지 않고 생업에 종사하도록 다시 한번 관의 조처를 요구하는 한편, 혁명을 도모하면서 구상해온 〈폐정개혁안 13개조〉를 제시하였다. 이 개혁안은 전봉준이 오래전부터 다듬어온 꿈이고 포부였다.

---

162 〈甲午略歷〉, 《東學亂記錄(上)》, 65쪽.

폐정개혁안 13개조

一. 전운사를 개혁하고 옛 법에 따라 읍으로부터 상납
   케 할 것.

一. 균전어사 제도를 개혁할 것.

一. 탐관오리를 벌하여 몰아낼 것.

一. 각 읍으로 탐관오리로서 천 냥을 수탈한 자는 그를 사
   형에 처하는 것으로 그치고 친족에게 물리지 말 것.

一. 봄 가을의 호포는 옛 법에 따라 매호에 2냥 씩으로
   배정할 것.

一. 각 항의 결전의 수검은 평균 분배하되 함부로 매기
   지 말 것.

一. 각 포구의 사사로운 미곡 거래를 금할 것.

一. 각 읍의 수령이 해당 읍의 산을 사들이는 일이 없
   도록 할 것.

一. 외국인은 개항장에서만 매매하여 도성에 들어와
   시장을 차리거나 각 처로 임의 행상하는 일이 없도
   록 할 것.

一. 보부상은 폐단이 많으니 개혁할 것.

一. 각 읍의 아전에게 직책을 맡길 때는 청전을 받지
   말고 능력에 따라서 쓸 것.

一. 간신이 국사를 날로 그르치는 매관 행위를 금할 것.

一. 국태공(대원군)에게 정치를 맡겨 민심으로 하여금
   소망하는 바가 있게 할 것.[163]

6월 11일 김학진과 전봉준 사이에 맺은 '전주화약'은 어느 의미에서는 혁명적인 내용이었다. 그동안 백성들의 원성을 사온 폐정의 개혁안을 담고 탐관오리의 척결과 외국인이 수도에서 하는 행상을 금지토록 하는 조치, 무엇보다 대원군에게 정권을 맡기도록 하자는 내용은 파격적이었다. 전봉준과 대원군이 동학혁명 과정에서 '내통'하고 있었는가, 의혹을 불러일으키게 하는 대목이다. 이 부분에 관해서는 뒤에서 별도로 정리하겠다.

전봉준은 '전주화약' 이후 보다 확고한 개혁을 도모하고자 다시 고심한 끝에 마련한 〈폐정개혁안 14개조〉를 김학진에게 제시하였다. 이 개혁안을 살펴보면 전봉준의 국정개혁 의지가 거듭 확인된다.

폐정개혁안 14개조

一. 군포 · 환곡 · 전세 삼정은 대전통편의 예에 의거 준행할 것.

一. 흉년을 대비하여 마련한 양식 창고는 일도一道 내 인민의 기름을 짜내는 것이나 다름 없으니 즉시 폐지할 것.

一. 전보는 민간에 폐가 많으니 없앨 것.

一. 해안에 새로 마련된 각 항목의 세전은 모두 혁파할 것.

---

163 鄭喬, 《大韓季年史(上)》, 國史編纂委員會, 1957, 86쪽.

一. 전 감사가 거두어들인 환곡은 다시 징수하지 말 것.

一. 각 읍의 탐관오리는 모두 파출할 것.

一. 각 읍의 관이 정해진 수용 외에 덧붙여 거두어들이는 것은 모두 혁파할 것.

一. 각 읍의 창고 물종은 시가에 따라 쓸 수 있게 할 것.

一. 각 읍의 아전의 돈놀이를 없앨 것.

一. 각 포구의 쌀 무역업을 모두 금단할 것.

一. 수송선의 세미를 실어 올려간 뒤에 매 결에 대하여 덧붙여 거두는 쌀이 3~4두에 이르니 이를 즉시 혁파할 것.

一. 각 읍의 진부결은 아예 징세 대상에서 빼버릴 것.

一. 각 처 보부상의 집결처는 모두 혁파할 것.

一. 궁방에서 돌려가며 징세하는 토지제도를 없앨 것.[164]

▓▓▓▓ **164** 《續陰晴史(上)》, 322~323쪽.

제 **14** 장

농민자치, 53개 군현에 집강소 설치

저것은 벽
어쩔 수 없는 벽이라고
우리가 느낄 때
그때
담쟁이는 말없이
그 벽을 오른다.

– 도종환, 〈담쟁이〉 중에서

'전주화약' 뒤 집강소 설치에 진력

전봉준은 '전주화약'을 맺은 뒤에 오랜만에 태인 동곡의 집으로 돌아왔다. 집에서는 후처 이소사가 전처 소생과 자기가 낳은 두 아들을 기르고 있다가 세상의 중심에서 풍운을 일으키고 있는 남편을 반갑게 맞았다. 전봉준이 언제 이소사와 재혼을 하였는지에 대한 기록은 남아 있지 않다.

"전주를 물러나 태인 동곡으로 돌아왔다. 이곳에서는 후처 이소사가 오랫동안 외로운 안채를 지키며 전처 소생과 자기의 두 아들을 기르고 있었는데, 전쟁터에서 갑자기 돌아온 남편을 맞이하는 이소사의 기쁨과 두 아이의 환호는 비유하기 어려운 광경이었다."[165]

동학농민군의 엄중한 경호를 받으면서 집으로 돌아온 전봉준은 각 지역에 사람을 보내어 집강소 설치를 독려하고,

---

[165] 菊池謙讓, 앞의 글, 181쪽.

이를 하나하나 점검하였다. 각 군현에는 집강을 임명하고 이들이 지역에서 집강소를 설치하도록 하였다. 전주에는 총본부인 대노소大都所를 두고 전리도 53개 군현의 관청 안에 집강소를 설치하였다. 농민이 직접 참여하는 일종의 민정民政 기관이었다.

집강소에는 책임자인 집강 밑에 서기書記·성찰省察·집사執事·동몽童蒙 등의 임원을 두어 행정사무를 맡게 하였다. 호남 일원에 정부의 행정관청 안에 동학농민군의 집강소가 설치되었다. 형식상으로는 이원화 형식의 조직이었지만, 실제로는 동학농민군이 통치의 중심이 되었다. 피신했다가 돌아온 수령들은 형식상으로 자리를 지키고 있었을 뿐이었고, 군현의 이서吏胥들까지 동학에 입적한 경우에만 행정사무를 맡겨서 실질적으로 동학농민혁명군에 의한 통치가 이루어졌다.

집강소는 동학농민혁명 이전부터 향촌사회에 있어왔던 민간의 자치기관이었다. 글자 그대로 지역사회의 '기강'을 바로잡는 민간조직체이다. 1860년 전라도 구례에서 간행된 《봉성현지鳳城縣志》의 향규鄕規에는 "향청鄕廳에서 과실을 범하거나 폐단을 일으키면 집강이 보고 들은 바를 문서로 적어 관청에 제출하도록" 되어 있다. 전통적으로 향촌사회에 집강이 있어서 그 지역사회의 기강을 유지하기 위한 역할을 맡고 있었음을 알 수 있다. 경상도 안동에서도 비슷한 사례의 기록이 《안동부읍지安東府邑誌》에 나타난다.

동학농민군에 의한 집강소의 설치와 집강소의 농민 통치는 비록 전라도 53개 군현의 일부지방에서의 일이지만 한국 역사상 처음으로 농민이 권력을 장악하고 농민을 위한, 농민에 의한, 농민의 정치를 실행했다는 면에서 한국 근대사에서 매우 특이하고 획기적인 사건이라고 하지 않을 수 없다. 또한 집강소의 농민 통치 내용과 성격 여하에 따라 갑오농민전쟁의 역사적 성격이 좌우되는 측면이 매우 크기 때문에 동학농민군의 '집강소'는 반드시 심층에서 밝히지 않으면 안 될 한국근대사의 매우 중요한 연구 과제라고 할 수 있다.[166]

각 지역에 집강소가 설치되면서 전봉준의 역할은 더욱 많아졌다. 그래서 전주의 대도소를 중심으로 하여 전봉준은 금구·원평 등지를 근거로 전라우도를, 김개남은 남원을 근거로 전라좌도를 맡아 다스렸다. 전라도의 각 고을을 접수한 동학농민군은 백성들의 억울한 사연을 풀어주고 탐관오리를 척결하는 등 행정업무를 집행하였다. 악질 토호와 부호들을 잡아다가 처결하고 폐정개혁을 실천하였다. 그러나 아무리 악질 토호라도 집강소에서 이들을 죽이는 일은 없었다.

전봉준은 가족이 살고 있는 집에서 잠시 쉬었다가 김제·태인을 거쳐 장성·담양·순창·옥과·남원·창평·순

─────

166 신용하, 앞의 책, 1993.

천·운봉 등의 고을을 차례로 순방하였다. 말을 탄 농민군 20여 명과 최경선이 수행하였다.

전봉준은 각 군현의 집강들을 통해 폐정개혁을 위한 12개 항의 행정요강을 공포하고 이를 집강소 운영의 준칙으로 삼도록 지시하였다.

집강소 12개조 행정요강

1. 도인(동학교도)과 정부와의 사이에 오래 끌어 온 혐오의 감정을 씻어버리고 모든 행정에 협력할 것.
2. 탐관오리는 그 죄목을 조사해 내어 일일이 엄징할 것.
3. 횡포한 부호들은 엄징할 것.
4. 부랑한 유림과 양반은 징습懲習할 것.
5. 노비 문서는 불태워버릴 것.
6. 칠반천인七般賤人의 대우는 개선하고 백정 머리에 쓰는 평양립平壤笠은 벗겨버릴 것.
7. 청춘과부의 재가를 허락할 것.
8. 무명잡세는 모두 거둬들이지 말 것.
9. 관리의 채용은 지벌地閥을 타파하고 인재를 등용할 것.
10. 외적과 내통하는 자는 엄징할 것.
11. 공사채를 물론하고 기왕의 것은 무효로 돌릴 것.
12. 토지는 평균하게 나누어 경작케 할 것.[167]

---
167 오지영, 앞의 책.

동학농민군들은 신바람이 났다. 비록 전주성에서 철수하면서 한때 패배의식에 빠지기도 했지만 각각 연고지를 중심으로 집강소 운영에 참여하면서 신바람이 났다. "농민군들은 무기를 돌려주고 때로 수십 명, 때로는 수백 명씩 무리를 지어 각기 흩어졌다. 그러나 이들은 흩어질 적에도 온통 승리감으로 기세가 높았지 결코 패배하여 잔병殘兵으로 고향에 기어드는 모습이 아니었다. 앞에서는 칼춤을 추며 대열을 이끌었고 뒤에서는 농민군들이 〈검가劍歌〉를 부르며 뒤따르고 있었다."[168]

〈검가劍歌〉

청의장삼靑衣長衫 용호장龍虎將이 여차여차 우여차라
시호時好 시호 이내 시호 부재래지시호不再來之時好로다
만세일지萬世一至 장부로서 5만년지시호五萬年之時好로다
용천검龍泉劍 드는 칼 아니쓰고 어이하랴
무수장삼舞袖長衫 떨쳐입고 이 칼 저 칼 넌짓 들어
호호막막浩浩漠漠 넓은 천지 일신一身을 비껴서서
칼 노래 한 곡조로 시호 시호 불러내니
용천검 날랜 칼은 일월을 희롱한다
계운桂雲은 무수장삼 우주를 덮었어라

168 이이화, 앞의 책, 1992, 340쪽.

자고병장 어디있나 장부당전丈夫當前 무장사無壯士라
좋을시고 좋을시고 이내 시호 좋을시고
태평가를 불러내어 시호 시호 득의得意로다
왈이曰爾 동방 제자들아 너도 득의 나도 득의
우리집도 득의로다.[169]

169 《한국 민중운동사 자료대계 : 동학서》, 여강출판사, 1985.

관민 합작의 폐정개혁 기관으로

　각 군현에 설치된 집강소는 '관민 합작'의 성격을 띠고 있었다. 전봉준이 전라관찰사 김학진의 초청으로 전주 감영에 들어가서 '관민상화지책官民相和之策'을 논의할 때에 각 군현에 집강소를 설치하기로 합의했던 것이다.

　집강소가 순전히 전봉준의 제의로 설치한 동학농민군 자치기관인가, 관민 합의에 따른 합작기관인가는 논란의 여지가 없지 않다.

　동학농민군에서 제안하여 설치한 것을 관에서 동학농민군의 협력을 얻고자 사후에 추인했다는 주장이 설득력이 있다고 본다. 다음과 같은 신용하의 주장을 덧붙인다.

　1. 집강소설치와 관련하여 5월 7일 '전주화약'에서 전라관찰사와 농민군이 합의한 것은 동학농민군이 전주를 관군에 내어주고 자진 해산하여 각각 자기의

출신지역에 돌아가는 대신 동학농민군은 '면리집강
面里執綱'을 임명하여 관변측이 폐정개혁을 단행하
는 것을 지켜보기로 한 것인데,

2. 5월 8일부터 동학농민군은 귀향하자 무기를 풀고
농민군을 해산한 것이 아니라 무장한 채 농민군을
그대로 유지하면서 제1차 농민전쟁 때의 농민군의
'군郡' 수준의 '집강' 임명의 예에 따라 전라도의 다
수 지역에 '군집강소'를 설치했으며,

3. 농민군측과 양반관료 사이의 대립과 투쟁이 격화되
고 첨예화되자 6월에 전라감영에 초청하여 관민상
화지책을 의논한 결과 전봉준 측의 제의에 따라 이
미 다수 설치된 '군집강소'를 사후적으로 추인하여
합법화시켜주고 도내 행정의 질서를 수립하는데 동
학농민군의 협력을 얻으려고 했다는 사실이다.[170]

170 신용하, 앞의 책, 1993, 183쪽.

농민군의 행패도 심해져

동학농민군이 자치 권력을 행사하면서 여러 가지 행패가 나타나고, 감정에 치우친 공무집행이 이루어지는 경우도 적지 않았다. 양반들을 잡아다 형벌을 가하면 그들이 재물을 갖다 바치기도 하고, 이들 중에는 시세에 편승하여 동학에 입도하는 자들도 생겼다.

동학농민군들은 떼를 지어 무기를 들고 마을을 활보하면서 부잣집을 털기도 하고 여인들을 겁탈하여 비난을 사기도 했다. 심지어 양반집 처자를 끌어내어 장가를 드는 농민군도 있었다.

양반집에 딸이 있으면 수건을 문에 걸어두고 납폐納幣라고 했다. 한번 수건을 걸어놓으면 처녀집에서는 감히 다른 데로 시집보내지 못했기에 이를 늑혼勒婚(강제로 혼인을 맺는 것)이라 했다. 이에 딸이 있는 사족과 향품鄕品(지방의 일을 보는 향청의 소임)·필서匹庶(일반 여염집을 일컬음)는 늑혼을 피해 매파를 기다리지 않고 택일도 하지 않고 각각 끼리끼리 귓속말로 약속하여 물을 소반 위에 올려 놓고 손을 끌어 초례를 올렸다.

그리고 촛불을 들고 곧바로 신랑집으로 갔다. 시끄럽기가 미치광이 같아 민간에서는 이를 3일혼이라 했다. 오늘 맞대어 약속하고 명일 초례를 치르고 또 그 다음날 신랑집으로 갔다. 그래서 열네 살 이상의 처녀는 안방에 없었다.

동짓달이 끝날 쯤에는 이들이 늑혼을 하고자 해도 처녀들이 모두 젖내 나는 어린이들로 머리를 틀고 비녀를 꽂고 있어서 이들이 안방을 엿보고 웃거나 욕을 해댔다.[171]

동학농민혁명 시기에 이를 지켜보면서 일기를 쓴 사람이 있었다. 다음은 이 '일기'에 나타난 당시의 상황과 농민군·관군의 행패에 대한 기록이다.

7월 14일
동네 여러 사람과 같이 민간 보루民間堡壘를 구경하다.
한 달 동안에 인심세태人心世態가 전일과 크게 달라져 관아官衙 안에서 잡기雜技가 어지러이 일어나도 목사가

111111 **171** 《梧下記聞》(이이화, 앞의 책, 1992에서 재인용).

막지를 못한다. 성내에는 동학무리가 1000여 명이나 있는데 그들이 성명하기를, 앞으로 왜놈이 도처에 가득 찰 것이라고 하여 이 근처에는 동네마다 곳곳에 보루를 쌓고 있으며, 이 동네에도 북산北山 위에 보루를 쌓았다고 한다. 그 산은 높고 험준하여 한 사람이 창을 메고 있으면 만 명이 당할 수 없다고 한다.

처음에 임금이 초토사 홍계훈을 전주에 보내어 동학을 치게 하였다. 초토사가 동학군 속에 몰래 세작細作을 보냈는데 동학 우두머리가 갑자기 명령을 내려 모든 군사들이 황건黃巾을 쓰도록 하였다. 그러자 모두 황건을 썼는데 세작은 황건이 없어 쓰지 못했다. 우두머리가 말하기를 "너의 주장主將에게 가서 다시는 간사한 꾀를 쓰지 말라고 하라" 하였다.

그 뒤 초토사가 세작에게 황건을 주어 다시 보냈다. 우두머리는 또 명령을 내려 모든 군사는 청건靑巾을 쓰라고 했다. 그러자 모두 청건을 썼는데, 세작은 청건이 없어 또 드러나게 되었다. 우두머리가 말하기를 "내가 너를 죽이지 않을 터이니, 돌아가서 너의 주장에게 병서를 더 읽고 오라고 하여라" 했다.

초토사는 다른 계책을 써서 토평討平은 했으나 마침내 우두머리는 놓치고 말았다. 구렁에 있는 죽은 사람의 머리를 몰래 가지고 와서 우두머리를 베었다고 거짓 장계狀啓를 올렸다.

병정들은 부인들을 강간하고 재화를 약탈하여 허리에 차고 상경하였다. 그러므로 전라도 전체가 먼저는 도적에게 약탈당하고 뒤에는 서울 병정에게 약탈당하여 재화가 비로 쓴 듯이 없어졌다. 그로 인하여 씨를 뿌리지도 못하고 양민이 다 도적이 되어 잠식蠶食하며 올라온다고 한다.[172]

7월 23일

동학도가 신당시新塘市에 모이다.

이때에 동학이 크게 일어나자 시골에 사는 백성은 거의 모두가 동학에 들어가 원수도 갚고 돈도 징발하는 등 마음대로 하였는데, 심한 사람은 남의 불알까지 뽑아놓았다. 그들은 기거 동작과 사물을 응접함에 있어서 매번 하늘에 고한다. 심지어 기침과 대소변 등의 사소한 일에도 다 하늘에 고한다. 혹 기술을 쓸 때에는 주문을 외우며, 또 잘 뛰어 마치 개구리와 같다. 가장 장관은 강신降神이란 것으로, 허리 밑에는 모두 신에게 바치는 전내패奠乃牌란 것을 차고 있다. 신입자는 반드시 폐백을 가져가야 하며, 서로 부를 때에는 반드시 접장接長 또는 도인道人이라고 한다.

172 이면재, 〈1894년(갑오) 일기〉, 《의병운동사적》, 이구영 편역주, 현대실학사, 2002.

접주接主 아래 육임방六任方을 두었는데 방方마다 다 같다. 그 제자가 선생에게 "이것을 하면 어떻게 됩니까?" 물으면 선생은 "한 집을 보전할 수 있다"고 대답한다. "다만 오래오래 뛰는 것이 기술입니까?"하고 물으면 선생은 "초학문을 익히고 엽등獵等을 말라. 뒤에 다섯가지 기술이 있으니 차차 가르쳐 주마"고 대답한다.

이렇게 어리석은 백성을 선동하여 산내·성내城內·성외城外에 무릇 6000명이나 모였다. 말하자면 중국 한말漢末의 장각張角·장로張魯 같은 무리들이다.

이날 300명이 신당시에 모였는데, 마을 사람들은 감히 우러러보지도 못하고 다 죽은 듯이 엎드려 있었다. 어떤 사람이 그들에게 재미가 어떠냐고 묻자 전연 재미가 없다고 하며, 또 기술을 몇 가지나 배웠느냐고 물으니 "아직 배우지도 못하고 보지도 못했다. 다만 선생이 이르기를, 먼저 다섯 가지 기술을 배운 뒤 다른 기술을 배운다고 하는데 어떤 기술인지 모르겠다"고 한다. 대개 동학에 모인 사람들은 부유한 자는 재물을 바치고 가난한 자는 얻어먹는다고 한다.[173]

---

173 이면재, 앞의 글, 357쪽.

남원에서 집강소 설치 단합대회

7월 15일 남원에서 동학농민혁명군 대회가 열렸다. 전라도 50여 고을에 집강소가 설치된 뒤에 이들의 사기진작과 폐정개혁의 추진, 그리고 작폐의 시정을 위해서 일종의 단합대회를 연 것이다. 수만 명이 모인 대규모 집회였다. 봉기 이래 남원집회처럼 많은 농민군이 참가한 것은 드문 일이었다.

이 대회의 소식을 들은 김학진은 새로운 결심을 하게 된다. 당시 김학진은 경복궁 쿠데타와 친일 개화정권이 들어섰다는 소식을 접하고 있었다. 남원에 군관 송인회宋寅會를 보내 "같이 국난을 짊어지기로 약속하고 도인을 거느리고 함께 전주를 지키자"는 내용의 글과 함께 전봉준 등 농민군 지도자를 만나자고 제의해왔다.

전봉준은 김개남에게 이 사실을 알리고 함께 가기를 청했으나 김개남은 이를 거절했다. 그리하여 전봉준은 최경선 등 40여 명과 함께 전주로 가서 김학진을 만났다.

375

김학진과 담판 끝에 수성守城의 임무를 맡기로 하고 전라도 감사로부터 전라도의 행정권을 이양받았다. 이때 김학진의 이름으로 전라도 53주에 공문을 보내어, 농민군은 무기를 반납하고 수령은 동학도의 금압을 일체 중지하되 잘못된 일이 있으면 집강에 알려 잡아들이라고 명령했다.

이로써 전봉준은 선화당에 자리잡고 일도를 호령하였으며 모든 권한은 그의 손에서 나왔다.[174]

▨▨▨ **174** 이이화, 앞의 책, 1992, 345쪽.

비무장으로 나주성에 들어가 담판

　전라도 대부분의 군현에 집강소가 설치되었지만, 나주·남원·운봉이 마지막까지 동학농민군에게 항거하며 집강소 설치를 거부하고 있었다. 전봉준은 지도부 회의를 거쳐 이를 징벌하기로 결정하였다. 그래서 최경선은 나주, 김개남은 남원, 김봉득은 운봉을 각각 징벌하도록 하고 군사를 이끌고 공격에 나섰다. 그러나 나주목사 민종렬이 읍내 백성들을 동원하여 성을 굳게 지키고 응전하지 않으므로 나주에서는 쉽게 접전이 이루어지지 않았다.

　나주성은 서북쪽은 큰 산으로 둘러싸이고 동남쪽으로 큰 강이 성을 끼고 돌아가는 요새지였다. 피아 간에 대치한 채 여러 날이 지나도록 동학농민군은 성을 함락할 수 없었다. 몇 차례 국지전이 벌어졌지만 동학농민군의 적지 않은 희생에도 불구하고 성을 함락하지 못하였다. 전라도에서 마지막까지 버티던 남원과 운봉도 마침내 농민군의 수중으로 떨어져

평온을 되찾았는데 유독 나주성만이 끝까지 버티고 있었다.

　나주성의 공방이 장기화하면서 전봉준은 관찰사 김학진을 만나 나주성의 귀순문제를 논의하였다. 그리고 8월 중순에 직접 나주성을 방문하였다. 다음은 전봉준의 나주성 방문에 관한 기록이다.

　8월 13일 전봉준은 부하 십수 인을 거느리고 무장을 하지 않은 채 서문 밖에 와서, "나는 전라감영의 문첩(공문)을 가지고 영리營吏와 비밀히 왔으니 성문을 열어 민태수와 만나게 하라."

　목사 민종렬과의 면담을 요구했다. 그는 감사 김학진의 공문과 영리의 안내를 받아 몇 명 수종자를 데리고 나주성을 방문했던 것이다. 그러나 전봉준은 민종렬과의 협상에 실패하고 성내에서 이날 밤을 지내고 돌아왔다.

　전봉준이 성내에서 하루밤을 지낸 다음날 아침이었다. 수성 장령將領들이 모여 전봉준이 성밖으로 나가면 뒤에서 총을 쏘아 이를 없애자는 것이었다. 그런데 전봉준은 출발에 앞서 수성 장령을 불러놓고, 난데없이 그들이 입고 온 복장 10여 벌을 벗어 내놓으며 말했다.

　"이는 내 수종들이 입고 온 복장이다. 두어 달 동안의 더위와 장마에 돌아다닌 결과 땀과 때로 이렇게 더러워졌으니 그대들이 싹 빨래를 시켜서, 내가 이길로 영암에 내려갔다가 3, 4일 후 반드시 올 것이니 그때 옷을 바꿔 입게끔 수고를 사양치 않고 해주면 고맙겠다."

전봉준의 말을 들은 수성 장령들은 그때에 가서도 늦지 않은 일(전봉준 제거)이라 생각하고 전봉준을 무사히 보내주었다.[175]

전봉준이 나주성을 점령하는 데는 실패했지만 달리 효과는 많았다. 나주목사나 장령들은 전봉준의 대담성과 기품을 보고 놀라움을 금치 못하였다. "목사는 전全 대장의 기품을 보고 또 그 언사를 듣자 간담이 서늘하고 말문이 막혀 감히 한마디도 할 수 없었다. 오직 고개를 숙이고 전후사유前後事由를 듣기를 청할 뿐이었다."[176]

생명을 걸고 싸우는 전쟁터였다. 전봉준은 상대의 적진을 향해 무장을 하지 않은 채 유유히 방문하고, 그곳에서 하룻밤을 묵고 나왔다. 이런 정도의 배포와 담력은 보통사람은 감히 흉내내기도 어려운 행동이었다.

국내 정세는 긴박하게 변하고 있었다. '전주화약'으로 동학농민군이 전주성에서 철수를 했는데도 불구하고 일본군은 5월 13일 육군 소장 오시마 요시마사가 보병 3000명과 기병 300명을 이끌고 인천에 상륙하고, 5월 23일에는 일본공사가

175 〈謙山遺稿(甲)〉,《錦城正義錄》(최현식, 앞의 책, 121~122쪽에서 재인용).
176 오지영, 앞의 책.

광무황제에게 내정개혁을 요구하고 나섰다. 일본은 이처럼 무력을 배경으로 한국의 내정을 간섭하기 시작했다. 6월 21일 일본군이 경복궁을 침입하는 갑오변란을 일으키고, 6월 23일 에는 일본 군함이 풍도 앞바다에서 청국 군함을 격침시킴으로써 청일전쟁의 도화선이 되었다.

일본군의 경복궁 침입 사건은 조선의 조야는 물론 전봉준에게도 큰 충격을 안겨주었다. 전봉준이 우려하던 사태가 드디어 현실로 나타난 것이다. 전봉준은 전라감사 김학진의 요청에 따라 국난을 타개하고 국가에 보답하겠다는 생각으로 전주를 방문하여 다시 회담을 가졌다. 김학진과 제2차 회담인 셈이다. 이 회담에서 '관민상화지책'이 다시 한번 논의되고 집강소의 기능을 강화하는 데 합의하였다.

집강소의 기능을 강화함으로써 어지러운 치안을 유지하고, 일부 농민군이 저지르고 패악을 징치할 수 있었다. 또 동학농민군은 이를 통해 자신들의 폐정개혁을 적극적으로 시행하고자 하였다.

전봉준은 7월 6일부터 8일까지 전주 읍양정에 머물면서 김학진과 더불어 국난극복과 치안확보를 위해 집강소의 기능을 강화하는 문제를 논의하였다. 이에 따라 전봉준은 '좌우도左右道 도집강都執綱'의 명의로 합의된 명령을 하달하였다. 다음은 무주집강소에 보낸 공문이다.

무주집강소

이제 왜구가 궁궐을 침범하여 군부君父가 욕보시니, 우리들은 마땅히 삼기 죽음에 나가니 전 원수 나라가 청나라 군대와 더불어 서로 적이 되어 그 선봉이 매우 날카롭습니다. 지금 만약 허둥지둥 다투어 겨루면 그 화가 종묘와 사직에 미치게 될까를 헤아릴 수 없어, 물러나 숨어서 그때의 형세를 보고 난 후에 그 세력을 격려하고 그 계획을 성취함으로써 아주 안전하게 하는 꾀로 삼음만 같지 못합니다.

통문을 보내기를 바라고 기다리며 경내의 각 접주들과 여러 면으로 헤아리고 의논해서 각각 그 업에 안심토록 하십시오. 경내에서 민심을 선동하는 부류를 전부 금하여 마을을 마음대로 돌아다니며 소동에 이르지 못하게 하십시오.

이와 같기를 간절히 바라서 거듭 타이른 후에도 이 폐단이 뉘우쳐 고쳐지지 않으면 해당 집강이 감영에 보고하여 엄하게 결단을 내려 처분하여 용서하지 말며 해당 접인接人으로 금한 것을 범한 자는 마땅히 용서치 않는 죄를 시행하십시오. 들뜨지 마시고, 들뜨지 마십시오.

갑오 7월 17일
좌우도 도집강[177]

177 이복영, 앞의 글, 61~62쪽.

호남의 통치자로 나서 활동

　전봉준은 나주에서 돌아오는 길에 남원에서 웅거하고 있는 김개남을 만났다. 이 자리에는 손화중도 참석하였다. 세 사람은 동학농민군의 최고 수장급이었다. 그동안 각각 역할이 달라서 자주 상봉하지 못하다가 남원에서 만난 것이다. 전라도 50여 개 군현에 집강소가 설치되어 폐정개혁이 단행되고 있었지만, 국가적으로는 일본의 국정 농락과 청일전쟁의 발발로 어려운 처지에 놓여 있었다. 다음은 세 사람이 나눈 대화의 한 대목이다.

전봉준　지금 시세를 보니 왜와 청나라가 싸워 그곳에서 이기게 되면 반드시 군사를 우리 쪽으로 돌릴 것이다. 우리 붙이가 비록 많으나 오합지졸이어서 쉽게 흩어져 끝내 이 때문에 뜻을 얻지 못할 것이다. 그러니 귀화를 핑계대어 고을에 흩어져 있다가 서서히 그 추이를 살피는 것만 같지 못할 것이다.

김개남 한 번 해산하면 큰 무리를 다시 모으기가 어렵다.

손화중 우리들이 일을 일으킨 지 반 년이 되어 비록 한 도가 호응했다지만 명망 있는 사족들이 따르지 않고 재산가들이 따르지 않고 글 잘하는 선비가 따르지 않는다. 함께 접장이라 부르는 자들은 어리석은 천인으로 화를 즐기고 도적질을 좋아하는 무리들뿐이다. 인심의 향배를 시험해보니 일이 반드시 이루어지지 않을 듯하다. 사방으로 흩어져서 목숨이나 온전히 도모함이 좋을 것이다.[178]

세 사람의 정세판단과 시국관에 상당한 차이가 있었음을 보여준다. 전봉준은 '전술적 해산'을, 김개남은 '강행'을, 손화중은 '해산'을 주장하고 있다. 3인 수뇌의 발언에서 나타나고 있듯이, 이 무렵에는 동학농민군의 위상과 진로가 상당히 어려운 처지에 놓여 있었음을 말해준다.

국내외 정세의 급변에도 불구하고 집강소를 중심으로 하는 동학농민군의 폐정개혁은 착실하게 진행되고 있었다. 오지영의 다음과 같은 증언에서도 집강소 역할의 일면을 찾을 수 있다.

---

178 《梧下記聞》; 이이화, 앞의 글.

이때 전라도 53주에 골목마다 집강소가 아니 설립된 곳이 없이 일률—律로 다 되었었고 집강소 안에는 기천 명의 의군義軍이 호위를 하였고 행정에서는 집강이 주무主務로 10여 인의 의원이 있어 협의체로 조직되었고, 또 도집강 1인을 두어 전도全道의 대표가 되게 하였고 기왕에 있던 대소 관리들은 오직 사무 책임만을 맡게 하였고 집강소의 정강政綱은 이와 같다.[179]

집강소는 집강이 주무가 되어 10여 인의 의원이 참여하는 협의체 기구였음을 알 수 있다. 군 단위로 집강 1인을 두고, 면 단위로 의원 1인씩 참여하는 협의체였다. 뒷날 전봉준은 피체되어 일본인의 취조를 받는 과정에서, "국사를 들어 한 사람의 세력가에게 맡기는 것은 크게 폐해가 있는 것을 알기 때문에 몇 사람의 명사에게 협합協合해서 합의법合議法에 의해서 정치를 담당하게 할 생각이었다"[180]고, 정치체제의 일단을 밝혔다. 여기서 우리는 전봉준의 대의민주제적인 열린 의식과 집강소의 민주적 구성·운영을 볼 수 있다.

어느 측면에서 전봉준은 김학진과 '제휴'하고 있었다. 외국군이 들어오고, 특히 일본군이 경복궁을 점령하면서 친일 정권을 세우는 등 정세가 급변하고, 국운이 위태로워진 상황에서 두 사람은 봉기군과 토벌군 대장의 관계를 떠나 '국난

179 오지영, 앞의 책(초고본 3), 41~42쪽.
180 〈동학수령과 합의정치〉,《東京朝日新聞》, 1895년 3월 6일자.

극복'의 대의 아래 제휴하고 있었던 셈이다.

이러한 관점에서 볼 때 김학진의 인물됨이 보통이 아니었음을 알 수 있다. 뒷날 을시늑약에 도장을 찍은 역적 박제순이 전라감사로 발령을 받아 지휘권을 요구했을 때에도 그는 "동도(동학)도 머물고 있는데 만약 내가 하루라도 없으면 진정시켜 놓은 국면이 어그러져 앞에 세운 공이 모두 사라지고 후환이 두려워진다" 면서 이를 거절했을 만큼 그릇이 큰 인물이었다.

김학진의 이와 같은 인식과 협력으로 전봉준은 호남을 명실공히 장악하고 53개 군현을 통치하게 되었다. "공문서는 전봉준의 재가를 얻어 김학진의 이름으로 나갔고, 각 군의 집강에게 보내는 통문은 전봉준의 이름으로 띄워졌다." [181]

---

[181] 우윤, 앞의 책, 1993, 216쪽.

농민군 통치에 지도력 발휘

전봉준은 특유의 지도력을 발휘하여 농민군 통치의 새로운 차원을 열었다. 53개 군현에 공문을 보내 노략질과 토색질하는 무뢰잡배들의 난동을 금하고, 무기를 회수하는 등 민심수습에 박차를 가하였다. 이로써 농민군의 집강소 통치는 공식화되고 행정질서가 잡혀갔다.

이로부터 전라도 53주는 한 고을도 빠짐없이 모두 다 집강소가 설치되어 민간의 서정을 집행하게 되었다. 하지만 열두 가지 폐정개혁안을 실행하는 데는 어려움이 많았다.

한편으로는 관리의 문부文簿를 검열하며, 한편으로는 인민의 소장訴狀을 처리하며, 한편으로는 전도를 힘쓰며, 한편으로는 관민 간에 남은 군기와 마필을 거두어들이고 집강소의 호위군을 세우고 만일에 경계하였다. 이때에 전라도에는 청소년까지도 거의 모두 도道에 들어 접을 조직하게 되었다.

이러한 기세에 따라 부랑자들이 한데 섞여 들어온 것도 물론 많았으며 그로 인하여 온갖 부도불법한 일이 많이 생긴 것도 면치 못할 일이었다. 이로부터 세상사람의 동학군 비평은 자못 분분하였다.

동학군은 귀천빈부의 차별이 없다느니, 적서노주嫡庶奴主의 구별이 없다느니, 내외존비內外尊卑의 차별이 없다느니, 동학군은 국가의 역적이요, 유도儒道의 난적이요, 부자의 강적이요, 양반의 구적仇敵이요, 동학군의 눈 아래에는 정부도 없다고 하는 등 전라도 동학군의 기세는 날로 성하여 동으로 경상도가 흔들리고, 북으로 충청도·강원도·경기도·황해도·평안도까지 뻗쳐 들어가는 모양을 보고 조선에는 장차 큰 변란이 일어나고 말리라고 수군거렸다.[182]

군·읍의 집강소 위에는 전봉준이 전주에 대도소를 설치하여 전라우도의 집강소를 직접 지휘하고 김개남을 경유하여 전라좌도를 간접적으로 지휘하였다. 김개남은 남원에 대도소를 설치하고 전라좌도의 집강소를 직접 지휘하였다. 집강소 체제가 확립된 6월 이후에는 전라관찰사 김학진은 관찰

▨▨▨ **182** 오지영, 앞의 책.

사의 정무처인 선화당에서도 밀려나서 실질적으로 전봉준의 명령을 받는 처지에 놓였다.

집강소는 이와 같이 통치권력을 완전히 장악하자 1894년 5월부터 11월 말까지 약 7개월간 전라도 일대에서 탐관오리 처벌 및 가렴주구 폐지뿐 아니라 사회신분제 폐지와 신분해방 및 지주제도개혁 등 봉건적 구체제를 근본적으로 무너뜨리고 농민들이 원하는 농민적 민족주의와 농민적 민주주의의 신체제를 수립하려는 농민통치를 과감히 단행한 것이었다.[183]

집강소의 단계별 변화를 도표로 정리하면 다음과 같다.

집강소의 단계별 변화[184]

단계	시점	계기	변화내용
1	5월 8일	전주화약의 성립	집강소의 설치 및 확산
2	6월(초순)	김학진과 전봉준의 (제1차)전주감영회담	집강소에 대한 정부의 공인
3	7월 6일~8일	김학진과 전봉준의 (제2차)전주감영회담	집강소의 기능강화 : 치안유지 담당
4	9월 3일 이후	대원군의 요유문과 밀사의 도착	전주대도소의 철수, 제2차 봉기 이후 전투수행에 중추적 역할

■■■■ **183** 신용하, 앞의 책, 1993, 207쪽.
■■■■ **184** 노용필, 〈동학사와 집강소연구〉, 국학자료원, 2001, 210쪽.

호남에 집강소가 설치되어 농민군이 직접 통치의 주체가 되면서 동학농민혁명의 기세는 전국으로 확대되었다. 집강소의 폐정개혁이 어느 정도로 실시되었는지는 가늠하기가 쉽지 않다. 짧은 기간에 많은 성과를 기대하기란 어렵다. 하지만 동학농민혁명군의 집강소 운영으로 경상도 일대가 움직이고 곧 충청도·강원도에 이어 경기·황해·평안도로 확대되어 동학의 세력이 미치지 않는 곳이 없게 되었다. 조선 천지는 동학농민혁명의 거센 불길에 휩싸이고 있었다.

제 15 장

2차 봉기, 일본군을 박멸하라

가슴에 상처를 안고 사는 사람은 아름답다
그대 내면이 아픔으로 꽉 차서
바람이 불어오는 쪽을 향하여 선 사람이여.

– 이시영, 〈비밀〉

삼례에서 남북접 재봉기 합의

　동학농민군의 제2차 봉기는 그동안 방관 또는 적대시해 오던 북접 측이 적극적으로 협력하고 나오면서 더욱 활기를 띠고 준비되었다. 9월 12일(음력)과 13일에는 충청도 삼례에 서 동학농민군의 재기 문제를 둘러싸고 남북접 고위 회담이 열렸다.

　이 회담에서 북접은 자신들이 기왕에 일반 교도들에게 배 포한 남접 배척의 서한을 내놓았다. "도道로써 난亂을 지음은 불가한 일이다. 호남의 전봉준과 호서의 서장옥은 국가의 역 적이요, 사문師門의 난적이다. 우리는 빨리 모여 이를 공격하 자"[185]는 내용이었다. 그러나 이 회담은 오지영의 설득으로 양측의 견해가 조정되어 연합전선을 펴기로 합의가 이루어 졌다. 동학농민혁명사에서 획기적인 일대 '사건'이었다.

185　오지영, 앞의 책.

삼례는 호남에서 서울로 통하는 교통의 요충지이다. 서울로 진격하기 위해서 동학의 두 세력 지도부는 이곳에서 공동으로 일본 침략군을 토멸할 것에 뜻을 같이한 것이다. 전봉준은 피체된 뒤 법정 공초에서 삼례를 택한 이유를, "이곳은 도로가 4통에 겸하여 역촌驛村이 있기 때문"이라고 진술한 바 있다. 삼례는 그만큼 교통과 군사동원에 용이한 곳이었다.

삼례 회담에서 남접이 무장재봉기론을 제기한 데 비해 북접은 여전히 화평론을 펴서 한때 결렬 위기에 놓이기도 하였다. 그러나 왜군의 침입으로 국가안위가 위태로운 터에 더 이상 논쟁으로 시간을 지체할 수 없다는 이유로 재봉기는 불가피한 목표가 되었다. 전주에서 공주를 거쳐 서울로 진격하기로 전격적인 합의가 이루어졌다.

전봉준의 지도로 동학농민군이 봉기하자 북접은 처음부터 '무위이화無爲以化'라는 종교적 입장을 견지하면서 이를 반대하였다. 심지어 북접 일각에서는 남접을 치려는 논의가 일고 공격 계획까지 수립하였다. 북접이란 호칭은 최제우 생시에 그가 사는 곳에서 최시형이 사는 곳이 북쪽이라 하여 그렇게 불렀다. 동학농민혁명 과정에서는 충청도 지역을 북접, 전라도 지역을 남접이라 부르기도 하였다.

북접은 주로 부농층을 기반으로 하면서, 1892년 삼남지방에서 동학교도에 대한 박해가 심해지자 그해 11월 삼례에서 서병학·서인주를 중심으로 교조 최제우를 신원해달라는 교조신원운동을 전개하였다. 이듬해 2월에는 청주에 봉소도소

奉疏都所를 정하고 상소운동을 시작하여 손병희·김연국·손천민·박인호 등이 서울 광화문 앞에서 상소를 올렸다. 이 상소도 받아들여지지 않자 3월 10일부터 충청도 보은에서 삼남지역의 각 포와 접을 단위로 동학조직을 동원하여 대규모의 시위집회를 개최하였다. 그러나 보은집회는 정부의 효유曉諭로 10여 일 만에 해산되고 말았다.

북접은 1894년 초 남접 중심으로 동학농민혁명이 발발하자 교도들의 무장봉기는 교단의 뜻이 아니라는 점을 분명히 하였다. 2대 교주 최시형은 〈통유문通諭文〉과 11개조의 근신조목謹愼條目을 전국 교도들에게 보내어 교도들이 근신할 것을 당부하였다.

통유문

하늘이 대운大運을 내리사 사람에게 이 법을 가르친 바는 대개 세상으로 선善에 나아가며 복리에 취就하여 더욱 지선至善의 경계에 정진하기를 위함이니 이제 도인道人된 자 도를 빙자하여 속인을 능멸하여 많은 비법非法을 행하니 이 어찌 정도를 지키는 자의 소위리요.

심하여는 도로써 도를 행하여 강포强包는 위협을 주로 함에 약포弱包는 지지하기 어렵고 패류悖類 악을 빙자하게 함에 선류善類 도리어 안보安保키 어려우니 슬프다. 지도자의 소위가 도리어 타인만 같지 못하니 가히 탄식할 일이로다.

맹자 가로되 짐승이 상식常食함도 또한 사람이 미워한다 하였거늘 하물며 사람과 사람이 상식하는 지경에 이르니 금수와 상위相違가 없도다.

오등이 이제 30년 도산검수중刀山劍水中에서 간험艱險을 비상備嘗하고 겁회劫灰를 재탈하고자 할 차제에 호월胡越의 동가同家를 보지 못하고 도리어 형제의 진벽을 일삼으니 경훈經訓에 이른바 불면不面의 치恥요 다수의 고故 이로다. 이로써 불녕不佞이 누차 통유하였으나 방금 대란大亂 중에 특효가 없음을 보아 차라리 무언코자 하였으나, 그러나 만의 일이라도 사문전발師門傳鉢의 은혜를 갚기 위하여 영우靈友의 부승지재負乘之災를 차마 이기지 못하여 이에 11조를 정하여 각 포에 펴보니 추요芻蕘의 말로 버리지 말고 길이 금석金石의 전典으로 삼아 어기지 말라.

1. 각 포 사무는 마땅히 해 주사主司 및 주관主管의 말을 따를 것.
2. 수신행사修身行事는 반드시 충효로써 본을 삼고 집에서 일할 때에는 오로지 밭 갈고 책 읽는 데 힘쓸 것.
3. 인총人塚을 늑굴勒掘하고 전재錢財를 강탈하는 자는 도법에 의하여 죄를 가할 것.
4. 각 포 교도가 시당호세恃黨怙勢하여 재물을 범하는 자는 엄하게 징벌할 것.
5. 모갑某甲을 물론하고 구근久近의 채장債帳은 절대로

간섭하지 말 것.

6. 각 포 교도가 혹 침륵侵勒하여 폐가 있으면 법소法所에 치보馳報할 것.

7. 각 포 교도가 법소·포덕소布德所·문빙文憑을 가지지 않고 자의로 취당聚黨하는 자는 제안除案할 것.

8. 무리하게 상호 구타하는 자는 동문 교우에게 명고鳴鼓하여 각 포에 회사할 것.

9. 후주酗酒 도기편재賭技騙財는 결코 도인의 행위가 아니니 범하면 제안할 것.

10. 관의 명령에 복종하도록 힘쓰고 공세公稅를 납부하여 영읍사營邑事에 획죄獲罪하지 말 것.

11. 각 포 사무는 거세巨細를 물론하고 포덕소 지유指諭를 봉행할 것.[186]

이 〈통유문〉에서 교주 최시형을 비롯하여 북접 상층부의 남접에 대한 인식과 동학농민혁명 발발에 대한 태도, 정부에 대한 타협주의노선 등을 알 수 있다.

이에 비해 남접은 철저한 정치적 개혁성을 지향하였다. 서장옥徐璋玉을 중심으로 그의 제자이면서 동지인 전봉준·김개남·손화중 등이 최시형과 분리하여 남접을 창도하고, 반봉건·반외세·반정부 투쟁에 나섰다. 북접이 주로 부농

---
186 오지영, 앞의 책.

층을 기반으로 했다면 남접은 농촌사회의 붕괴과정에서 몰락한 농민·천민·노동자·영세상인·몰락농민이 중심을 이루었다.

폐정개혁에서 반외세투쟁으로

　남북접 사이는 노선이 다르고 출신배경이 달라서 대립과 갈등의 양상을 보이다가 제2차 봉기를 계기로 연합전선을 형성하여 일본군의 침략에 맞서게 되었다. 북접이 연합전선을 수용하게 된 데는 그럴 만한 이유가 있었다. 무엇보다 외세의 침략으로 국운이 위기에 놓이게 되고, 교조 최제우의 신원도 이루어지지 못한 채 동학이 불법화되어 더 이상 온건노선이 설 땅을 잃게 되었다. 또 조정이나 관군 쪽에서는 남북접을 가리지 않고 탄압하여 북접 인사들의 감정이 크게 고조되었다.

　전봉준은 집강소를 통해 폐정개혁을 지도하고 정세를 관망하면서 향후 대책을 준비하고 있었다. 일본군이 경복궁을 침범하여 민씨 정권을 몰아내고 대원군을 내세워 친일 정권을 세웠다는 소식을 듣고는 더 이상 머뭇거리고 있을 수가 없었다.

그는 동학군이 이제 다시 일어나야 할 목표는 민씨 정권의 타도나 내정의 개혁이 아니고, 바로 일본군의 축출이어야 한다고 믿었다. 후일 붙들려서 재판을 받을 때, 그는 공술에서 동학군 재봉기의 동기를 다음과 같이 분명히 토로하고 있다―"일본이 개화라고 일컬어 애초부터 일언반사도 없이 민간에 전포하고, 한편으로 격서도 없이 솔병率兵하고 도성으로 들어와 야반에 왕궁을 격파하여 주상을 경동케 하였다고 하기에, 초야의 토민들이 충군애국의 마음으로 강개하지 않을 수 없어 의려義旅를 규합하여 일인과 접전하게 되었다."[187]

집강소에서 정세를 관망하고 있던 전봉준은 항일구국의 투쟁에 나서기로 결심하였다. 그는 추수기가 끝나기를 기다려 거병하기로 하고 각처의 동학접주에게 통문을 내어 국토와 국권을 유린하는 일본군과 항전하여 봉기할 것을 촉구하였다.[188]

일본군은 6월 21일(음력) 자정 동소문에 불을 지르고 경복궁에 침입하여 왕을 연금하고 운현궁으로 몰려가 대원군을 강제로 입궐시켰다. 고종을 협박하여 모든 정무를 대원군에게 맡긴다는 교서를 받아냈다. 그리고 친청파 대신들을 섬으

187 〈전봉준공초〉.
188 한우근, 앞의 책, 144쪽.

로 유배하고 친일내각을 발족하였다. 일본군은 남산의 왜성대에 대포 6문을 설치하고 종로에도 포대를 만들어 시민들을 위협, 공포분위기를 조성하고, 용산에 군영을 설치하였다. 이때 일본군이 설치한 용산의 외국군 기지는 최근까지 미군 기지로 이용돼왔다.

일본군은 정부에 내정개혁안 20개조를 제시했는데, 그중에는 "각 아문은 정교하고 숙달한 고문관을 외국에서 초빙하여 채용할 것"이라는 조항을 두어 일본인의 내정개입을 법제화하는 치밀함을 드러냈다. 뒷날 '고문정치'의 근거를 마련한 것이다.

정부는 친일내각으로 바뀌고 일본군은 황실을 보호하고 정국을 안정시킨다는 구실로 동학농민군의 학살을 자행하였다. 한편 정부를 장악한 일본은 7월 26일 친일정부를 상대로 '양국맹약'을 맺었다. 그 내용은 청일전쟁에서 조선이 일본군에 협력하고 일본군에 필요한 모든 편의를 제공한다는 것이다. 농민군이 재봉기하면 일본군이 관군과 협력하여 이를 '토벌'한다는 내용도 들었다. 이로써 종주권이 청국에서 일본으로 바뀌는 계기가 되고, 일제의 침탈이 본격화하였다.

전국 각처에서 동학농민군이 속속 일어났다. 전봉준은 전주에서, 손화중은 광주에서 일어나고, 경기도 죽산과 안성에서도 농민군이 궐기하였다. 이에 앞서 충청도에서는 4월에 회덕·진잠·목천에서, 6월 이후에는 홍성·공주·청주·보은·옥천·청주 등지에서 봉기하였다. 경기도에서는 7~8월에 남양만 · 죽산 · 안성 · 이천에서, 강원도에서는 같은 기간에 원주 · 영월 · 평창 · 정선에서, 경상도에서는 대구 · 진주 · 사천 · 곤양 · 합천 · 신영 · 경주 · 황간 · 의흥 · 성주 지방에서 동학농민군이 봉기하고 예천에서는 농민군이 한때 관아를 점령하였다. 이 시기에 일본군은 관군과 협동으로 동학농민군 학살전을 펴서 전국 각처에서 수많은 동학농민군이 학살되었다. 9월 재봉기 때의 동학군 진용과 군세는 다음과 같다.

9월 재봉기 동학군 진용과 군세[189]

지 명	주 도 인 물	군 세
전 주	최대봉 · 강수한	5000명
고 창	임천서 · 임형로	5000명
태 인	최경선	7000명
남 원	김개남	10000명
금 구	김봉덕	5000명
함 열	유한필	2000명
무 장	송경찬 · 송문수 · 강경중	7000명
영 광	오하영 · 오시영	1000명
정 읍	손여옥 · 차치구	5000명
김 제	김봉년	4000명
고 부	정일서 · 김도삼	6000명
삼 례	송희옥	5000명

189 오지영, 앞의 책.

지명	주도인물	군세
순 창	오동호	1500명
원 평	송태섭	7000명
장 흥	이방언	5000명
해 남	김병태	3000명
무 안	백규인	2000명
장 성	기우선	1000명
나 주	오권선	3000명
함 평	이○○	1000명
흥 덕	고영숙	2000명
순 천	박낙양	5000명
흥 양	유희도	3000명
보 성	문장형	3000명
광 주	박성동	4000명
임 실	이용거 · 이병용	3000명
담 양	김중화	3000명
총 계	35명	11만 5000명

전봉준은 이와 같은 상황에서 더 이상 방관만 하고 있을 수 없었다. 그래서 남북접 사이에서 비교적 중도의 위치에 있던 오지영을 최시형에게 보내어 타협의 길을 모색하게 하였다. 그리고 남북접 연합군의 편성을 이끌어냈다. 마침내 최시형은 각 두령들에게 교도들을 거느리고 청산靑山에 모이도록 하는 〈초유문招諭文〉을 반포하기에 이르렀다.

초유문

역경易經에 이르기를 큰 것은 건원乾元이라. 만물이 여기서 비롯하고, 곤원坤元에 이르러 만물이 자생資生하는데 인간은 그 사이에 있어서 만물의 영靈이 되었다. 아버지가 살리고 스승이 가르치고 임금이 기르니 그것은 보수報酬의 의에 있다. 생을 가지고 삼사三事의 도가 있는 것을 모르면 어찌 사람이라 하겠는가? 선사先師는 경신년에 명을 받아 창도하여 인류의 기강을 밝히고 장차 도탄에 빠진 영생을 구하고자 하다가, 도리어 위학僞學의 지목을 받아 조난귀천하여 아직도 그 설욕을 펴지 못한 것이 31년이라.

오직 하늘의 도움으로 이 도道가 끊어지지 않고 서로 심법心法으로 전하여 전국 교도가 수십 만 명에 달하게 되었거니와 망령되이 사은四恩의 보報를 생각하고 오로지 육적六賊의 욕欲을 섬기고 척화를 자칭하여 기식氣息이 다해 가나 전발傳鉢의 은혜를 생각하니 눈물이 옷깃을 적실 뿐이다.

생각다못하여 여기에 다시 통문을 내니 바라건대 여러분들은 이 늙은이의 마음을 이해하여 극기회집하여 성의를 다하여 하늘 아래 크게 부르짖어 선사의 숙원宿冤을 풀고 종국宗國의 급난에 다 같이 나아가기를 바라는 바이다.[190]

---

190 오지영, 앞의 책.

10만 대군, 출전의 깃발 들고

    북접의 동학교도에게 총진군의 나팔소리가 울렸다. 도처에서 동학농민군이 속속 모여들었다. 최시형의 명령과 함께 손병희·손천민·이종훈 등의 지휘 아래 북접 동학농민군은 관아를 습격하고 무기를 빼앗는 등 경기도 일원을 위협하였다. 9월 중순부터 10월 중순까지 한 달 동안 북접 산하의 동학농민군은 경기도 지방 대부분을 석권하고 충청도 보은으로 집결하였다.

    여기서 보은 수비대를 격파하고 부대를 둘로 나누어 1대는 영동·옥천으로부터 논산으로 직행하여 전봉준의 농민군과 만나고, 다른 1대는 회덕에 이르러 관군과 싸워 이들을 물리치고 논산에 도착하여 전봉준의 부대와 합세하였다.

    논산에 동학농민군의 대본영이 설치되고, 이곳에서 전봉준과 손병희가 만났다. 이제 논산의 대본영에서는 호남의 전봉준과 호서의 손병희가 서로 만나 형제의 의와 생사를 맹세하니, 전봉준은 형이 되고 손병희는 아우가 되었다. 이때 전봉준은 손병희에게 이렇게 말하였다.

> 내가 한갓 일이 중하고 급한 것만을 생각하고 급거히 일을 일으켜 수없는 민재民財와 생명을 없애고 형세 이에 이르렀으니 내 한 몸만은 이제라도 선후책을 강구하여 최후의 한 마음으로 공주를 직충하면 십분의 희망이 있으니 돌아보건대 호남인은 여러번 싸운 나머지 피곤하기가 저러하니 원컨대 기호의 도중道衆이 동심협력하여 대사를 형성하기 바란다.

이에 두 사람은 서로 손을 잡고 "일을 이루고 못 이루는 것은 운에 있는지라. 우리는 다만 하고 싶은 일을 할 수 있는 데까지 할 뿐"이라고 서로 약속하고 농민군을 호군犒軍하였다.

동학농민군의 재기는 호남 지방에서 먼저 일어나고 이제 여기에 호서 지방에서도 전면적으로 재기하였다. 각지에서 재기한 동학농민군은 세미稅米와 무기를 탈취하여 재방영병과 민보군民保軍의 반항을 격파하면서 공주를 목표로 그 세력을 집결하기 시작하였다.[191]

북접 산하에서 기포한 지역과 주요 인물은 다음과 같다.

---

191 김의환, 앞의 책, 222~223쪽.

북접 산하의 기포지명과 동학두령[192]

지 명	주 도 인 물
청 주	손천민 · 이용구
홍 주	김두열 · 한규한
보 은	김인국 · 황하일 · 권병덕
면 천	박희인
안 성	정경수 · 임병준
당 진	박용태 · 김현구
안 면 도	주병도
옥 천	정원준 · 강채서
수 원	김내현
이 천	김규석 · 김창진
여 주	임학선 · 홍병기
홍 천	심상현 · 차기석
서 산	박인호
공 주	김지택 · 배성천
신 창	김경삼
남 포	추용선
목 천	김복용 · 이회인
충 주	신재운
태 안	김동두
지 평	고재당
원 주	김태열
양 근	신재준
횡 성	윤면호

---

192 오지영, 앞의 책.

남북접 연합군이 편성되고 때를 맞춰 전국 각처에서 동학
농민군이 벌떼처럼 일어나자 전봉준은 자신감을 얻었다. 그
는 먼저 양호창의兩湖倡義 영수의 이름으로 충청감사 박제순
에게 격문을 보내어 투항을 권고하였다. 박제순은 나중에 을
사오적이 된 인물이다. 다음은 전봉준이 박제순에게 보낸 투
항격문이다.

박제순에 투항격문

일구日寇(왜구)가 구실을 만들어 동병動兵하여 우리 임
금님을 핍박하고 우리 국민을 어지럽게 함을 어찌 그대로
참을 수 있단 말이오. 옛날 임진왜란 병화 때에도 능침陵
寢을 파헤치고, 궁궐과 종묘를 불태우고, 군친君親을 욕보
이고, 인민을 살육한 것은 신민이 공분으로 천고千古에 잊
을 수 없는 한이었소. 초야의 필부매동匹夫昧童으로서 더
욱이 평민소부平民小夫의 몇 갑절이 아니겠소.

지금 조정의 대신은 망령되고 구차하게 생명을 유지하
여 위로는 군부君父를 위협하고 밑으로는 인민을 속여 왜
이倭夷(일본오랑캐)와 연결하여 삼남의 인민에게 원한을 사
며, 망령되게 친병親兵을 움직여 선왕의 적자赤子를 해하
게 하니, 참으로 그 무슨 뜻이오. 지금 나의 하는 바는 극
히 어려움을 알지마는, 그러나 일편단심 죽음을 각오하고
관철하려는 바요.

천하의 인신人臣으로 이심二心을 품은 자를 쓸어버려

서 선왕조 500년 동안의 유육遺育의 은혜를 갚으려는 것이니, 각하께서도 맹성하여 의로써 더불어 죽음을 각오한다면 천만다행이겠소.

일본군, 도처에서 동학농민군 학살

박제순은 전봉준이 바라는 그런 인물이 못되었다. 전봉준의 격문을 받고 '의로써 더불어 죽음을 각오'했다면 민족 만대에 '매국노'라는 오명은 남기지 않았을 것이다. 이 시기에 일본군은 경상도의 달성, 충청도의 충주, 강원도의 원주 등지에 군사령부를 설치하거나 군대를 주둔시키면서 본격적으로 동학농민군 학살작전을 벌였다. 일본군은 초기에는 관군을 앞세워서 한국인들끼리 상잔을 벌이도록 하고 자신들은 무기를 대주거나 정보를 제공하는 등 후방지원을 하다가 전국 각처에서 동학농민군의 저항이 거세지면서 전략을 바꾸어 직접 동학농민군 진압에 나섰다.

전봉준은 삼례에서 5~6일 동안 머물렀다. 여기에는 4000여 명의 직할 동학농민군이 집결하여, 이들을 대동하고 논산·은진을 거쳐 공주로 직행하였다.

전국 각지에서 봉기한 동학농민군 중 경기·양호兩湖 지

방의 동학농민군은 가장 긴밀한 연락을 취하면서 북상北上을 기도하였다. 즉 김정현·안승관이 거느리는 동학농민군은 수원에, 고석주가 거느리는 동학농민군은 홍천에, 김복용·이희민이 거느리는 동학농민군은 목천 세성산에, 최한규가 거느리는 동학농민군은 공주 유구에, 정현준이 거느리는 동학농민군은 목천에 각각 웅거하여 서울로의 진격을 기다리고 있었다.

한편 전봉준은 10월 초순 드디어 북으로 군대를 움직였다. 이리하여 전봉준이 10만 대군을 거느리고 충청도경에 이르자 여산의 영장 김갑동이 관군을 거느리고, 또 공주의 유생장 이유상은 민병을 거느리고 동학농민군을 막아보려 하였다. 전봉준의 동학농민군은 곧 이들을 격파하여 김갑동·이유상을 사로잡았다. 이어 대군을 논산에 주둔시키고 대오를 정비한 후 공주로 진격해 들어갔다.[193]

동학농민군은 김개남 부대가 전주를 포위하고, 손화중 부대가 일본군의 상륙에 대처하기 위해서 나주에 포진하는 한편 주력부대 2만여 명의 전봉준 부대는 공주 주변인 효포에서 일본군을 패퇴시키고 일본군의 방어진지인 공주를 포위하여 공격하기 시작하였다.

---

193 김의환, 앞의 책, 222~223쪽.

일본군의 거미줄 같은 정보망

일본군은 동학농민군의 움직임을 속속들이 알고 있었다. 전국 각처에 정보원과 밀정을 파견하여 농민군의 동정을 살피고 있었다. 동학농민군이 봉기하자 일본은 밀정들을 약장수나 관광객으로 가장시켜 현지에 투입, 각종 정보를 입수하였다. 일본의 정보수집 실태를 이이화는 다음과 같이 정리하였다.

이때 일본의 정보수집망은 두 갈래로 이루어지고 있었다. 하나는 일본의 참모본부에서 이지치 코오스케 소좌를 부산에 파견하여 조선주재 일본공사관 와타나베 테츠타로오 대위 등과 제휴하여 정보수집에 종사케 한 것이다. 이 두 정보원은 종래의 밀정들인 약장수·관광객을 지휘하여 전라도 일대만이 아니라 전국을 대상으로 살폈다.

또 하나는 해군의 지휘에 의해 측량선·상선을 가장하여 해안 일대를 돌아다니며 아무데나 상륙하여 정보를 수집하기도 하고 청군의 동정을 엿보기도 했다. 이와 달리 일본 민간단체로 낭인의 집합체인 현양사玄洋社의 천우협天佑俠 패들은 부산에 상륙하여 은밀히 정보를 수집하며 농민군에 접근하고 있었다. 그들 다케다 노리시, 우치다 료헤이, 스즈키 다카미 등은 계속 경상도 일대를 거쳐 전라도로 접근해왔다. 그들은 부산의 오사키 쇼키치의 법률사무소를 거점으로 정보를 수집해오다가 농민전쟁이 일어나자, 농민군을 이용하여 친일정부를 세우려는 계획을 그리기도 했다. 이들은 끝내 집강소 활동을 벌이고 있는 전봉준을 만나기에까지 이른다.[194]

일본의 일부 자료들은 천우협天佑俠과 우치다內田 등 대륙 낭인패들의 활동을 지나치게 과장하고 있다. 천우협 단원들이 전라도 순창에서 전봉준과 회견하고 동학군의 군사軍師, 유격군의 대장, 또는 분대의 우두머리로 활동했다고 주장했다.[195]

그러나 사실상 이러한 주장들은 신뢰하기 어렵다. 당시

---

194 한상일, 《일본제국주의의 한 연구》, 1980, 까치 ; 이이화, 앞의 책, 1992, 335~336쪽.

195 《玄洋社史》에는 田中侍郎 등 3인이 전봉준의 군사로, 그리고 나머지 멤버들은 동학군의 대장 또는 부장으로 임명되어 동학군을 지휘했다고 기록되어 있다.

대부분의 다른 회원들은 현양사의 중견 회원이었거나 한국·만주 등 해외에서 많이 활동한 인물들이었다. 그 반면, 우치다는 현양사의 소장 회원이었을 뿐 아니라, 해외 활동에도 아무런 경험이 없었다. 그러므로 나이 어리고 경험없는 우치다가 천우협을 지휘했다는 말은 믿을 수 없는 주장이며, 더욱이 전봉준을 비롯한 동학당의 지도자들이 동학군의 요직과 통수권을 천우협에게 위임했다는 것은 있을 수 없는 일이다.

동학농민운동은 처음부터 '척왜양창의'를 주장하여 반외세의 기치를 내세웠을 뿐 아니라 일본이 동학봉기를 빌미로 하여 한국에 군대를 보낸 이후부터는 동학 내부의 반일감정이 더욱 고조되었다는 사실을 생각할 때, 현양사나 흑룡회의 주장은 전혀 근거가 없는 것이다.

일본 낭인패와 밀정 및 군사들이 수집한 각종 정보는 주한 일본 영사관을 통해 즉각 일본 정부에 보고되고 필요한 지침을 하달받아 이를 시행하였다.

다음에 인용한 '보고서'와 '지침'을 살펴보면 일본군의 동학농민군 학살에 따른 병력 증원 등 한국 침탈이 정확한 정보와 일본 정부의 치밀한 작전에 따라 진행되었음을 알 수 있다. 1894년 10월 21일 주한 임시대리공사 스기무라 후카시杉邨濬가 외무대신 무츠 무네미츠陸奧宗光에게 보낸 보고서를 먼저 살펴보겠다.

기밀제205호 본124(機密第205號 本124)[196]

동학당 진압을 위한 원병 파견 결정(東學黨 鎭壓을 위한
援兵 派遣 決定)

이 나라 경상·전라·충청 3도에서 동학당이 다시 봉
기한 데 대해 지난번부터 계속 전보 품신을 드렸습니다만
요즘에 와서 동학당의 기세가 더욱 창궐하여 끝내는 경성
에까지 처올라올 것 같은 형황形況이 현저하게 나타난 모
양이므로 이 나라 정부의 제 대신 특히 개화파 인사들이
극심한 공포에 빠져 자주 우리에게 원병차견을 요청해 왔
었습니다.

그래서 계속 전보 품신을 드린 끝에 재용산 병참부 소
속 수비병 중에서 파견키로 결정을 보게 되었으므로 원병
청구의 건으로 새삼 다시 공문으로 외무대신께 말씀드렸
었습니다. 그런데 대원군께서는 그전에도 보고 드린 바와
같이 처음부터 우리에게 원조를 요청하는 것은 물론 자국
의 군대로 정토征討하는 것마저 그다지 원치 않는 것 같은
눈치여서 갑자기 결말이 나지 않을 것 같았습니다.

그래서 외무대신과 기타 인사와도 내적으로 타협을 본
다음 새삼 다시 이쪽에서 동학당 폭거의 사정을 이대로
내버려둘 수 없어서 우리가 원조하기 위해 출병하게 되었

▨▨▨▨ **196** 《駐韓日本公使館記錄(5)》, 국사편찬위원회, 64쪽.

다고 별지갑호 사본과 같은 조회를 보냈던 바 이에 대해 외무대신이 동당의 소행을 그대로 방치해둘 수 없어서 드디어 신무 자 출병하게 되었으니 동심협력의 원조를 해주기 바란다고 별지 을호와 같은 회답을 해왔습니다.

그래서 지난 17일을 기해 재 용산 수비대 중에서 2개 소대만을 출발시켰습니다. 단 부산방면으로부터는 현재 적정賊情을 정찰 중이어서 그 정찰 결과에 대한 상세한 보고를 접한 다음에야 2개 소대를 파견하게 될 것이라고 무로다室田 총영사로부터 전보가 왔습니다.

이상 개략적인 전말을 말씀드립니다.

1894년 10월 21일

임시대리공사 스기무라 후카시杉村濬

다음은 1894년 11월 9일 이노우에井上 전권공사가 이토伊藤 병참감에게 보낸 기밀문건이다.

기밀 제210호

금일자 귀 서한을 받아보았습니다. 동학당 진정을 위해 파견하는 제19대대에 부여할 훈령과 일정표를 보내오니 일람하시고 또 별지와 같은 저의 의견을 첨부해서 보냈사오니 참고하시기 바랍니다. 그리고 별지안 중 수정할 주요점은,

첫째, 우리 군대의 파견은 명분상 한국군을 응원하는

415

것으로 되어 있으나 실제로 한국군의 진퇴와 행동은 우리
의 지휘 감독 아래 두게 해서 우리의 지휘에 복종케 할 것.

둘째, 우리 군대는 전라도 깊숙이 들어가서 그 도의 적
도들의 근거지라 일컬어지는 남원지방을 소탕할 것.

셋째, 적도들이 강원도와 함경도 및 경상도 3도 방면
으로 도주하는 것을 엄히 방비할 것, 이 세가지 점입니다.

그리고 셋째 점에서 염려하는 바는 만일 적도가 함경도
로 도피해서 러시아 국경을 침범하는 일이 발생하여 장차
러시아와 한국 간에 곤란한 문제를 야기시키지나 않을까
염려하는 것이며 경상도는 적도가 이미 진정되고 잔당이
모두 전라도로 퇴산해서 사민의 생업에 복귀, 안주하고 있
다는 통지가 어제 재 부산 무로다室田 총영사로부터 왔으
므로 다시 그 곳을 교란당하지 않기를 바라는 것입니다.

그 나머지는 별지의 사연으로 양지하시기 바라며 또한
비도의 거괴巨魁들의 인명록은 당 공사관에서 조사한 것
과 조선 정부에서 조사한 것을 이미 보내드린 바 있으며
더욱이 동당에 관해 이 나라 군무대신 대리로부터 청취한
조목들은 추서로서 보내오니 파견할 각 부대장에게 시달
해주시기 바랍니다. 그리고 또 조선 정부에서 파견한 교
도중대는 말씀해 오신 바도 있으므로 이들을 양지에서 머
무르게 하여 중로로부터 진군해가는 우리 중대를 기다리
게 해서 모든 일을 협의한 후에 진군하라고 이곳 수비대
사령관이 히라키白木·미야모토宮本 두 위관에게 명령해

두었다 하오니, 이 말을 우리 중대장들에게 시달해주시기 바랍니다.

위 교도중대 외에 전후로 분산 파견된 조선 군대도 편의에 따라 각 도로 진군할 우리 군대 사관의 지휘에 따라 행동하도록 하는 것이 가장 긴요하다고 생각합니다. 그래서 이를 위해 따로 4명의 조선통변을 준비시켜 우리 병사의 용무에 충당하도록 조선 정부 당국자에게 말해 두었사오니 이 일에 대해서도 역시 함께 시달해주시기 바랍니다.

이상 회답 삼아 말씀드립니다.

1894년 11월 9일
이노우에 전권공사

이 훈령에는 '추서追書'라 하여 몇 가지 기밀을 전하고 있다.

첫째, 동학당의 거괴 최시형은 충청도 보은에 있으며 최법헌이라 불리어지며 동학교의 주괴主魁이다. 동학교를 신봉하는 사람 가운데서는 첫째가는 교주라 한다.

전녹두는 전숙명全叔明이라고도 부르며 폭도들의 대거괴이다. 현재 전주에 있으며 그 세력이 전주감사를 압도하고 있다고 한다.

임기준은 공주에 있으며 충청감사 박제순을 강박하여 공주가 거의 그의 수중에 있는 것 같다고 한다. 그래서 말하기를 금년 10월 초순 대원군이 그의 심복인 박준양 즉 박제순의 종형제를 공주로 파견한 뒤부터 그 감사가 약간 동학에 마음을 기울인 혐의가 있다고 한다.

위와 같은 사정이므로 기타 지방에서도 동학당과 내통하는 사람이 있을지도 알 수 없으니 엄중히 조사해서 그 증거가 나타나는 사람이 있으면 지방관이라 할지라도 체포해서 송치해야 한다.

둘째, 경기도 여주목사 이재구는 대원군의 일족으로 동학당과 동류라는 혐의가 있다. 의심되는 서류를 갖고 있으면 포박해서 송치해야 한다.

셋째, 전라도 동학당의 근거지는 남원이며 전주·장성·금구 지방은 모두 동학당이 둔집해 있는 곳이다. 또 여산 지방에도 동학당이 있다고 한다. 경상도 상주는 곧 전 경상도의 중심에 해당하는 곳이므로 동학당이 왕래하는 곳이라 한다.

넷째, 지방관으로의 동학당에게 살해된 사람은 태안·서산·진천 등의 부사들이다. 또 당진부사도 살해됐다는 풍설이 있다. 은진부사는 동학당에 잡혔다고 한다.[197]

일본군은 동학농민군의 움직임과 지도자들의 거처를 손바닥 보듯 훤히 들여다보고 있었다. 따라서 동학농민군은 적에게 거의 모든 정보를 노출시킨 가운데 힘겨운 싸움을 벌여야 했다.

---

197 《駐韓日本公使館記錄(5)》, 66~67쪽.

다음은 동학군 진압을 위해 파견되는 대장들에게 인천 주재 일본병참사령관이 부여하는 훈령이다.

훈령

1. 동학당은 현재 충청도 충주·괴산 및 청주 지방에 군집해 있고 그 여당은 전라·충청 양도 소재 각지에 출몰한다는 보고가 있으니 그 근거지를 찾아서 이를 초절할 것.

2. 조선 정부의 요청에 따라 후비보병 제19대대는 다음 항에서 가리키는 3로로 나누어 진군하고 한국군과 협력해서 연도에 소재하는 동학당 무리를 격파, 그 화근을 초멸해서 재흥再興의 후환을 남기지 않음을 요함. 그리고 그 수령으로 인정되는 자는 포박해서 경성 공사관으로 보내고 더욱이 동학당들의 왕복서류와 거괴들의 왕복서류 또는 정부 부내의 관리나 지방관 혹은 유력한 계통에서 동학당과 왕복시킨 서류는 힘을 다해 이를 수집하여 함께 공사관에 보낼 것.

   그러나 협박에 못이겨 따른 자에 대해서는 그 완급의 정도를 헤아리고 귀순해오는 자는 이를 관대히 용서하여 굳이 가혹하게 처분하는 것을 피할 것. 단 이번에 동학당 진압을 위해 전후로 파견된 한국군 각 부대의 진퇴와 군수품 조달은 모두 우리 사관士官

의 지휘명령에 복종케 하고 우리 군법을 준수케 할 것이며 만일 위배하는 자가 있으면 군율에 따라 처분될 것이라고 조선 정부로부터 한국군 각 부대장에게 시달되어 있다 하니 한국군의 진퇴는 모두 우리 사관들이 지휘 명령할 것.

3. 보병 1개 중대는 서로 즉 수원·천안 및 공주를 경유해서 전주부 가도로 전진하고 그 도로 좌우에 있는 영읍을 정찰할 것이며 특히 은진·여산·함열·부안·금구·만경·고부·흥덕 지방을 엄밀히 수색하고 더 전진해서 영광·장성을 경유해서 남원으로 진출, 그 진로에 있는 좌우의 역읍을 정찰할 것이며 남원 정찰은 각별히 엄밀히 할 것.

보병 1개 중대는 동로(우리 군의 병참노선) 즉 가흥·충주·문경 및 낙동을 경유해서 대구부 가도를 전진하고 그 진로 좌우에 있는 각 역읍을 정찰할 것이며 특히 음성·괴산·원주·청풍은 수색을 엄밀히 할 것.

각 중대는 될 수 있는 대로 서로 기맥을 통하고 각처에서 가능한 한 합동으로 초절하는 방략을 취해서 함께 그 초절의 실효를 거두도록 할 것.

각 중대는 적의 무리를 초토해서 여진을 볼 수 없을 정도가 되면 경상도 상주에 집합해서 다음 명령을 기다릴 것. 대대본부는 중로 분견대와 함께 행진할 것.

4. 각로로 나누어 진군하는 중대는 대략 별지 일정표에 준거할 것이며 동로 중진중대는 약간 먼저 보내서 비도를 동북쪽에서 서남으로, 즉 전라도 방면으로 구축하도록 노력할 것. 만일 비도들이 강원·함경도 방면 즉 러시아 국경에 가까운 지방으로 도주하게 되면 후환을 남기는 일이 적지 않을 것이니 엄히 이를 예방할 것.

단, 될 수 있는 한 서로 연락을 취하고 각기 그 소재를 알리도록 꾀할 것.

5. 각 분진중대에는 한국 조정에서 진무사와 내무관리 등을 따르게 하였음.

진무사는 각지에서 감사와 부사를 독려하고 동학당에 대하여는 순역을 설명해서 이해득실을 일깨워주어서 그들로 하여금 반성 귀순케 하는 일을 전임으로 함.

내무관리는 각 중대를 수행해서 대장의 명을 받들고 연도 각처에서 양식과 기타 군수품을 조달, 인마의 고용과 숙사 제공 등을 알선해서 각 중대의 요구를 충족하는 것으로 임무를 삼음.

6. 각 중대는 3일분의 양식과 2일분의 휴대 구량口糧 및 취사도구 등을 휴대하고 갈 것이며 이를 위해 견마 약간을 따르게 함.

단, 나날의 양식과 여러 물자는 가능한 한 현지에서

조달하고 만일 휴대하고 간 양식과 물자가 소진되었을 때는 힘써서 신속하게 현지의 물자를 사서 보충함이 긴요함.

7. 동학당 진무에 관한 제 보고는 대대장과 각 분진 중대장으로부터 수시로 본관에게 보낼 것(본관은 인천 병참사령부에 있겠음).[198]

최근 일본은 문부성의 종용으로 개정된 각종 교과서에서, 남경학살을 가볍게 기술하거나 심지어 부인하고 있다. 이에 대해 남경기념관은 '만인갱유지萬人坑遺址'에서 발견된 탄피 · 포신 · 일기 · 증언 등 2000여 종에 이르는 새 발굴 사료를 증거로 일제의 남경대학살의 역사적 진실성을 증명하려 한다.

중국군사과학원 뤄환장羅煥章 교수는 〈일본우익과 정계요인은 왜 남경학살을 부인하려하는가〉란 논문에서 "남경대학살은 그 규모면에서 전례가 없는 것으로 독일의 유태인에 대한 학살을 능가한 것이다. 일본군은 중국의 수도에서 6주 동안에 30여만 명을 도살하고 대량의 가옥을 파괴하였으며, 10여만 명의 부녀자를 유린하고 창고와 재물을 약탈하였다. 이것은 세계적으로 유례가 없는 잔혹행위였다"고 지적하였다.

이보다 못지 않는 일본군의 잔학행위가 한국에서 자행되

<hr>

198 《駐韓日本公使館記錄(5)》, 68~69쪽.

었다. 일본은 동학군의 학살에 대해 대부분 이를 부인하거나 축소왜곡하고 있다. 일본 정부가 조직적으로 지휘 명령하여 학살한 동학농민군은 대체로 30만~40만 명에 이르렀다.

〈동학―전봉준〉

이근배

(1)
들이 운다
한 겨울 홑겹의 살을
바람이 와서 물어 뜯는다
하늘이 내리는 물을
누가 거슬러 막고 있느냐
왕조의 썩은 어둠이 들을 덮고
허기진 뱃속까지 스며드는 구나
불을 질러라
황토재 너머 청솔이 타는
백성들의 가난을 태우는
저녁 연기가 오르고 있지 않느냐.

(2)
봉두난발이다
상립喪笠으로는 하늘을 다 가리지 못한다

사발통문 한 장씩 붙이고
나라를 바로 세우러 간다
창을 들어라
창을 들어라
흙에서 태어났으되
하늘의 뜻을 알고
하늘의 부름 있으되
흙과 더불어 싸워왔거니
이제 돌아가리라
하늘이 내려 앉은
배들평의 울음소리 속으로
겨울새처럼 날아가리라.

제 16 장

일본군, 동학군 30만을 학살하다

2년 여의 제작 및 시험기간을 거쳐
무라타가 소총개발에 성공하고 그의 이름을따서
무라타 소총으로 명명하였다.
이 소총은 1882년부터 일본군에 배치되고
실전에 사용한 것은 동학농민전쟁과 청일전쟁 때였다.
동학농민군을 학살하는 데는
이 병기가 결정적인 역할을 하였다.

– 박맹수, 〈동학농민전쟁기 일본군의 무기〉

신식무기로 무장한 일본군 만행

　　동학농민혁명은 어디까지나 폐정개혁으로 국정을 바로잡
고 왜적과 서양 오랑캐로부터 민족의 자주권을 확립하려는
민족 내부의 농민변혁운동으로 시작되었다. 그러나 결과적
으로 동학농민혁명은 안으로는 조선 왕조를 뿌리부터 뒤흔
들고 밖으로는 청·일 두 나라 군대가 한국에 들어오는 계기
가 되었다. 국내적인 모순과 외세침탈을 거부하면서 발발한
동학농민혁명이 외군이 들어오는 계기가 된 것은 역사의 아
이러니라 하겠다. 메이지유신 이후 조선 침략을 호시탐탐 노
리던 일본은 때를 놓칠세라 병력을 파견하여 조선 침략의 기
회로 삼았다.

　　앞에서 말한 대로 조선 정부는 동학혁명이 발발하자 당황
하여 홍계훈을 양호초토사로 임명하고 1000여 명의 경병京兵
을 해로로 군산에 상륙시킨 다음 다시 500여 명을 증원하여
법성포에 상륙시켜 이를 막도록 하였다. 그러는 한편 청국에

원병을 요청하였다. 사단은 이때부터 시작되었다. 6월 8일 청국군 2100명이 아산만을 통해 상륙한 것은 조선 정부의 요청에 따른 것이었다. 그런데 문제는 일본군이었다. 일본은 무력을 배경으로 1882년 8월 제물포조약을 체결한 뒤 이른 바 공사관경비대라는 구실로 보병 1개 중대 병력(150명)을 서울에 주둔시키고 있었다.

일본이 박영효·김옥균·서광범 등을 부추겨 갑신정변을 일으킬 때도 이 부대가 동원되었다. 그러나 그때는 청국군과 교전 끝에 패퇴하여 일본으로 돌아갔다. 그러다가 그해 12월 3일 다카시마 육군 중장이 이끈 2개 대대와 가바야마 해군소장이 인솔한 군함 7척이 인천에 출동하여 1885년 1월 9일 강압적으로 한성조약을 체결하였다. 이 중에 다카시마 중장의 병력 1개 중대를 공사관경비대라는 구실로 조선에 잔류시키고 본대는 인천을 떠났다.

한편 청국의 전권대표 이홍장과 일본의 전권대표 이토 히로부미의 회담이 톈진에서 열려 1885년 4월 18일 청·일간에 톈진조약이 체결되었다. 이 조약에 따라서 조선에 머물고 있던 일본군은 인천에서, 청국군은 아산포에서 각각 철수하였다. 톈진조약의 핵심은 "장래 조선에 만약 변란이나 중대한 사변이 있어 청·일 양국 또는 일국이 파병을 요청할 때에는 응당 그에 앞서 서로 행문지조行文知照(문서로써 알림)할 것이오, 그 사건이 진정되면 즉시 철수하며 다시 유방留防하지 않는다"는 내용이었다.

청·일 두 나라가 제3국에 파병문제를 자기들 멋대로 규정하는 조약을 맺은 것이다. 이 조약에 의거하여 청국군 3000명과 일본군 150명이 철수하게 되었는데, 일본은 손해 볼 것이 없었다. 150명의 병력으로 청국군 3000명을 조선에서 물러가게 하고, 그 동안 이른바 청국의 '종주권'을 무력화한 것이다. 그러나 조선 정부에게는 당장은 양국군이 철수함으로써 다소 안심이 되었을지 모르지만, 곧 국가적으로 크나큰 화근과 재난으로 나타나는 계기가 되었다.

동학농민군은 5월 11일 황토현에서 관군을 크게 격파한 뒤 여세를 몰아 5월 31일 호남의 요지 전주성에 무혈입성하여 그 위세를 크게 과시하였다. 6월 8일에는 섭지초葉志超가 이끈 청국군 3400명이 아산만에 도착하고, 이튿날에는 이치노에 소좌의 일본군 선발대가 인천에 상륙하였다, 10일에는 오시마大島義昌 소장이 해군 육전대 480명과 순사 20명, 포 40문을 앞세우고 서울에 진주하였다.

그 무렵 일본은 약 8000여 명의 군대를 조선에 파병하였다. 일본군은 인천과 서울 외에 미리 부산에도 2개 중대를 파견하였다.[199] 일본군의 조선 파병은 톈진조약과는 상관없이 동학농민혁명이 발발하면서 이미 그 음모가 진행되고 있었다. 6월 3일 밤 조선 정부는 청국에 파병 요청서를 보냈고 청국은 6월 7일 일본 정부에 이를 통보하였다. 그런데 일본에서

▨▨▨ **199** 김정명 편,《日韓外交資料集成》, 東京 : 巖南堂書店, 1966.

는 5일부터 조선 파병과 관련하는 대본영이 설치되고 동원령이 내려지면서 전초부대인 해병단이 움직이기 시작하였다.

이보다 앞서 2일 밤에는 외무대신 관저에서 대신 무츠 무네미츠와 참모차장 가와카미 소로쿠도 등이 동학농민혁명을 트집잡아 조선에 출병하는 문제를 논의하고 있었다. 하야시는 그날 밤의 일을 다음과 같이 회상하고 있다. "상담의 주 방향은 명치 15년과 17년의 경성(서울)의 변에서는 청국에게 선수를 빼앗겼던 탓으로 우리의 실패로 끝났으나 이번만은 무슨 일이 있어도 청국을 앞질러서 전번의 손실을 회복해야 한다. 그러기 위해서는 조선 주재 청국 병력 이상의 병력을 가지고 일을 치러야 할 것이다."[200]

가와가미 참모차장은 5월 20일 참모 본부원 이치지 소령을 조선에 파견하고, 5월 하순에는 데라우치 마사다케 대좌 (후일 초대 조선총독)에게 명령하여 비밀리에 출병 준비를 시켰다. 6월 1일에는 육군 대연습용이라는 명목으로 일본 우선郵船 회사의 선박을 빌렸다. 일본 정부로서도 조선 출병은 바라던 일이었으므로 군부와 정부 사이에 이 문제에 관한 한 의견 대립은 전혀 없었다.

전봉준은 일본군 진주 소식이 전해지면서 '전주화약'을 통해 이미 점령한 전주성에서 철수하였다. 왜병이 쳐들어오는 마당에 동족끼리 피를 흘려서는 안된다는 뜻이고, 일본군

▨▨▨ **200** 山邊健太郎, 《한국근대사》, 까치사, 1982.

파병의 명분을 없애기 위한 고육책이었다. '전주화약'의 성립을 계기로 조선 정부는 청·일 양국에 철병을 요구하였다. 그러나 일본은 동학혁명이 완전히 평정되지 않았다는 구실로 철병을 거부하였다.

그뿐 아니라 일본은 대규모 병력을 조선에 추가 파병하여 경복궁을 점령하고 대원군을 내세워 친일정권을 수립하였다. 일본공사 오토리 게이스케大鳥圭介의 간여 아래 친일 개화파들이 중심이 된 신정부가 수립되면서 일본은 조선의 내정에 단독으로 간여하기에 이르렀다. 일본은 청일전쟁을 일으켜 청국군을 축출하면서 동학군에 대한 대대적인 학살전을 벌였다. 일본군의 개입으로 30만~40만 명에 달하는 동학군의 희생을 불러오고 동학농민혁명의 결정적인 좌절을 가져오게 되었다.

스나이더 소총과 무라타 소총으로 무장

동학농민군은 근대식 무기인 소총과 대포로 무장한 일본
군과 관군에 대항하여 40~50차례에 걸쳐 혈전을 벌였다. 그
러나 죽창이나 농기구로 무장한 동학농민군에 비해 일본군
은 스나이더 소총과 무라타 소총 등 현대식 병기로 무장하고
있었다. 동학농민군의 화력과 일본군의 화력은 대충 잡아
250 대 1의 수준이었다.

영국에서 개발되어 수입한 스나이더snider 소총은 일본이
메이지 정부의 찬반 세력간에 벌어진 내전(1968년) 때에 사용
되었으며 1874년 일본의 대만 침략 때도 사용되었던 신형무
기다. 이 소총은 영국제 엔필드 소총을 개량하여 만든 것으
로 후발식 단발 소총이었다. 임진왜란 때 왜군이 사용했던
조총은 비교도 되지 않는 가공할 성능의 소총이었다.

동학농민군을 진압한다는 명목으로 조선에 온 일본군 후
비병後備兵과 서울 수비대는 물론 동학농민군 학살을 전담한

제19대대(대대장 미나미 쇼시로)의 주력무기가 바로 이 스나이더 소총이었다. 스나이더 소총은 일부 조선 경군에게도 지급되었다. 이 소총은 우금치 전투를 비롯한 각 지역의 전투에서 수많은 동학농민군을 살상하는 주무기가 되었다. 일본은 동학농민군의 학살을 위해 스나이더 소총 탄약 10만 발을 일본 시모노세키 소재 수포창首砲廠에 청구했다고 한다.[201]

스나이더 소총이 영국산이라면 무라타 소총은 일본이 직접 개발한 병기다. 메이지 정부는 일본열도의 통일을 이룬 다음 1871년 각 번藩이 소유하고 있던 모든 병기류를 중앙정부에 이관토록 명령하였다. 이때 중앙정부에 이관된 서양 소총이 무려 18만여 정에 이르렀다. 메이지 정부는 이렇게 모은 소총을 각 지방에 나눠주는 한편 총포류의 통일을 기도하여 1878년부터 소총 개발에 착수하였다.

2년여의 제작 및 시험 기간을 거쳐 무라타村田經芳가 소총 개발에 성공하고 그의 이름을 따서 무라타 소총으로 명명하였다. 이 소총은 1882년부터 일본군에 배치되고 실전에 사용한 것은 동학농민전쟁과 청일전쟁 때였다. 동학농민군을 학살하는 데는 이 병기가 결정적인 역할을 하였다.[202]

201 박맹수,〈동학농민전쟁기 일본군의 무기〉,《한국근현대사연구》제17집, 한울, 2001, 260쪽.
202 박맹수, 앞의 글, 261쪽.

일본군의 동학군 학살 과정

청일전쟁의 도화선이 되고 동학농민군 30만 명을 학살한 일본군의 한국 진주 과정을 좀 더 상세히 알기 위해서 당시 청·일 양국과 조선 정부의 움직임을 날짜 순서로 정리한다.

4월 26일 : 동학군, 백산에서 일어남.

5월 10일 : 홍계훈의 정부군, 군산 상륙.

5월 11일 : 동학군, 황토현에서 전라감영군 격파.

5월 15일 : 동학군, 무장茂長에서 창의문 발표.

5월 16일 : 동학군, 영광으로 진출. 일본 정부 인천에 정박 중인 군함 대도호 현지 정찰 지시.

5월 20일 : 일본 참모본부, 이치지 소좌를 조선에 파견.

5월 22일 : 대리공사 스기무라 출병 준비 상신, 대도호 대신 일함 축자호가 현지 정찰차 인천 출발.

5월 29일 : 일본 외상 무스 대청對淸 청병설淸兵說 확인보고 요구, 스기무라 청병 방침 미확정을 보고함.

5월 하순(일자 미상) : 참모차장, 데라우치 대좌에게 비밀
출병 준비 하명.

5월 31일 : 동학군 전주 입성.

6월 1일 : 일본 참모본부, 육군연습 명목으로 일본 우편
선 회사 선박 차입. 조선 정부, 영의정 명의로
대청 청병서를 작성했으나 이론異論으로 발송
보류.

6월 2일 : 일본 외상 관저에서 외상·참모차장·외무차관
이 출병 협의, 이 날 각의는 출병 결의안 채택.

6월 3일 : 조선 정부, 위안스카이에게 청병서 전달.

6월 4일 : 일본 정부, 오토리 공사에게 귀선 하명. 위안스
카이, 스기무라에게 조선 정부의 청병 사실 통
고. 스기무라 이를 본국에 보고함.

6월 5일 : 오토리 공사, 요코스카 해병단 70명과 호위 경
관 20명을 인솔하고 일함 팔중산호로 요코스카
출발. 일본, 전시 대본영을 설치하고 제5사단
에 동원령 하달.

6월 6일 : 청나라 정부, 일본국에 출병을 행문지조함.

6월 7일 : 일본 정부, 청국에 출병 통고. 섭사성聶士成의
청병 500명 당고 출발.

6월 8일 : 섭지초의 청병 1100명 산해관 출발.

6월 9일 : 이치노헤 효우에 소좌의 선발대 우지나 출발.203

이 자료에 나타난 것처럼 일본의 파병은 조선 정부의 대청 청병淸兵이나 청군의 파병에 관계없이 일방적으로 진행된 사실을 알 수 있다. 일본군은 이러한 과정을 거쳐서 인천에 상륙하여 조선 땅에서 청일전쟁을 일으키고 황궁을 습격하고 동학농민군을 무차별 학살하였다. 일본은 처음에는 거류민 보호를 내세워 서울에 군대를 진입시키고, 시정 개혁을 구실로 내정간섭을 하면서 정권을 농락하였다. 일본군의 본격적인 동학농민군 학살은 청일전쟁을 통해 청국군을 몰아내고 친일 정부를 세워 조선의 정권을 장악하면서 시작되었다.

10월 9일(음력) 삼례집회 이후 10월 12일(음력) 동학농민군이 공주로 진격하면서 일본군과 접전이 본격화하였다. 이를 시작으로 10월 15일(음력) 충청북도 청풍 부근에서 충주지방 경비병이 동학군 수령급 이하 30여 명을 살육하고 소총 2000정과 화약 등을 약탈하였다. 10월 25일(음력)에는 대구 병참부의 일본군이 성주에서 동학군 11명을 붙잡아 살해하였다. 일본군은 이에 앞서 11월 12일 보병 제19대대가 경성에서 출발해서 학살전에 참여하였다.

대대장 미나미 쇼시로南小四郎 소좌를 지휘관으로 하는 3개 중대는 전병력을 3분하여 공주로 진격하기 시작하였다. 마스키 대위가 이끈 제1중대는 동로東路로 장호원을 경유하고, 모리오 대위의 제2중대는 서로西路로 진위를 경유하고,

<hr />

203 임종국, 《일본군의 조선침략사(1)》, 일월서각, 1988, 54~55쪽.

이시쿠로 미츠마사石黑光正 대위의 제3중대는 중로中路로 양지를 경유하여 남하하였다. 학살대는 일본군 3개 중대가 주력을 이루고 기타 조선 정부군과 일본군이 양성한 조선측 교도教導 중대, 그 밖의 일본군 수개 중대와 대륙낭인들이 참가하였다. 동학군이 일본군과 처음으로 대규모의 접전을 벌인 것은 우금치 전투였다.

일본군은 동학군이 활동한 전국 여러 지역에서 동학농민군과 동학도뿐 아니라 일반인들까지 무차별 학살하였다. 몇 지역의 사례를 살펴보자.

일본군, 전국 각처에서 무차별 학살

• 11월 10일 : 경상도 서남지방의 동학군이 집결하여 이문호가 선봉이 되어 단성현(현 경북 산청군 단성면)을 점거한 후 하동군 옥종면 대곡리에 포진하고 있었다. 이때 일본군이 불시에 공격해 치열한 전투가 벌어지고 이튿날 일본군의 기습으로 동학군은 186명의 전사자를 냈다. 동학농민군은 결사적으로 항전했지만 신무기로 무장한 일본 정규군의 막강한 화력 앞에 많은 희생자를 내게 되었다.

• 11월 18일 : 충남 천원군 목천 세성산에 포진한 동학군은 일본군 대대장 미나미 쇼시로가 지휘하는 정예 1000명과 마스키의 병력 1000명 그리고 이두황이 이끈 관군 1만여 명의 기습공격으로 수많은 사상자를 냈다. 이 싸움에서 동학군은 지도자 김복용, 중군 김영우, 화포대장 원금옥 등이 붙잡

히는 등 많은 인적, 물적 피해를 당했다. 특히 세성산은 지리적 요건으로 보아 동학군이 서울로 향하는 북진통로를 확보할 수 있는 요충지로, 여기서 막대한 희생을 치룸으로써 동학농민군에게 치명적인 손실을 입혔다.

• 11월 19일 : 강원도 홍천군 서석면 자작고개 전투에서 관군과 일본군에 의해 동학농민군은 1000여 명의 전사자와 많은 부상자를 냈다. 일본군은 동학군 전사자와 부상자를 한 구덩이에 넣어 묻는 만행을 저질렀다.

• 11월 24일 : 24·5일 양간에 걸쳐 능치岐峙(공주시 학능명과 공주시의 경계)에서도 성하영成夏泳 경리청군과 호남군의 주력부대인 전봉준 군과 접전이 계속되었다. 능치를 방어하고 있던 성하영 군과 대치하게 되었다. 대치하기 1주야를 지나서 25일 아침 홍운섭洪運燮의 증원부대가 도착하자 관군은 3로로 나누어 동학농민군을 공격하였다. 다음은 홍운섭의 전황보고문이다.

경리청대관 조병완趙秉完으로 하여금 북으로부터 적의 우익을 공격케 했다. 참령관參領官 구상조具相祖와 일본병 30명은 남쪽으로부터 적의 좌익을 공격하고, 성하영은 정면으로부터 진격하여 3면 공세를 전개하여 반나절 동안 격전을 벌였으나 승부가 나지 않았다. 적세는 과연 듣던 바와 같이 산과 들을 덮어 수를 헤아릴 수 없는 지경인데 전봉준은 홍개紅蓋가 휘날리는 가마에 타고 기를 펄럭이며 대평소를 불면서 전선을 지휘하였다.

해질 무렵해서 동학농민군은 70여 명이 전사하고, 2명이 포로가 되자, 약간의 무기를 빼앗긴 채 후퇴하기 시작하여 건너편 시야산時也山으로 이동해갔다. 해가 저물어 관군도 피곤해서 더 이상 진격하지 못하고 회군하였으며, 동학농민군은 이날 밤 경천으로 후퇴하였다.[204]

• 11월 25일 : 경남 곤양에서 서쪽으로 20리 떨어진 금오산에서 일본군의 공격을 받아 동학농민군 70여 명이 사망했다.

• 12월 12일 : 신탄진을 거쳐 청주성 밖 3리 지경까지 진격한 김개남의 1만여 동학농민군은 일본군과 청주병영 혼성군의 기습작전으로 100여 명의 희생자를 냈다. 동학군은 연산連山 방면으로 퇴각하였다.

• 12월 13일 : 전북 진안군 정천면의 전투에서 일본군은 기관총을 난사하여 동학군 수백 명을 사살하였다.

• 12월 14일 : 우금치전투에서 살아남은 동학농민군이 논산군 상월면 대촌리에 머물고 있을 때 일본군과 장용진張容鎭의 통위영군 및 이두황李斗璜(후일 총독부 고위관리, 도지사 역임)의 장위영군 혼성군이 기습공격했다. 이 전투에서 포살 또는 익사한 동학농민군이 300명이 넘었다. 이두황은 당시의 전황을 뒷날 "추풍에 낙엽과 같이 동학농민군이 떨어지고 밭두

<hr>

204 최현식, 앞의 책, 184쪽.

렁에 널려 있는 시체가 눈에 걸리고 발길에 채였다"고 기록하였다.

이 밖에 전라도 순천에서 동학농민군 150여 명 학살, 능주전투에서 20여 명 학살, 강진에서 포로 170여 명 집단학살, 장흥 자오현自吾峴에서 수백 명 학살 등 전국 곳곳에서 패주하는 동학농민군이 일본군과 관군에 의해 학살되었다.

남해안 일대에서는 일본군이 어선을 동원하여 섬으로 달아나는 동학농민군을 뒤따라가 포살하고 애꿎은 섬 주민들까지 학살하고 재물을 약탈했다. 1894년 2월 15일 고부봉기 이후 일본군과 정부군에 의한 동학농민군 학살이 끝날 때까지 만 1년간 충청도·전라도·경상도·경기도·황해도 일대에서 자행된 처절한 살육과 불타거나 약탈당한 재산은 지금 상세한 기록조차 남아 있지 않다.

11월에 동학농민혁명군이 재기한 이래 전투는 일본군이 주력을 이루고 정부 중앙군(경병京兵)과 지방의 영병營兵이 추가되었다. 일본군은 대동강 이남의 동학농민군을 학살하기 위해 남부병참감을 설치하였다. 11월 초순 남부병참감의 후비後備 보병 제19대대가 인천에 상륙하여 인천 병참사령관 포병 중좌 이토는 후비보병 제18대대 제1중대, 후비보병 제6연대 및 제10연대 제4중대와 협력하며 주로 경성 이남의 동학농민군 토벌에 임하여 제천·평창·정선·충주·연산·공주·개령·거창·남원·전주·무주·순천·나주지방으로 나누어 진격하였다.

1895년 1월 상순 각지의 봉기를 모두 진정시킴으로써 각 대대는 그 수비지로 귀환하였다. 이보다 앞서 1894년 11월 하순 황해도 지방의 농민군은 평산 · 강령 · 연안 · 황주 · 송화 · 장연의 각지에서 봉기하여 병참사령부를 습격하였다. 후비보병 제6연대 제4중대 및 제7, 제8중대의 일부는 이의 토벌에 종사하였다. 익년(1895년) 2월 상순 일시 진정시켰어도 3월 하순 재차 봉산 · 신천 부근에서 봉기하여 후비보병 제6연대 제6중대가 이를 진정하였다.[205]

───────

205 김정명 편,《朝鮮駐箚軍歷史》, 東京 : 巖南堂書店, 1967.

동족상잔 벌인 친일관군의 만행

박은식은 《조선독립운동지혈사》에서 "동학당은 호미와 곰방메와 가시나무총을 들고 밭고랑에서 분기하여 우리의 관군과 일병을 상대하여 교전한 지 9개월 만에 드디어 항복하였다. 이 변란통에 사망자가 30여 만 명이나 되었으니 미증유한 유혈의 참상"이라고 썼다. 일본군은 비록 3개 연대의 8000여 병력에 불과했지만 이들은 잘 훈련되고 신식 무기로 무장한 데다 조선 정부군과 지방의 영병 또 일본 대륙낭인들의 지원을 받으면서 동학농민군 수십만 명을 학살하였다.

이러한 참극을 지켜보면서 전봉준은 동학농민군이 제2차 봉기를 하여 충남 강경으로 출발하기 이틀 전인 1894년 10월 12일 서울에서 파견된 경군과 충청감영 병사, 공주읍내 아전과 상인들에게 골육상잔을 하지 말고 반일의 대의 아래 대동단결할 것을 호소하는 〈고시경군여영병이교시민告示京軍與營兵吏校市民〉을 발표하였다.

일본과 조선이 개국 이래로 비록 이웃 나라이나 누대로 적국이더니 성상의 인후하심을 힘입어 삼항三港의 개항을 허락하여 통상한 이후 갑신 10월에 사흉四凶(갑신정변을 일으킨 김옥균·박영효·서광범·홍영식을 이르는 말―저자)이 적을 끼고 활동하여 군부君父의 위태함이 조석에 있더니 종사의 홍복으로 간당奸黨을 소멸하였다.

금년 10월에 개화간당이 왜국과 체결하여 밤을 타서 왕성에 들어가 군부를 핍박하고 국권을 함부로 자단하며 더구나 방백수령이 모두 개화파 소속으로 인민을 어루만지고 구휼하지 아니하고 살육을 좋아하며 생령을 도탄에 빠지게 하매 이제 우리 동도東徒가 의병을 들어 왜적을 소멸하고 개화를 제어하며 조정을 청평하고 사직을 안보할새 매양 의병이 이르는 곳마다 병정과 군교가 의리를 생각지 아니하고 나와서 접전하매 비록 승패는 없으나 인명이 피차에 상하니 어찌 불쌍하지 아니하리오.

그 실은 조선사람끼리 서로 싸우자 한 바 아니어늘 이와 같이 골육상잔하니 어찌 애닯지 아니하리오. 또한 공주와 한밭大田의 일로 논하더라도 비록 봄 동안의 원한을 갚은 것이라 해도 그 일이 참혹하여 후회막급이며 방금 대군大軍이 서울을 점령하여 팔방이 흉흉한데 서로 싸우면 이는 골육상잔이라.

일변 생각건대 조선사람끼리라도 도道는 다르나 척왜斥倭와 척화斥華는 그 의義가 일반이라, 두어 자 글로 의혹을 풀어 알게 하노니 각자 돌려보고 충군우국지심이 있거든 곧 의리로 돌아오면 상의하여 같이 척왜척화하여 조선으로 왜국이 되지 아니하게 하고 동심협력하여 대사를 이루게 할지라.[206]

전봉준의 이와 같은 애끓는 '척왜'의 호소로도 일병의 앞잡이로 변신한 정부 관병들에게는 아무런 변화가 없었다. 오히려 공을 다투어 동학농민군의 학살과 정탐에 열을 올렸다. 이두황·박제순·장용진 등은 특히 이때의 동학농민군 학살의 공로로 병탄 후에 일제로부터 높은 감투를 얻어썼다.

동학농민군 내의 일제 앞잡이들이 혁명지도자들을 밀고하여 일제로부터 후한 상금과 벼슬을 받았다. 이봉우李鳳宇는 손화중 장군 밑에서 충성을 하는 척하다가 배신, 그를 일본군에 밀고하고 증산군수 자리를 얻었다. 법성포의 진사로서 동학도가 되었던 이현숙李賢淑은 오시영吳時泳 장군을 잡아다 바치고 많은 상금을 받았다. 전봉준도 현상금과 벼슬에 탐이 난 농민들에게 붙잡혀 일본군에 넘겨졌다. 동학농민군의 진압을 계기로 일본군은 조선에 똬리를 틀고, 친일정권이 뿌리를 내리는 계기가 되었다.

---

206 오지영, 앞의 책.

제 17 장

농민군의 시산혈해, 우금치 전투

공주에서 부여로 넘어가는 길에
우금치 고개가 있지요
우리 근대사의 험난한 고빗길답지 않게
부드러운 이 고개
지금은 여기 동학혁명군 위령탑이 서 있고
주제넘게 거기다 제 이름 새겨넣은 사람도 있지요
박 아무개 이름은 누가 돌로 쪼아버렸고
최덕신이란 이름은 관에서 지운 듯했지요
누가 뭐래도 이것이 민심이고
이것이 역사지요
얼마 전까지만 해도 호미질만 하면
이름없는 사람들의 뼈가 걸려 나왔다고
누군가 말하며 울었어요
들녘엔 봄풀이 돋아나고 있고
조금만 더 가면
신동엽 시인의 생가도 나오지요.

– 정희성, 〈우금치고개〉 전문

세계사의 흐름을 바꾼 전투

영국의 역사가 에드워드 셰퍼드 크레시 경(1812~1878)은 《세계의 전투》에서, 세계사의 흐름을 영원히 바꾼 중대한 전투들을 한 권의 책으로 정리하였다. 선택 기준은 문화적으로, 사회정치적으로 장기적인 혹은 세계적인 함의를 갖는 전쟁에서 승패를 좌우한 분수령이 되었던 전투에 초점을 맞추었다.

1. 서기전 490년 마라톤 전투
2. 서기전 413년 아테네의 시라쿠스 전쟁
3. 서기전 331년 아벨라 전투
4. 서기전 207년 메타우루스 전투
5. 서기 9년 아르미니우스와 로마군단의 전투
6. 451년 살롱전투
7. 732년 투르전투
8. 1066년 헤이스팅스 전투

9. 1429년 잔다르크와 영국군의 오를레앙 전투

10. 1588년 스페인 아르마다의 패배

11. 1704년 블렌하임 전투

12. 1709년 폴타바 전투

13. 1777년 새러토가 전투

14. 1792년 발미 전투

15. 1815년 워털루 전투

크레시의 저서가 나온 뒤에 또 한 권의 유사한 저서가 나왔다. 미국 독립전쟁과 남북전쟁의 주요 전투에 대해 책을 쓴 미국의 군인 조셉 B. 미첼이 쓴 책이다. 미첼은 크레시의 저서가 나온 이후 113년간 벌어졌던 전투들을 포함시켜 1964년《세계의 전투》수정보완본을 내놨다. 미첼은 크레시의 목록을 수정 보완, 5대 전투를 추가하여《세계의 20대 전투》를 썼다. 추가한 5대 전투는 다음과 같다.

• 빅스버그 회전(1863년) : 미국 남북 전쟁 당시 연합군이 미시시피강을 확보함으로써 남부 연합을 양분한 전투.

• 자도바 전투(1866년) : 프러시아와 오스트리아가 벌인 7주 전쟁의 분수령이 된 전투. 프러시아는 이 전투에서 승리함으로써 보불전쟁(1870~1871년)에서 겪은 굴욕적인 패배를 만회했으며, 비스마르크 수상과 빌헬름 1세의 통치 아래 통일 독일과 제국건설의 기초를 다졌다.

• 제1차 마른 전투(1914년) : 제1차 세계대전 당시 독일의 파리 침공을 저지한 전투. 만약 여기서 패하여 프랑스가 일찌감치 무너졌다면, 전쟁은 러시아와 영국의 항복으로 귀결되었을 것이다.

• 미드웨이 전투(1942년) : 이 전투에서 일본군이 4척의 군용수송기와 332대의 군용기를 상실함으로써 제2차 세계대전에서 미국은 태평양 지역에 대해 공세로 전환할 수 있게 되었다.

• 스탈린그라드 전투(1942~1943년) : 이 전투로 독일군 33만 명이 몰살당했다. 이로 인해 소련 정복을 통해 궁극적인 우위를 확보하려던 히틀러의 야욕이 효과적으로 저지되었다.[207]

크레시와 미첼이 다룬, 세계사의 흐름을 바꾼 전투의 대부분이 유럽과 미주에 국한되어 있다. 같은 기준을 한국사에 대입하면 1894년 10월 동학농민혁명군 1만여 명과 호남 순무사 신정희申正熙가 이끈 관군 3000여 명, 현대식 장비와 훈련을 받은 일본군 정예부대 1000여 명이 접전한 우금치 전투를 빼놓을 수 없을 것이다.

우금치를 둘러싸고 40~50여 회에 걸쳐 벌어진 동학농민군과 관군・일본군과의 전투는 시산혈해를 이루는, 그야말

<hr />

207 피터 데피로・메리 데스몬드 핀코위시 지음, 김이경 옮김, 《숫자문명사전》, 서해문집, 2003.

로 동학농민혁명사상 최대의 전투가 되었다. 이 전투에서 동학농민군이 패배하여 논산 방면으로 후퇴하면서 제2차 무장봉기는 점차 내리막길을 걷게 되고 동학농민혁명은 좌절의 늪으로 빠져들었다.

2만 군사가 500명으로 줄어

　　12월 7일 동학농민군과 일본군·관군 사이에 벌어진 우금치牛金峙 전투는 동학혁명 과정에서 가장 치열한 싸움이었고 일본군에 동학농민군이 가장 많이 희생된 전투였다. 이인리에서 공주읍으로 넘어가는 고개가 우금치다. 우금치란 이름은 고개가 험해서 소를 몰고는 넘을 수가 없는 고개, 즉 '우금치牛禁峙'의 금禁자가 금金자로 바뀐 것이라고도 하고, 이 고개에 금광맥이 있어 소牛만한 금덩어리가 들어있다는 데서 유래한 것이라고도 전한다. 이날의 전황을 관군의 선봉장 이규태는 다음과 같이 전한다.

　　판치板峙에 주둔하고 있는 경리청 참령관 구상조具相祖는 8일 오후 2시께 적도(동학농민군) 몇 만 명이 경천敬天에서 판치를 향해 올라오고, 또 다른 한 부대는 노성魯城 뒷봉을 타고 올라오는데, 포성이 진동하고 오색기를 휘날리면서 돌진해오고 있다고 하였다. 또 이인利仁에 주둔하고 있는 서산군수 성하영成夏泳의 보고에 따르면, 비류匪類(동학농민군) 몇 만 명이 논산에서 제를 넘어 몰려오고 또 몇 만 명은 오실산梧室山 쪽으로부터 우리의 후방을 포위하려 한다고 하였다.

그리하여 판치의 구상조군은 효포孝浦・능치崚峙로 후퇴시키고, 이인의 성하영은 동학농민군에 저항하여 불소한 희생을 보고 우금치로 후퇴하여 일본군 삼미아일森尾雅一 대위 부대와 합류했다. 그리고 이날 동학농민군은 우금치로 육박하여 대치하였다.

9일 평명平明에 적진(동학농민군 지역)을 바라본 즉 잡기雜旗를 꽂고 동쪽의 판치 뒷봉에서 서쪽의 봉황산 후록에 이르는 30~40리에 걸쳐 산위에 진을 치고 있는데 사람으로 병풍을 두른 것 같이 그 세를 떨치고 있었다.[208]

12월 6일 이인리 전투에서 전봉준이 이끈 동학농민군 10만 병력은 서산군수 성하영成夏永이 이끈 관군과 일본 정예부대를 맞아 싸워서 크게 승리하는 전과를 올렸다. 이튿날부터는 공주성을 앞에 두고 우금치에서 쌍방의 치열한 공방전이 계속되었다. 완전무장한 일본군은 이날 새벽부터 우금치에 매복하고 있었다. 서편을 향해 일본군은 뒤쪽에서 해뜨기를 기

208　이규태, 〈公山剿匪記〉(최현식, 앞의 책, 182~183쪽에서 재인용).

다렸다가 진격해오는 동학농민군 쪽으로 햇볕이 눈부시게
비치자 일제 사격을 퍼부었다.

동학농민군은 눈이 부셔 앞을 내다보지 못하고 연신 언
땅 위에 고꾸라졌다. 일본군은 1대가 총격을 가하고 물러서
면 2대가 나가 재차 기어오르는 동학농민군을 향해 쏘아댔
다. 시체 위에 또 시체가 쌓이는 이루 헤아릴 수 없이 무수히
죽어갔다. 교활한 일본군은 민가를 뒤져 한복으로 갈아입고
어깨에 동학깃발을 꽂은 다음 총을 숨겨 동학농민군에 접근
하였다. 우군인 줄 알고 반가와 다가가는 소박한 동학농민군
들에게 일본군은 사정없이 총격을 가했다. 우리나라 전사 사
상 우금치 전투만큼 처절했던 격전은 일찍이 없었다.

우금치에서 7일 동안 전투가 계속되어 하루에도 40~50 여
차례나 이 고개를 뺏고 빼앗겼으며 종내에는 2만여 명의 동
학농민군 주력이 500여 명밖에 남지 않을 만큼 큰 희생을 치
렀다. 우금치 계곡과 봉황산 마루는 쓰러진 동학농민군 시체
로 하얗게 덮였고 산밑 시엿골 개천은 여러 날 동안 줄곧 핏
물이 흘렀다.[209]

잘 훈련된 일본군의 신식 무기에 동학농민군이 훈련도 받
은 적 없이 구식 화승총이나 칼 또는 창으로 대결한 이 싸움
은 처음부터 상대가 되지 않았다. 그러나 동학농민군은 오직
'제폭구민'의 명분과 '척왜'의 의기로 싸움에 나섰다가 신식

▨▨▨ **209** 조경환,《역사의 고전장》, 삼조사, 1977, 222~223쪽.

무기의 위력 앞에 일패도지, 폭풍우에 흩날리는 낙엽과 같이 많은 희생을 치러야 했다.

우금치 전투에서 동학농민군은 충청감사 박제순朴濟純(나중에 외부대신으로 을사오적의 일원) 휘하의 관병에게 "총부리를 왜놈들에게 겨누어라. 왜 동족을 살상하느냐"고 외쳤지만 돌아오는 응답은 빗발치는 총알뿐이었다.

우금치 전투에서 엄청난 희생을 치룬 동학농민군은 퇴각하기 시작했다. 그러자 일본군과 관군은 쉴새없이 뒤쫓았다. 일본군은 삼남지방을 휩쓸고 들판에서, 두메에서 닥치는 대로 동학농민군을 잡아 학살하였다. 이날의 전황을 다시 이규태의 기록을 통해 알아본다.

적들은 동, 서, 남 삼면을 둘러싸고 있는데 수미首尾가 동東에서 서西까지 30리 지경이나 뻗쳐 서로 호응하고 있었다. 동쪽의 효포孝浦 능치崚峙에서 공주영公州營을 육박해오고 있지만, 실은 남쪽의 우금치를 목표로 하고, 또 호남의 전봉준 군이 우금치로 육박하고 있는 것이다. 그러나 우금치의 방어가 공고하자 서쪽의 주봉周峰 쪽에서 공격해왔으나 역시 우금치를 노리는 전략이었다.

우금치의 성하영成夏泳 군이 홀로 감당하기 어렵게 되자, 일본 병관 모리오森尾는 우금치의 견준봉犬蹲峰 사이의 능선에 일본군을 배치하고, 공격해오는 전봉준 군을 향해 일제 사격을 가했다. 그리고 능선에서 몸을 감추었다. 일본군의 맹렬한 공격을 받은 동학농민군은 공격을 멈추지 않을 수 없었다. 또 동학농민군이 산마루를 넘으려 하면 능선에 올라서 다시 일제사격을 가하고 몸을 감추었다. 이렇게 반복하기를 40~50차례를 거듭하니 동학농민군의 시체가 온 산에 쌓여갔다.

관군은 일본군 사이에 끼어 사격을 가했다. 동학농민군은 좀 떨어진 건너편 언덕으로 후퇴하며 저항했으나 관군이 언덕 밑으로 기어서 사격해가니, 능선에서 내려 쏘는 기관총 사격이 두려워 진지를 버리고 후퇴했다. 이에 관군이 함성을 지르며 추격하여 대포와 군기 기치旗幟 60여 간竿을 노획하고 일본군 대위와 경리병經理兵 50명이 10여 리를 추격했다.[210]

이날 전투에서 2만여 전봉준의 동학농민군은 살아남은 자가 불과 3000여 명이고, 2차 접전 뒤에는 500여 명만 살아남았다. 우금치 전투는 동학농민군에게 최대의 희생이고 참담한 패배였다.

전봉준은 싸움에 앞서 관군에게 동족끼리 상전相戰을 막자는 간절한 메시지를 전달하였다. 제2차 봉기 때부터 '척왜'의 기치를 들었던 그로서는 관군이 일본군의 전위가 되어 동학농민군과 싸우게 된 처지를 가슴아프게 여겼던 것이다.

---

210 주 208과 같음.

고시告示 경군 여영병京軍與營兵 이교시민而敎示民

무타無他라. 일본과 조선이 개국 이후로 비록 인방隣邦이나 누대 적국이더니 성상의 인후仁厚 하심으로 삼항三港을 허개許開하여 통상 이후 갑신 시월의 사흉四凶이 협적俠敵하여 군부君父의 위태함이 조석朝夕에 있더니 종사의 홍복으로 간당奸黨을 소멸하고, 금년 시월의 개화간당이 왜국倭國을 체결하여 승야입경乘夜入京하여 군부를 핍박하고 국권國權을 천자擅恣하며 우항 방백 수령이 다 개화중 소속으로 인민을 무휼撫恤하지 아니하고 살육을 좋아하며 생령을 도탄하매, 이제 우리 동도가 의병을 들어 왜적을 소멸하고 개화를 제어하며 조정을 청평淸平하고 사직을 안보할 새 매양 의병 이르는 곳의 병정과 군교軍校가 의리를 생각지 아니하고 나와 접전接戰하매 비록 승패는 없으나 인명이 피차에 상하니 어찌 불상치 아니 하리오. 기실은 조선끼리 상전相戰하자 하는 바 아니어늘 여시如是 골육상전骨肉相戰하니 어찌 애닯지 아니하리오. 또한 공주公州 한밭(대전大田) 일로 논지하여도 비록 춘간의 보원報怨한 것이라 하나 일이 참혹하며 후회막급이며, 방금 대군이 압경壓京에 팔방이 흉흉한데 편벽되이 상전相戰만 하면 가위 골육상전이라. 일변 생각건대 조선사람끼리야 도는 다르나 척왜斥倭와 척화斥華는 기의其義가 일반이라. 두어 자 글로 의혹을 풀어 알게 하노니 각기 돌려보고 충군우국지심忠君憂國之心이 있거든 곧 의리로 돌아오면 상

455

의하여 같이 척왜척화斥倭斥華하여 조선으로 왜국倭國이
되지 아니케 하고 동심합력하여 대사를 이루게 하올새라.

갑오 십일월 십이일

동도창의소東徒倡義所[211]

추위와 굶주림 그리고 열악한 무기로 무장한 동학농민군
은 현대식 병기로 무장한 일본군과 관군의 합동 공격을 당해
내기 어려웠다. 결과는 시산혈해를 이룬 참담한 패배였다.

엄동설한에 일본군과 관군은 완전무장한 반면 동학농
민군은 의복이 남루하여 말이 아니었다. 상대는 방한모에
양털 방한복차림으로 방한 양말과 방한 가죽신을 신고 서
양 신무기인 기관총과 서양총으로 대항하는 정규군이었
다. 이와 달리 화승총과 죽창으로 무장하고 머리에 흰수
건으로 띠를 두른 동학농민군은 무명베 핫바지 차림으로
버선발에 짚신을 신어, 눈이 오면 물이 들어와 젖은 한복
과 질퍽이는 짚신으로 감기와 동상에 걸리기 일쑤였으며
연일 추위에 지쳐서 사실상 전투 자체가 무리였다. 추위
가 없는 봄이나 여름이었다면 아무리 신무기를 가진 일본
군과 관군이라도 수많은 동학군의 인해전술 앞에 굴복했
을 것이다.[212]

211 《東學亂記錄(下)》, 379~380쪽.
212 김기전,《다시 쓰는 동학농민혁명사》, 광명, 2006.

일본군은 우금치 전투의 전황을 다음과 같이 본국에 보고하였다. 동학농민군의 피해를 줄여서 보고하는 등 허위성이 짙은 보고서이다.

여기서 제3소대를 우금치산에 증파하여 일제사격으로써, 전방 산 위 약 800미터가 되는 곳에 군집한 적(동학농민군)을 대적케 했으며, 경리영병經理營兵은 가장 가까운 적을 향해 사격하도록 하였다. 그러나 적은 교묘하게 지형지물을 이용, 약 200명이 우금치산 꼭대기에서 약 150미터 되는 산허리로 진격해왔다. 그 선두의 5~6명은 몇 미터의 앞 사각 지점에 육박했고, 앞산 위에 있던 적은 더욱 더 전진해왔다. 수시간 동안 격전했는데 우리 군대(일본군)가 가장 힘써 싸웠다.

오후 1시 40분 경리병영의 일부(50명)를 우금치산 전방 산허리로 전진시켜 우금치산 산꼭대기에서 약 140~150미터의 산허리에 걸쳐 있는 적의 왼쪽을 사격케 하였다. 그래서 적은 전방 약 500미터의 산꼭대기로 퇴각하였다. 오후 1시 20분 우금치산의 우리 군대(일본군)를 그 전방 산허리로 전진시키고 경리영병에 급사격을 시켰으며, 적이 동요되는 것을 보고 1개 소대와 1개 분대로써 적진에 돌입케 하였다. 이에 이르러 적이 퇴각했으므로 경리영병에게 추격을 맡기고, 중대는 이인가도利仁街道로 나가 적의 퇴로로 다가가려고 하였다.

중대는 이인가도로 나가 급히 추격, 드디어 이인利仁 부근에 이르러 그 일대의 산허리에 불을 지르고 몰래 퇴각하였다. 그러나 동남쪽의 적도가 여전히 퇴각하지 않으므로, 한국군에게 우금치산·오실 뒷산 향봉·월성산 등의 경계를 맡기고 기타 대원은 공주로 철수하였다. 이때가 오후 8시였다.[213]

---

213 《駐韓日本公使館記錄(1)》, 〈공주부근전투상보〉, 247~248쪽.

목천 세성산 전투

10월 중순 논산에 집결한 남북접 연합군은 일부의 병력을 후방에 배치하여 적의 공격에 대비하고, 주력 부대는 관군과 일본군이 지키고 있는 공주성을 점령하고 곧장 서울로 쳐들어갈 계획이었다. 동학농민혁명군이 논산에 집결할 무렵에는 여러 지방에서 일본군과 전투가 벌어졌다. 당시 일본군은 부산·인천 등 개항장을 비롯하여 내륙 각지로 침입하여 청일전쟁을 위한 병참기지를 확보하고, 병력을 배치하는 한편 부산에서 서울까지 전신선을 가설하였다. 각처에서 봉기한 동학농민군은 일본군의 병참기지를 습격하여 군용전신선을 끊어 후방을 교란하였다.

전봉준은 10월 16일 일거에 공주성을 점령하기 위해 각 군의 두령들을 모아 작전계획을 세웠다. 그리고 10월 20일 미명에 논산에 집결한 농민군은 공주의 경천점을 향하여 진격하였다. 전봉준이 거느린 정예부대가 앞장섰다.

동학농민군의 좌익은 이인역 방향으로, 우익은 노성읍을 거쳐 효포길로 쳐들어갔다. 공주와 청주로 통하는 요충지인 목천 세성에는 북접 산하의 김복용이 거느린 동학농민군 부대가 포진하고 있었다. 2만여 명의 동학농민군이 군산에서 공주에 이르는 만선평야를 거쳐 충청도의 수부首府인 공주를 위협해 들어갔다. 동학혁명사상 남북접 연합군이 합동작전을 편 것은 이것이 처음이었다.

　　이때 공주에는 관군 이의태가 인솔하는 부대가 770명, 후속 경리영·순무영·통위영 등의 병사 2500명, 일본군 2000명, 지방군 등 1만여 명이 주둔하고 있었다. 관군 측은 목천 세성산을 먼저 공격하자는 주장과 공주가 함락되면 충청도 전체를 잃게 된다는 공주선공론으로 대립하였다. 결국 주력부대는 공주에 포진키로 하고 이두황 부대의 관군과 일본군의 일부 병력으로 목천 세성산의 동학농민군을 먼저 공격하기로 결정하였다.

　　세성산은 천안시 목천읍의 남쪽에 자리잡은 산으로, 공주와 청주의 중간에 위치하여 서울로 통하는 요충지이다. 산의 북서쪽은 급경사의 높은 지대로 접근이 어렵고, 동남쪽은 밀림으로 천연의 요새이다. 동학농민군은 산 정상에 진막을 설치하고 일본군의 공격에 대비하고 있었다.

　　세성산의 동학농민군은 전봉준이 이끈 호남정예부대의 지원을 받아 북상하게 되면 서울이 큰 위협을 받게 되고, 동학농민군의 입장에서는 세성산이 함락되면 전체 동학군의 사기에 중대한 영향을 미치게 되는 관건의 요지이기도 하였다.

공주로 진격하는 동학농민군은 효포로부터 웅치, 우금치의 30~40리에 걸쳐 3면으로 공주성을 포위하고 총공격을 개시하였다.

초 9일이 밝아져 적세를 상세히 탐색한 즉 각 진이 바라다보이는 곳은 잡기雜旗를 두루 꽂고 동쪽 판치 후록으로부터 서쪽 봉황산 후록에 이르기까지 30~40리에 걸쳐 열진列陳하고 산위에는 사람이 병풍과 같이 둘러 있어 그 세력이 심히 창궐하다.

아아, 그들 비류匪類의 수만 군중이 40~50리에 걸쳐 연하에 길이 있은 즉 쟁탈하고, 높은 봉인 즉 점거하여 동에서 소리치면 서에서 따르고, 좌에서 번쩍 우에 번쩍 기를 휘두르고 북을 치며 죽음을 무릅쓰고 먼저 오르니 그들을 어떠한 의리와 어떠한 담력으로 타이르겠는가?

언념言念 정적情跡이 골이 떨리고 마음이 서늘하다.[214]

산등에 난립하여 일시에 사격을 하고 다시 산속으로 은신하면 적이 유령하려 하므로 다시 산등에 올라 일제 사격을 가하고, 이같이 하기를 40~50차 하니 쌓인 시체가 산에 가득하였다.[215]

214 〈先鋒陣日記〉,《東學亂記錄(上)》.

215 《官報》, 개국 503년 11월 29일 조.

동학농민군, 전투에서 밀려

동학농민군은 제대로 된 신무기도 없고 훈련도 받지 못한, 오직 의기로 뭉친 오합지졸이었다. 정확한 정보와 우세한 무기·장비를 갖춘 일본군의 공격을 막아내기란 쉬운 일이 아니었다. 관군 역시 크게 증원되고 일본군으로부터 무기와 장비를 지원받아 전력이 대폭 보강되었다. 일본군과 관군의 치열한 공격으로 동학농민군은 삭풍에 나뭇잎 떨어지듯이 쓰러졌다. 6~7일간 계속된 전투에서 수많은 동학농민군이 처참하게 살해되었다.

나치의 유태인 학살범 아이히만의 말이다. "한 사람의 죽음은 비극이지만 수백만 명의 죽음은 단지 통계상의 문제에 지나지 않는다." 동학농민군의 희생은 정확한 통계도 나와 있지 않은 실정이다. 학계에서는 10만 명에서 30만 명 선으로 추산할 뿐이다. 일본군의 총탄에 맞은 동학농민군은 대부분 현장에서 숨지거나 부상을 입고 전선을 벗어났다. 이를 지켜보면서 겁에 질려 무기를 버린 채 도망친 농민군도 많았다.

동학농민군은 치명적인 타격을 입고 노성·논산 쪽으로 철수하고 말았다. 철수한 병력의 일부가 천안 세성산 북쪽으로 후퇴하자 첩보를 받고 잠복해 있던 일본군의 집중 사격으로 동학농민군은 다시 한번 큰 타격을 입었다. 세성산 전투를 끝까지 지휘하던 북접의 효장 김복용과 중군 김영우, 화포장 원금옥 등이 관군과 일본군에 붙잡혀 총살되었다.

우금치 전투 이후 동학농민군의 호서·호남 지역 주요 전투[216]

음력	양력	주요 전투
갑오 11월 5일	1894년 12월 1일	청산현 석성촌 전투
11월 7일	12월 3일	영동군 양산촌 전투
11월 7일	12월 3일	해미현 매현 전투
11월 8일	12월 4일	청산현 문암 전투
11월 8일	12월 4일	영동군 부근 전투
11월 9일	12월 5일	금산현 부근 전투
11월 9일	12월 5일	옥천군 증약역 전투
11월 11일	12월 7일	문의군 지면촌 전투
11월 13일	12월 9일	청주부근 전투
11월 14일	12월 10일	연산부근 전투
11월 14일	12월 10일	논산군 역현산 전투
11월 14일	12월 10일	여산 부근 전투

---

216 신용하, 앞의 책, 1993, 350쪽.

음력	양력	주요 전투
11월 15일	12월 11일	논산 부근 전투
11월 16일	12월 12일	진안현 전투
11월 17일	12월 13일	율곡읍 점령 전투
11월 18일	12월 14일	고산현 전투
11월 20일	12월 16일	영광읍 점령 전투
11월 25일	12월 21일	금구 원평 전투
11월 26일	12월 22일	좌수영 전투
11월 27일	12월 23일	대인현 성황산 전투
12월 4일	12월 30일	장흥 벽사역 전투
12월 5일	12월 31일	장흥부 점령 전투
12월 7일	1895년 1월 2일	강진현 점령 전투
12월 8일	1월 3일	무주읍 전투
12월 9일	1월 4일	용담현 전투
12월 12일	1월 7일	영동 용산장대 전투
12월 12일	1월 7일	조양 전투
12월 12일	1월 7일	건산 전투
12월 13일	1월 8일	장흥 남면 · 고읍 전투
12월 15일	1월 10일	장흥 남문외 전투
12월 16일	1월 11일	옥산촌 전투
12월 18일	1월 13일	장호원 · 음성간 건투
12월 18일	1월 13일	해남현 성외 전투
12월 18일	1월 13일	종곡 전투
을미 1월 24일	2월 18일	대둔산 전투

뒷날 시인 김진경은 우금치의 한과 원을 한 편의 시로 남겼다.

〈우금치의 노래〉

김진경

그날이었는지 몰라라
우리에게 넘을 수 없는 무엇이 생긴 것은
그날이었는지 몰라라
우리가 우리의 죽은 몸 위에 가시덤불로 피어
넘을 수 없는 무엇을 넘기 시작한 것은.

옛적에는 굶주린 사내들이 들어와
소도둑이 되었다는 좁은 고갯길
흰 옷 입은 동학군들이 죽어 산을 이루던
이곳이었는지 몰라라.

우리가 우리의 마음속에 넘을 수 없는 철조망을 치던 것은
이곳이었는지 몰라라
우리가 우리의 죽은 몸 위에 뿌리를 내려
넘을 수 없는 철조망을 넘기 시작한 것은.

아, 그때부터였는지 몰라라
우리가 노예의 노래를 부르기 시작한 것은
아, 그때부터였는지 몰라라
우리가 우리 속에 빛나는 하늘을 부르기 시작한 것은.

우금치여, 휴전선이여, 모든 철조망이여
우리들의 절망은 우리들의 희망
노예의 노래는 빛나는 하늘
진달래 뿌옇게 핀 좁은 고갯길
지금도 소리쳐 오는 함성은 우리의 것.

아직도 피가 뜨거운 사내들은
죽음처럼 새파랗게 날선 고개를 넘는다
우리들의 새벽 출근길에, 책 위에, 식탁 위에
문득 문득 막아서는 우금치여, 휴전선이여, 모든 철조
망이여
너를 넘는다. 우리들의 죽은 몸 위에 뿌리를 내려
넘을 수 없는 너를 넘는다.

제 **18** 장

길이 끝나는 곳에서도 길이 되는 사람

때가 오매 천지가 모두 힘을 합하더니
운이 다하니 영웅도 어쩔 수 없구나
백성을 사랑하고 정의를 세운 것이 무슨 허물이랴
나라 위한 일편단심 그 누가 알리

– 전봉준, 〈유시〉

개혁가들의 좌절과 그 밀고자들

애오라지 전봉준은 조선 민중의 표본과 같은 인물이다. 그에게는 학대받고 설움에 지친 왕조시대 조선 민중의 원과 한이 맺혀 있었다. 그의 피에는 누대로 내려온 핍박과 가난이 흐르고 있었고, 그의 혼에는 만 가지의 고통을 견디면서 이 땅을 지켜온 인고와 저항의 숨결이 흐르고 있었다.

전봉준은 토우인과 같은 존재이었다. 이 땅의 흙으로 빚어지고, 이 강산의 공기를 마시며, 이 땅의 민중들과 애환을 나누다가 죽어서는 이 강토에 본디의 모습으로 돌아간 순종 토우인이었다.

전봉준을 붙잡아서 관아에 바친 사람들은 농민들이다. 전봉준이 그토록 아끼고 사랑하며 그들의 노예적 신분을 해방시키려던 바로 그 사람들이다. '척왜척양'의 기치로 시작된 동학농민혁명이 왜적이 들어오게 되는 모순에 처했듯이, 동학혁명의 기수가 농민들의 손에 체포된 것은 역설이었다.

    우리 역사에는 시대마다 걸출한 개혁주도의 인물이 나타
났다. 몇 번만이라도 이 개혁주도 인물이 성공하였다면 우리
역사의 전개는 크게 달라졌을 것이다. 이들 개혁주도자들은
그때마다 부패무능한 국정개혁과 만민평등을 주장하고 대외
적인 민족자주와 혁신정치를 시도하였다.

    그러나 개혁주도 인물들은 대부분이 보수기득세력의 두
꺼운 장벽을 넘지 못하거나 외세의 개입으로 그 시도가 좌절
되고 말았다. 우리 국민성 역시 전통적으로 보수와 개혁의
두 흐름으로 교직되었다. 기마민족과 농경민족의 혈통을 갖
고 있는 한민족은 원시 고대사회의 기마민족적 진보성이 토
착농경사회로 정착되면서부터 보수성이 강한 민족성으로 자
리잡게 되었다.

    이로 인해 현실에 안주하는 보수성향이 국민 일반의 의식
과 행동을 규제하게 되고, 압제와 수탈 및 외부의 침략에 과
감히 항거하다가도 금방 주저앉는 경우가 허다했다. 전통사
회로부터 근대에 이르기까지 한국사에서 대표적인 개혁주도
인물로는 신라 말기의 장보고, 고려 중기의 묘청과 만적, 말
기의 신돈, 조선 초기의 정도전, 중기의 조광조, 말기의 홍경
래, 최제우, 전봉준 그리고 대한제국 시대의 김옥균과 서재
필을 들 수 있다.

    이들 11명의 '개혁인물'에는 견해에 따라서 얼마든지 다
른 평가가 가능할 것이다. 개중에는 순수한 개혁주의자라기
보다는 반역자, 종교적인 이상주의자, 외세지향자로 불릴 수

있는 인물도 있기 때문이다.

또한 이들 중에는 왕권의 보호 속에서, 즉 체제 내에서 개혁을 시도한 사람도 있고, 왕권을 뒤엎고서 개혁하고자 한 혁명론자도 포함된다. 그리고 외세를 끌어들여서 국정의 개혁을 도모하고자 한 사람도 없지 않았다. 하지만 보편적으로 이들이 시도했던 목표가 국정의 개혁에 있었던 만큼 '개혁인물'로 선정하는 데는 큰 무리가 없을 것이다.

앞에서 언급했듯이 우리 민족성은 보수적인 측면이 강해서 개혁을 꺼리고 두려워한다. 따라서 11명의 개혁인물은 대부분 실패하기에 이르렀으며 서재필을 제외한 10명은 살해되었다. 서재필의 경우, 자신은 해외망명과 미국 국적을 가져서 겨우 생명을 부지했지만 대신 전가족이 참혹한 죽임을 당했다.

서재필 외에 10명의 개혁인물은 약속이나 한 듯이 처참하게 죽어갔다. 장보고는 조정에서 보낸 자객 염장에게 살해됐으며, 묘청은 김부식의 토벌 과정에서 부하에게 살해당했다. 만적은 정부군에 체포돼 강물에 던져졌고, 신돈은 왕명으로 참형을 당했다. 정도전은 이방원의 테러로 살해됐고, 조광조는 훈구파의 반격으로 능주 귀양지에서 사약을 받고 죽었다. 홍경래는 싸움터에서 전사했고, 최제우는 혹세무민의 죄로 처형됐으며, 전봉준은 효수당했다. 김옥균은 이역에서 자객 홍종우에게 암살당했다.

이들뿐 아니다. 조선 명종 때 황해도 일대에서 신출귀몰

하던 의적 임꺽정은 참모 서림徐林의 밀고로 체포되어 처형되고, '태백산 호랑이'라는 별명을 듣던 평민 출신 의병장 신돌석은 김상렬金相烈 형제의 계략에 빠져 암살되었다. 믿고 따르던 부하의 밀고나 변절한 동지의 손으로 붙잡힌 독립운동가도 적지 않았다.

동지의 밀고로 순창에서 붙잡혀

전봉준의 거사는 처음부터 승산이 희박한 싸움이었다. 관군을 상대하기도 벅찬 싸움이었는데, 일본군이 참전하면서 승패는 이미 결정된 것이나 다름없었다. 일본군의 참전 소식은 동학농민군에게 심리적으로도 불안감을 갖게 하였다. 무엇보다 그들이 지닌 화력이 상대가 되지 않았다. 일본군이 7월 23일 경복궁을 점령하면서 정부 측은 사실상 무장해제를 당하여 이후 조선 관군은 일본군의 지휘감독을 받게 되었다.

날이 갈수록 농민군의 참여는 줄어들고, 충청지역에서 벌어진 몇 차례 전투에서 패배한 것이 사기를 크게 떨어뜨렸다. 전봉준의 지원 요청에도 남원에 포진하고 있던 김개남 장군 휘하의 부대는 끝내 움직이지 않았다. 김개남은 전봉준에 대한 여러 가지 불평을 제기하면서 자신의 세력을 키우고 있었다. 주변에서는 "김개남이 왕이 된다"는 소문도 나돌았다고 한다.

지방의 신뢰받는 유생과 재산가 계층이 동학농민혁명에 적극적으로 참여하지 않았다. 그들은 계급적으로 기득세력이었다. 오히려 동학의 개벽(개혁) 사상과 전봉준의 평등사상에 거부감을 가졌다. 동학농민혁명이 좌절된 요인의 하나이기도 하다. 동학농민군 지휘부의 엄격한 지시에도 불구하고 일부 지방에서는 행패와 비리가 잇따랐다. 부잣집을 털거나 붙잡아다가 곤장질을 하고 재물을 약취하였다. 모든 혁명에는 부작용이 따르고 '부산물'이 혁명의 본질을 훼손하기 일쑤이듯이 동학농민혁명 과정에서도 예외는 아니었다.

전봉준은 몸소 "가마를 타고 홍개紅蓋를 휘날리며 기를 들고 태평소를 불면서乘轎張蓋揚旗吹角"[217] 전선을 총지휘했으나 일본군의 화력에 밀려 공주 공방전에서 패퇴하였다. 동학농민군은 이때부터 전세가 역전되면서 일본군에게 추격당하게 되었다. 일단 노성魯城으로 후퇴한 전봉준은 전력을 재정비하여 공주성을 다시 공격할 계획이었다. 그러나 우금치에서 치명적인 참패로 다시 진격할 여력이 없었다.

승기를 잡았다고 판단한 일본군은 관군을 앞세우고 집요하게 추격하면서 전봉준을 체포하도록 돕는 이에게 거액의 현상금과 군수직을 주겠다고 농민들을 현혹했다. 일본군은 동학농민군을 닥치는 대로 학살하였다. "관군은 뒤를 쫓아 사격하니 1000여 명의 적이 이에 맞아 쓰러졌는데 추풍의 낙

━━━ **217** 〈녹두장군 전봉준 해적이〉, 《나라사랑(제15집)》, 20쪽.

엽과 같았고 길에 버린 총과 창, 밭두둑가에 널려 있는 시체가 눈에 걸리고 발길에 채이다……"[218]라고 이두황이 쓸 정도로 희생자가 많았다.

전봉준은 일단 피신하기로 작정했다. 태인에서 농부의 옷차림으로 변복하고 부하 10여 명만 데리고 장성의 입암산성으로 들어갔다. 입암산성의 별장別將 이종록은 전봉준을 환대하며 부하들까지 재워주고 밥도 먹여주었다. 그러나 여기도 안전한 곳은 못되었다. 우선봉장 이규태가 전봉준이 입암산성으로 들어갔다는 첩보를 받고 추격대를 파견했다는 소식이 들어왔다. 이규태는 곳곳에 기찰 요원을 풀어 전봉준 일행의 행방을 뒤쫓았다. 일본군도 입암산성을 샅샅이 뒤지며 수색전을 벌였다.

전봉준은 백양사 옆에 있는 암자로 잠시 피하였다가 다시 순창의 피노리로 발길을 돌렸다. 따르던 부하들을 돌려보내고 세 명만 데리고 길을 떠났다. 눈에 띄기 쉬운 말도 버리고 총 한 자루만 지닌 채였다. 부하들은 양해일·최경선·윤정호였다. 피노리를 택한 것은 예전 부하 김경천이 이 마을에 살고 있었기 때문이다. 김경천은 전봉준이 고부 접주로 있을 때 집사의 일을 보며 전봉준을 도왔던 인물이다.

이곳에서 잠시 피신했다가 김개남과 협력하여 재기를 도모할 작정으로 피노리를 택한 것이다. 이것이 전봉준의 일생

---

218 〈兩湖右先鋒日記〉 갑오 11월 29일 조,《東學亂記錄(上)》.

일대의 큰 실책이 되었다. 항간에서는 "전봉준이 '경천敬天'을 조심해야 한다"는 점괘가 나돌고, 각종 유언流言과 참요가 나돌았다. 전봉준은 이런 비어飛語를 알았는지 몰랐는지, 경천 전투에서 패배하고 피노리를 택한 길이었다.

거액의 현상금에 눈이 먼 농민들

　앞에서 적은 대로 당시 전봉준에게는 거액의 현상금이 붙었다. 붙잡는 자에게는 돈 1000냥과 신분 여하를 막론하고 군수직을 주겠다는 제안이었다. 1000냥과 군수자리는 백성들 누구에게나 눈이 뒤집히는 유혹이었다. 김경천은 전봉준과 같은 고향의 동지였지만 겁이 많은 소인배로 동학농민혁명이 발발하자 정읍을 떠나 깊은 산골 마을인 피노리에 피신해 살고 있었다.

　약삭빠른 김경천은 전봉준이 총대장이고 그에게 많은 현상금이 걸려 있으며 그를 따라다니는 부하가 많지 않다는 것을 알고 은밀하게 움직였다. 어떤 주민의 증언에는 전봉준이 김경천을 찾아오자 반갑게 맞이하고는 길가 주막으로 안내하여 저녁밥을 시켜 기다리게 하였다고 한다.

　아무튼 김경천은 이웃 마을에 사는 선비 한신현에게

전봉준이 주막에 머물고 있다고 알려주었다. 한신현은 마침 농민군을 수색키 위해 민보단을 조직하고 있었는데 뜻밖에도 호박이 굴러들어왔던 것이다. 그는 친구 김영철·정창욱 두 사람과 동네의 장정들을 동원해 동정을 엿보다가 밤을 틈타 전봉준 일행을 덮쳤다.

전봉준이 소란스런 소리에 위협을 느껴 천보총을 들고 방문을 박차고 나가 나뭇단을 밟고 담을 뛰어넘을 때였다. 주막을 포위하고 있던 마을 장정들이 총개머리판과 몽둥이로 그를 사정없이 내리쳤다. 전봉준은 무수히 몽둥이를 맞고 땅바닥에 굴러 떨어졌다. 이렇게 하여 일본 기자가 표현한 대로 '불세출의 영웅 전봉준'은 하찮은 부하의 밀고와 무지몽매한 장정들의 손에 잡히고 만 것이다. 12월 2일 밤이었다.[219]

전봉준은 1894년 1월 고부에서 봉기하여 천하를 호령한 지 1년여 만에 허무하게 붙잡히고 말았다. 붙잡히는 과정에서 발목·허리 등 온몸이 망가질 정도로 맞았다. 장정들은 잡힌 뒤에도 사나운 몽둥이질을 하여 초주검을 만들어놓고 붙잡힌 부하들과 함께 공회당에 가두었다. 현상금에 눈이 먼 이들이 순창 관아에 전봉준을 생포하였다는 보고를 하자, 순창 관아는 이들을 전주 감영으로 압송하려고 현장에 달려왔다.

▨▨▨ **219** 이이화, 앞의 책, 1992, 212~213쪽.

그러나 어느 틈에 정보를 입수한 일본군 소좌 미나미 쇼시로가 병졸들을 이끌고 피노리에 나타나 전봉준의 신병을 인도해갔다. 붙잡힌 전봉준 일행은 일본군 제19대대가 주둔한 담양으로 끌려갔다가 나주의 일본 순사청 감옥에 갇혔다. 나주에는 호남 농민군 진압의 총본부가 설치되어 있었다. 일본이 제멋대로 세운 것이다. 일본군은 또 이곳에 대규모의 감옥을 지어 피체된 동학농민군을 수감하여 고문하고 처형하기를 일삼았다.

일본군은 전봉준을 나주에서 며칠 동안 구류했다가 이듬해 1월 5일 서울로 압송하였다. 이때 일본군에 붙잡혀 있던 손화중도 함께 압송되었다. 전봉준은 붙잡힐 때 당한 부상으로 보행이 거의 불가능한 상태였으므로 '들것'에 태워서 압송되었다. 대포와 총을 맨 순검들의 삼엄한 경계를 받으며 전봉준 일행은 서울로 '옮겨졌다'. 지금 유일하게 남아 있는 전봉준의 사진은 혹독한 매질과 모진 심문, 심한 추위에도 굳건한 모습과 형형한 눈빛에서 혁명가의 위엄을 엿볼 수 있는 유일본이다.

전봉준이 붙잡혀서 서울로 압송된다는 소문이 퍼지면서 곳곳에서 농민들이 몰려나왔다. 통곡하는 사람, 하늘을 원망하는 사람, 어떻게든 구해야 하는데 방법을 몰라 애태워하는 사람들이 길목에 서서 압송되어가는 영웅을 전송하였다. 그럴수록 일본군의 호위는 더욱 삼엄하고 경계는 철저해졌다. 밀고자들에게는 포상이 따랐다. 전봉준의 생포에 주도적 역할을 한 한신현에게는 금천군수가 제수되고, 피노리 마을사람들은 돈 1000냥을 받았다. 밀고자 김경천은 세상의 눈총과 보복이 무서워 마을을 떠나 숨어 살았다. 뒷날 피노리는 마을 이름을 바꿔야 했다.

서울로 압송된 전봉준은 진고개(충무로와 명동일대) 일본 영사관 순사청(중부경찰서 자리)에 억류되었다. 일본 군병이 철옹성같이 둘러쌌다. 동학농민군이 파옥하고 구출할 것을 우려하여 감시가 삼엄했다. 일본 영사관에서 심문을 받던 전봉준은 1월 22일 조선의 법무아문에 넘겨지고, 거기서 다시 심한 고문을 당하며 심문을 받았다. 재판정에 끌려나온 전봉준은 고문으로 몸을 가누지 못할 지경이었다. 1895년 2월 9일(음력)부터 공식적인 심문이 시작되었다. 형식상으로는 대한제국 정부의 법부대신 서광범이 최종서명하고 재판은 협판 이재정, 참의 장백, 주사 김기조·오용묵이 참여한 것으로 돼 있지만 일본이 깊숙이 개입한 재판이었다.

영사관에 억류되어 심문받을 때 법관이 죄인 취급하며 다루려 하자 전봉준은 "동학은 잘못된 세상을 바로잡고자 하여 탐학하는 관리를 없애고 그릇된 정치를 바꾸려 한 것인데 무엇이 잘못이며, 조상의 뼈다귀를 우려 악을 행하여 백성의 고혈을 빨아먹는 자를 없애는 것이 무엇이 잘못이며, 사람으로 사람을 매매하는 것과 국토를 농락하여 사복을 채우는 자를 치는 것이 무엇이 잘못이냐. 너희는 외적을 이용하여 자국을 해하는 무리이다. 그 죄 가장 중대하거늘 나를 죄인이라 이르느냐"고 법관을 준열히 꾸짖었다.

재판이 끝나고 선고법정에 판관으로 입회한 법무참의 장박이 전봉준에게 물었다.

장　박 : 나는 법관의 신분으로 죄인과 한마디 나누겠다. 너는 목숨이 아깝지 않느냐?

전봉준 : 국법을 적용한 이상 어쩔 수 없는 일이겠노라.

장　박 : 그렇다. 우리나라에는 너희들이 저지른 것과 같은 범죄에 대해 아직 문명한 규정이 없다. 문명한 여러 나라에서는 국사범으로 다루어 사형을 면할 수 있을 텐데 어쩔 수 없구나. 너희들은 스스로 생각해보라. 오늘의 죽음은 매우 유감스럽지만 네가 전라도에서 한번 일어나자 청일전쟁의 원인이 되었고 개화정부가 출범하여 우리나라도 크게 개혁되었다. 너희가 탐관오리로 지목한 민영준 등도 국법에 처했고 나머지 사람들도 흔적을 감추었다. 그래서 너희의 죽음은 결국 오늘의 공명한 정사政事를 촉진한 것으로 명복을 빈다.[220]

━━━ 220　이이화, 《녹두장군 전봉준》, 중심, 2006, 233~234쪽.

사형선고에도 의연한 모습

대한제국 정부와 일본 영사관은 31일 동안 전후 다섯 차례에 걸쳐 심문하였다. 심문의 총 문항은 275개였고, 일본영사가 단독으로 심문하기도 하였다. 제1차는 1895년 2월 9일(음력), 제2차는 2월 11일, 제3차는 2월 19일, 제4차는 3월 7일, 제5차는 3월 10일에 각각 재판이 진행되었다. 재판이라기보다는 일방적인 심문이고 판결이었다. 전봉준은 붙잡힐 때 당한 부상과 감옥에서 받은 고문으로 보행이 불가능하여 법정 출입에는 가마를 타고 몇 사람의 부축을 받아야 했다.

상한 다리를 일본군 군의에게서 치료받았다. 이때 일본인 유력인사가 전봉준에게 은밀히 손을 내밀었다. 일본인 변호사를 대어 생명을 구해주겠다는 제안이었다. "그대의 죄상은 일본 법률로 보면 중대한 국사범이기는 하나 사형까지는 이르게 하지 않을 수도 있으니 일본인 변호사에게 위탁하여 재판하여 보는 것이 좋을 것이다. 또 일본 정부의 양해를 얻어

활로를 구하는 것이 어떠냐?"[221]는 유혹이었다.

　사마천이, 죽음이냐 남근男根을 제거하는 궁형이냐를 선택받고 자신이 처한 심경을 《사기》에서 표현한 글이 있다.

　　죽는다는 것은 어려운 일이 아니다
　　죽음에 처하는 것이 어렵다.

　　非死者難也
　　비 사 자 난 야

　　處死者難
　　처 사 자 난

　죽음에 처하며 살아가는 편이 죽는 것보다 훨씬 어려운 일이라는 것이다. 결국 사마천은 치욕을 견디며 살아남아서 불후의 업적《사기》를 썼다.
　그러나 전봉준은 그럴 수가 없었다. 자신이 징벌하고자 했던 '반봉건'과 '반외세', 그중에서도 더욱 척결의 대상이었던 외세, 그 일본의 힘을 빌어 구차하게 목숨을 연장할 수는 없는 일이었다.
　혁명가답게 전봉준의 의지는 단호했다. "구구한 생명을

---

221 《東京朝日新聞》, 1895년 3월 12일자(양력).
222 《東京朝日新聞》, 1895년 3월 15일자(양력).

위하여 활로를 구함은 내 본의가 아니다."[222]

　이런 말을 들은 일본인 유력자는 움찔했을 것이다. '조선에 이런 인물이 있었던가', 한편으로 놀랍고 두려웠을 것이다.

　전봉준은 붙잡혀서 재판을 받을 때나 사형이 선고되었을 때나 일관되게 의연한 모습을 보였다. 취재하던 일본 기자들도 모두 놀랐다고 한다.

　일본은 전봉준을 이용하기 위해 온갖 간교한 음모를 꾸몄다. 살려서 이용하고자 하는 속셈이었다. 일본 극우계열인 천우협 인사들이 본격적으로 전봉준을 이용하려는 공작을 꾸몄다. 전날에 전봉준을 만난 적이 있는 다나카 지로田中侍郞가 일본 영사관의 동의 아래 죄인으로 가장하고 감옥으로 들어가 전봉준과 접촉하였다.

　다나카는 전봉준에게 천우협의 역할을 설명하고 청일전쟁을 비롯하여 조선의 정세 등을 자세히 설명한 다음 일본으로 탈출할 것을 권고하였다. 이때 전봉준이 살 길을 찾아 다나카의 설득에 동의하였다면 생명을 건질 수도 있었을 것이다. 당시 서울은 이미 일본군이 장악하다시피 하고 있어서 얼마든지 일본으로 탈출이 가능했던 정황이었다.

　　"내 형편이 여기에 이른 것은 필경 천명天命이니 굳이 천명을 거슬러 일본으로 탈출하려는 뜻은 추호도 갖고 있

━━━ **223**　주 222와 같음

지 않다." [223]

　전봉준은 결코 흔들리지 않았다. 그리고 결연하게 죽음의
길을 선택하였다.

　1895년 3월 29일(음력) 마침내 사형판결이 내려졌다. 그의
죄목은 조선말기에 만든 《대전회통大典會通》의 〈군복기마작
변관문자부대시참軍服騎馬作變官門者不待時斬〉이라는 긴 죄명
이었다. "군복차림을 하고 말을 타고 관아에 대항하여 변란을
만든 자는 때를 기다리지 않고 즉시 처형한다"는 내용이다.

　사형판결과 함께 이날 형이 집행되었다.[224] '때를 기다리
지 않고 즉시 처형'한다는 조문도 조문이지만, 언제 잔류 동
학농민군이 서울로 쳐들어와 전봉준을 구출할지 모른다는
초조감도 작용하였을 것이다.

　1895년 3월 29일, 이날 전봉준과 같이 사형언도를 받은
손화중·김덕명·최경선·성두한 등 5명도 함께 교수형에
처해졌다.

　사형판결의 주문을 듣고 전봉준은 벌떡 일어나 결연히 소
리쳤다. "올바른 도道를 위해 죽는 것은 조금도 원통하지 않
으나 오직 역적의 누명을 쓰고 죽는 것이 원통하다"고 대갈
일성하여 재판 관계자들을 놀라게 하였다. 그리고 죽기 직전
에 마지막 소회를 즉흥시 〈운명殞命〉을 지어 읊었다.

─────────

224　서지학자 이종학은 동학농민혁명전시자료에서 사형선고를 받은 이튿날인
　　　 30일 새벽 2시에 교수형으로 집행되었다고 밝혔다.

때가 오매 천지가 모두 힘을 합하더니
운이 다하니 영웅도 어쩔 수 없구나
백성을 사랑하고 정의를 세운 것이 무슨 허물이랴
나라 위한 일편단심 그 누가 알리.

時來天地皆同力
시 래 천 지 개 동 력

運去英雄不自謀
운 거 영 웅 불 자 모

愛民正義我無天
애 민 정 의 아 무 천

爲國丹心誰有知
위 국 단 심 수 유 지

종로 네거리에서 내 목을 베라

　집행관이 교수대 위에 선 전봉준에게 가족에게 할 말이 있으면 하라고 하였다.

　"나는 다른 할 말은 없다. 나를 죽일진대, 종로 네거리에서 나의 목을 베어 오가는 사람에게 내 피를 뿌려주는 것이 옳거늘 어찌 컴컴한 적굴 속에서 암연히 죽이느냐!"라는 말을 남기고 오랏줄을 받았다. 일본인들이 촬영한 전봉준의 효수된 머리는 두 눈을 부릅뜬 혁명가의 형형한 모습으로 남아 있다. 그리고 머리와 시신은 어떻게 처리되었는지, 근대 한국의 대표적 민중혁명가 전봉준의 시신에 대해 역사는 공백으로 남아있다.

　사형대에 오르면서 전봉준은 무슨 생각을 하였을까. 바르톨로메오 반제티의 유언을 알았다면, 그와 같은 생각을 했을지 모르겠다.

당신들이 나를 두 번 처형한다 해도
내가 올바로 살았다는 사실을
바꾸지는 못할 것이다.

그의 눈빛은 여전히 형형하고 꽉 다문 입술은 결연함을
보여주었다. 뒷날 시인 문병학은 〈전봉준의 눈빛〉이란 시를
써서 그날의 모습을 그렸다.

〈전봉준의 눈빛〉

문병학

저 들판 끝 바람 앞에 선 사내 하나
앙상한 뼛골로 우뚝 서 있는
서서 죽은 사내의 정수리에 들입다 꽂히는 바람아
네가 졌다
찬찬히 보아라, 제 몸 스스로 식혀 정수리로부터
차가운 피 맑게 돌리며
두 눈 번쩍 뜨는 그는
너의 등덜미를 내내 주시하고 있다.

전봉준이 처형되고 일제의 침략은 더욱 거세졌다. 국운이
풍전등화처럼 흔들리고 있을 때 의암毅菴 유인석柳麟錫은 선
비들에게 처변삼사處變三事를 가르쳤다. "마침내 대화大禍가

이 지경에 이르렀는데, 우리들 유생으로서 처신할 길이 셋이 있을 뿐이다. 그 하나는 거병소청擧兵掃淸이요, 둘은 거이수지 去而守之요, 셋은 자청自淸하는 일이니 각자 알아서 하라."[225]

즉 국가의 변을 만났을 때 선비는 거병·망명·수절의 세 가지 처신이 있다. 그 밖의 행동은 용납될 수 없고, 그 밖의 행동은 변절이라는 것이다. 유인석은 '거의'하면서 전봉준의 뜻을 이어받았을지 모른다.

전봉준의 최후는 장렬한 모습이었다. 교수형 당시 집행총순執行總巡이었던 사람이 오지영에게 전한 증언에서도 잘 드러난다.

나는 전봉준이 처음 잡혀오던 날부터 끝내 형을 받던 날까지 그의 전후 행동을 잘 살펴보았다. 그는 과연 보기 전 풍문으로 듣던 말보다 훨씬 돋보이는 감이 있었다. 그는 외모로부터 천인만인의 특으로 뛰어난 인물이었다. 그는 청소한 얼굴과 정채로운 미목으로 엄정한 기상과 강장한 심지는 세상을 한번 놀랠 만한 대위인, 대영걸이었다. 과연 그는 평지돌출로 일어서서 조선의 민중운동을 대규모로 대창작으로 한 자이니 그는 죽을 때까지라도 그의 뜻을 굴치 아니하고 본심 그대로 태연히 간 자이다.[226]

225 유인석, 〈從義錄〉, 《독립운동사자료집(1)》.
226 오지영, 앞의 책.

일본인 기쿠치 겐조는 전봉준의 사형과 관련한 내용을 자신의 책에 썼다. 기쿠치 겐조는 1930년부터 1935년까지 한국에서 《고종·순종실록》 편찬위원으로 참여하여 한국의 각종 근대사 사료를 열람하고, 이를 정리한 내용을 1933년 5월부터 100여 회에 걸쳐 《경성일보》에 연재하였다. 뒷날 다우치와 함께 《근대조선이면사》를 저술한 인물이다. 다음에 인용한 내용에는 전봉준의 인물됨을 밝히고 있으나 다른 자료들에 비추어 보아 전봉준의 처신과는 전혀 용납되기 어려운 부분도 적지 않다.

전봉준은 1895년 5월 사형되었고, 그의 막료였던 손화중·최두선 등도 동시에 교수대에 올랐다. 일본인 가운데는 전봉준의 인물됨을 아까와하고, 보국안민의 정의를 받든 그의 정열에 감탄하여 어떻게 하여야 그의 목숨을 구할 수 있을까 하고 분주했던 사람도 있었다.

그러나 대군을 이끌고 국가에 대적한 그는 반역자였다. 그는 사형집행의 순간에서도 편안하였고, 마지막에서는 일본의 고상한 뜻을 알고 일본의 충성과 용맹에 감탄하였으며 지금까지의 그의 행적을 후회하였다.

을미사변의 피해를 입고 쫓거나 일본으로 호송된 일본인들은 배가 용산을 떠나려 할 때, 전봉준의 영혼을 위로하기 위해 음식을 바쳐줄 것을 부탁하였다.[227]

전봉준은 일본 경찰의 취조에 답변하면서 동학농민혁명의 정치적 체제 구상을 다음과 같이 밝힌 바 있다. 그는 동학농민혁명의 궁극적인 목표를 공화주의에 두고 있었다. 민주주의의 선각적 가치를 추구하고 있었음을 알게 된다.

일본병을 물러나게 하고 악간惡奸의 관리를 축출해서 임금 곁을 깨끗이 한 후에는 몇 사람 주석柱石의 사士를 내세워서 정치하게 하고 우리들은 곧장 농촌에 들어가 상직常職인 농업에 종사할 생각이었다. 하지만 국사를 들어 한 사람의 세력가에게 맡기는 것은 크게 폐해가 있는 것을 알기 때문에 몇 사람의 명사에게 협합하여 합의법에 의해서 정치를 담당하게 할 생각이었다.[228]

우리는 필리핀의 호세 리잘Jose Rizal을 기억한다. 스페인 지배자들에 의해 최초의 아시아 민족주의자로서 희생된 인물이다. 젊은 의사이자 작가 · 시인이면서 필리핀 독립운동의 선구자인 리잘은 1861년 35세로 스페인 정부군에게 총살되었다. 지금 필리핀에서는 그가 사망한 12월 30일을 법정공휴일로 추모하고 있다.

필리핀의 독립운동은 리잘의 처형을 계기로 본격화하였

---

227 菊池謙讓, 앞의 글, 196쪽.
228 〈동학당 대두목의 후속심문〉,《東京朝日新聞》, 1895년 3월 5일자.

다. 리잘은 형장에서 유언을 남겼다. "나는 조국의 밝은 새벽을 보지 못하고 죽는다. 그러나 밝은 세상의 사람들은 밤사이 스러져간 사람들을 잊지 말아 달라."

전봉준과 그의 동지들이 처형된 날 서울에는 아침부터 봄비가 내리고, 동쪽 하늘에는 먹구름이 겹겹이 덮히고 있었다. 마치 조선의 운명을 보여주는 듯한 형국이었다.

전봉준은 그렇게 죽었다. 향년 41세, 죽기에는 아직 창창한 나이였다. 하지만 그의 죽음은 헛된 것이 아니었다. 그의 육신은 죽었지만 정신과 사상은 영원히 살아남았다. "길이 끝나는 곳에서도 길이 되는 사람"[229]이 된 것이다.

이 장을 마무리할 무렵 불현듯 김종해 시인의 〈텃새〉가 떠오르는 것은 왜일까.

〈텃 새〉

김종해

하늘로 들어가는 길을 몰라
새는 언제나 나뭇가지에 내려와 앉는다
하늘로 들어가는 문을 몰라
하늘 바깥에서 노숙하는 텃새

▨▨ **229** 정호승, 〈봄길〉, 《사랑하다 죽어버려라》, 창비, 1997.

저물녘 별들은 등불을 내거는데
세상을 등짐지고 앉아 깃털을 터는
텃새 한 마리
눈 날리는 내 꿈길 위로
새 한 마리
기우뚱 날아간다.

　　전봉준은 '토우인'인가 아니면 '텃새'인가. 아니면 그 모두인가. 전봉준은 처형되기 전에 형리에게 절명시 한 수를 써주었다.

　　기자가 세운 예의의 나라 삼천리에
　　남방의 송宋을 망친 진회秦檜와 같은 사람이 있고
　　명나라의 풍속이 오백 년을 이어왔건만
　　진병秦兵을 물리친 동해의 노중연魯仲連 같은 선비가
없구나.[230]

■■■■ **230** 진회는 포악불의한 송나라 재상, 노중연은 춘추전국시대 제濟 나라의 선비로서 진나라 군사를 물리치고 벼슬을 사양한 인물이다(차상환, 〈동학당 수령 전봉준②〉, 《朝光》, 1936년 6월호).

제 19 장

대원군과 밀약관계 있었던가

일본군을 물리치고 간악한 벼슬아치를 축출해서
임금의 측근을 깨끗하게 한 뒤에
몇 명의 심지 굳은 선비를 내세워 정치를 맡게 하고
우리들은 곧장 농촌에 들어가 농업에 종사할 생각이었다.
하지만 국사를 들어 한 사람의 세력가에 맡기는 것은
크게 폐해가 있음을 알기에
몇 사람의 명사에게 협력해서 합의에 따라
정치를 담당하게 할 생각이었다.

– 전봉준, 일본 기자와의 대화에서

대원군과 밀약 또는 협력 여부

전봉준과 동학농민혁명을 연구하는 학자 중에는 대원군(이하웅)과의 밀약설 또는 협력관계 여부에 관심을 모은다. 전봉준이 기의할 때부터 이미 대원군과 내밀한 관계에 있었다는 주장이다. 여기에는 전봉준이 대원군을 이용하려 했다는 설과 반대로 대원군이 정치적 공백의 보완과 국정개혁의 수단으로 전봉준을 이용하려 했다는 주장이 대립한다.

금일 우리의 의리는 다른 뜻이 있는 것이 아니라 탐관오리를 개과혁신케 하고 국태공을 감국케 하여 위로는 종사를 보존하고 아래로는 백성들을 편안케 하며 윤리와 군신간의 의리를 온전케 함으로써 난신적자亂臣賊子가 자연히 사라져 감히 나라를 해치지 못하게 하려는 데 있을 따름이다.[231]

이 자료에 따르면 전봉준이 '국태공(대원군)을 감국케' 하겠다는 의지가 뚜렷하게 입증된다. 전봉준의 거의와 혁명 과성을 면밀히 분석하면 곳곳에서 대원군 측과 접촉한 정황이 포착되기도 한다. 일본의 여러 가지 자료에도 나타나고 있다.

대원군 역시 전봉준을 직접 거명하지는 않았지만 '민요'(동학농민혁명)에는 '비범한 인물'도 가담하고 있다고 밝힌 바 있다. 동학농민혁명이 발발한 지 40여 일이 지난 1894년 4월 30일 대원군은 일본인 순사 와다나베渡邊鷹平와 대담에서 다음과 같이 언급하였다.

이번 민요는 동학당이 아니라 백성들이 지방관의 폭정으로 고통을 당하여 견딜 수 없었기 때문에 봉기한 것으로 그 중에는 비범한 인물도 가담하고 있어 그 책략행위가 놀랄만한 일도 많다. 아마도 쉽사리 진정하기가 어려울 것으로 생각한다.[232]

'비범한 인물'은 전봉준을 말한다. 이미 동학농민혁명에 대한 속사정을 훤히 꿰뚫고 있는 듯한 발언이다.

전봉준은 이보다 앞서 5월 4일 홍계훈에게 보낸 공한 〈피도소지彼徒訴志〉에서 "국태공을 받들어 나라를 맡기자는 것

231　전봉준이 1894년 4월 16일자로 나주공형에 보낸 통문(《수록》, 199~200쪽).
232　《駐韓日本公使館記錄(2)》, 44쪽.

은 너무나 당연한 일이거늘 어찌 불궤不軌라 하느냐?"[233]라고, 정부의 고위관리에게 공공연하게 언급하였다.

1893년 2월 광화문에서 동학교도의 복합상소가 일어났을 때부터 중앙정계와 서울에 주재한 각국 외교관들 사이에 동학교도의 배후에 대원군이 있다는 소문이 나돌았다. 또 정교鄭喬는 《대한계년사》에서 1893년 2월 동학교도들의 광화문 복합상소 때 "대원군은 몰래 동학당 수만 명을 서울로 와서 모이게 하고 불궤를 도모하여 그의 손자 준용俊鎔을 추대하려 하였으나 마침내 성사되지 못하였다"고 기록하고 있다. 이밖에도 1894년 8월 두 차례에 걸쳐 충청도에서 활동하던 대원군의 밀사들에게 대원군 측의 밀서를 전달했던 이병휘는 "이대감(대원군의 서손 이준용)은 본디 큰 뜻이 있어 지난해 동도東徒가 보은에 모였을 때 박동진朴東鎭으로 하여금 그 영성과 위세를 과시하도록 하였으나, 모인 사람은 불과 수만 명에 지나지 않았고, 또 그에게는 이렇다 할 권세가 없어서 마침내 어떻게 할 수가 없었다"는 말을 밀사 가운데 하나였던 정인덕으로부터 들었다는 시말서를 제출하였다.[234]

▬ 233 《東學亂記錄(上)》, 207쪽.
▬ 234 배항섭, 〈전봉준과 대원군의 '밀약설' 고찰〉, 《역사비평》, 1997(겨울), 140~141쪽.

전봉준이 젊은 시절에 사회개혁의 뜻을 품고 여러 지방을 순회할 때 서울에서 대원군을 만났다는 기록도 있다. "일찍부터 마음이 항상 만족치 못하여 불우지지不遇之志를 품고 사방으로 두루 돌아다니다가 무자년(1888)에 손화중 선생을 만나 도道에 참여하여 세상일을 한번 도모하고자 북으로 경성을 향하여 정국의 취향을 엿보았고, 또 외세를 살펴본 바가 있었다"고 한다. 이때 전봉준은 대원군을 찾아본 일이 있으리라는 주장이다.[235]

235　오지영, 앞의 책 ; 이돈화,《천도교창건사》; 배항섭, 앞의 글, 141쪽.

대원군 측에서 손 내밀었을 수도

두 사람의 밀약설은 여러 갈래를 통해 전해지고 있다. 최초로 동학운동을 연구한 한 교수는 천도교인들 사이에 전해지는 말과 기쿠치 겐조의 《대원군전》 그리고 동학농민혁명 지도자 후손의 증언 등을 토대로 다음과 같이 내응밀약설內應密約說을 소개한다.

전봉준이 전주 구미리에 살던 때 대원군의 밀사 나성산羅星山이라는 사람이 전봉준을 찾아와 얼마동안 머물면서 때로 전봉준·김개남·송희옥과 같이 머리를 맞대고 모의하던 것을 목격하였다. 하여 대원군과의 내응밀약이 갑오 이전에 맺어졌다는 것이다.[236]

236 김상기, 《동학과 동학란》, 한국일보사. 1975, 110~111쪽.

전봉준의 처지에서는 백성들의 신망을 받고 있던 대원군의 힘이 필요했을 것이다. 당시 일반 백성들은 봉기나 민란이 군현의 경계를 넘어서는 것을 크게 두려워하였다. 자칫 반역으로 몰려 삼족이 멸살당하는 화를 면하기 어려웠기 때문이다.

이와 같은 백성들을 이끌고 반봉건·반외세의 '혁명'을 기도하기 위해서는 중앙권력의 믿음직한 배경이 있다는 것이 은연중에라도 동학농민군에게 알려지는 것이 민중의 참여와 동원에 유리했을 것이다.

대원군 측도 사정은 비슷하였다. 대원군은 1882년 임오군란으로 다시 정권을 잡고 난의 뒷수습에 힘썼으나 명성황후의 책동으로 청나라 군사가 출동하고 톈진에 연행되어 4년간 유폐되었다. 1885년 귀국하여 운현궁에 칩거하면서 재기의 기회를 노리던 중 1887년 청나라의 위안스카이와 결탁하여 고종황제를 폐위하고 장남 재면을 옹립하여 재집권하려다가 실패하여 불우한 시기를 보내고 있었다. 당시 대원군은 재집권을 위해서라면 무슨 줄이라도 잡고자 했던 심중이었을 것이다.

이런 정황에서 전봉준의 등장은 기대해볼 만한 것이었다. 직접 만나본 결과 보통 인물이 아니었다. 영웅이 영웅을 알아본다는 말이 있듯이, 대원군만한 사람이 사람을 허투루 보지는 않았을 것이다. 두 사람은 정치사상적으로도 서로 통하는 바가 적지 않았다. 폐정개혁이나 척양척왜의 외세 배격

사상도 유사한 대목이다.

전봉준이 처음으로 대원군을 만났을 때 무슨 감투를 원하거나 소송문제를 해결하기 위해 찾아온 것이 아니라, "나의 소회는 나라를 위하여 인민을 위하여 한번 죽고자 하는 바이다"[237]라고 당당하게 밝혀서, 대원군과 의기투합하게 되었을 것이다.

이후 전봉준은 장기간 서울에 체류하여 3년여 동안 운현궁을 출입하면서 대원군과 기의 문제 등을 논의했을 터이다.

(동도가) 그들이 믿는 대원군과 미리 기맥을 통하였느냐 여부는 의문이지만, 전명숙(전봉준)의 인물됨으로 미루어보면 그의 처음 기포가 반드시 대원군을 기대하였기 때문은 아님이 명백하다. 다만 그는 지략이 풍부하고 동도의 의기 역시 한계가 있으므로 이에 대원군이라는 목상木像을 대중의 안전에 세움으로써 조종操縱의 편리로 삼으려 한 것 같다.[238]

당시 국내외적으로 풍랑이 거센 조선에서 전봉준과 대원군은 조야朝野의 두 영걸이었다. 대원군은 산전수전을 다 겪은 60대 후반의 노회한 정략가이고, 전봉준은 폐정개혁과 광

▬ **237** 〈동학사〉(간행본), 《동학사상자료집》 2, 517~519쪽.
▬ **238** 《二六新報》, 1894년 8월 17일자.

제창생의 이상을 지닌 30대 후반의 순결한 혁명운동가였다. 여러 가지 주장과 자료에도 불구하고 전봉준과 대원군이 내통했는지의 여부는 단정하기가 쉽지 않다. 그렇지만 전봉준이 "대원군의 사주를 받았거나 대원군의 비호를 기대하여 농민전쟁을 일으킨 것이 아니라, 오히려 대원군을 이용하려 하였던 것으로 이해"[239] 하는 편이 타당할 듯하다.

[239] 배항섭, 앞의 글, 148쪽.

대원군을 이용하려 했을 수도

동학농민혁명 와중에 청일전쟁이 일어나자 6월 21일 대원군은 일본에 의해 영입되어 다시 집정하게 되었다. 그리고 얼마 뒤 서장옥·서병학·장두재 등 주요 동학교도들을 석방하였다. "8월에 들어 청·일 간의 평양전투가 임박해지자 대원군은 드디어 각지에 파견되어 있던 밀사들에게 가급적 빨리 농민군을 동원하여 북상할 것을 재촉하였다. 평양의 청국 군대와 남북에서 합세하여 일본군과 친일세력을 축출하자는 것이었다."[240]

1895년의 정세는 긴박하게 전개되었다. 청일전쟁에서 승리한 일본의 세력이 강성해졌으나 독일·프랑스·러시아의 간섭으로 친러파가 등장하여 민씨 일파가 득세하자, 대원군은 일본의 책략으로 다시 집권하게 되었다. 그러나 얼마 뒤

---

240 《駐韓日本公使館記錄(8)》, 56~76쪽 ; 배항섭, 앞의 글, 153.

명성황후가 일본인들에게 시해되면서 대원군은 정권을 내놓고 은퇴하였다. 이처럼 급변하는 정세 속에서 대원군과 전봉준 사이에 이어진 끈은 끊어지고 말았을 것이다.

그렇다면 전봉준은 대원군을 어떻게 평가하고 있었을까? 당시 일본신문에 보도된 기사에서 단면을 찾을 수 있겠다.

문 : 대원군은 어떠한 사람인가?

답 : 대원군은 오래 정치를 하고 척권戚權이 매우 성했지만, 당시는 늙어서 정권을 잡을 기력이 없고, 원래 우리나라 정치를 그르친 것도 모두 대원군이기 때문에 인민이 그에게 복종하지 않는다.

문 : 사민士民은 대원군을 떠받쳐서 그에게 복종했다. 또한 대원군도 사민이 자기에게 복종하고 있다고 자신했다. 때문에 사민에게 고시를 전한 것이 아닌가. 그러하거늘 사민이 대원군에게 복종하지 않는다고 하면 어찌해서인가?

답 : 사민은 어떤 일이라도 대원군에게 복종하지 않는다고 하는 뜻이 아니다. (예를 들면 양반은) 우리나라 종래부터 해온 양반, 상인의 제도를 폐지한 것에는 복종하지 않는다고 하는 뜻이다.[241]

━━ **241** 《大阪朝日新聞》, 1894년 8월 19일자.

전봉준이 대원군을 존경하거나 의존하지 않았음을 알 수 있다. 순수한 열정과 단심丹心으로 혁명을 일으킨 전봉준이 권력의 야망으로 뭉쳐진 대원군을 개인적으로 숭배했을 것 같지는 않다.

이에 관해서는 오랜 기간 두 사람 사이의 '밀약설' 관계를 고찰해온 배항섭 교수의 다음과 같은 주장에서 해답을 찾을 수 있을 것이다.

전봉준이 대원군의 사주를 받았거나 대원군의 비호를 기대하였기 때문에 농민전쟁을 일으킨 것이 아니라 오히려 농민전쟁을 자신의 구상대로 추진하는 데 대원군을 이용하려 하였던 것으로 이해된다. 전봉준은 전국 규모의 봉기를 구상하였으나 당시 대중의 의식수준은 고을 범위를 벗어나는 '반란'에 뛰어들기가 쉽지 않았다. 이 점에서 아직 농민군 대열에 동참하기를 꺼리던 민중의 참여를 유도하고 지지기반을 확대하는 데 대원군은 매우 유용한 상징적 의미를 지닌 존재였다. 대원군은 당시 농민들로부터 가장 인기 있는 정치인이자 국왕의 생부로서 이미 두 차례의 섭정 경험이 있었기 때문이다. 4월 16일 이후 농민군의 요구조건 가운데 하나로 대원군의 감국이 제기된 것은 그러한 맥락에서 받아들일 수 있을 것이다.[242]

▩▩▩ **242** 배항섭, 앞의 글, 170쪽.

전봉준은 재판 과정에서 법관으로부터 대원군과의 연계 여부를 끈질기게 추궁받았다. 심한 고문이 행해지고 주리를 틀었지만 전봉준은 끝내 이를 밝히지 않았다. 전봉준의 답변은 명쾌했다.

너는 나의 적이요 나는 너의 적이라, 내 너희를 쳐 없애고 나라일을 바로 잡으려 하다가 도리어 너희 손에 잡혔으니 너는 나를 죽이는 것 뿐이요 다른 말을 묻지 말라.[243]

전봉준뿐 아니었다. 함께 재판을 받은 그의 동지들도 입을 굳게 다물었다. 아무도 끝까지 전봉준과 대원군의 관계를 '토설'하지 않았다(이 부분, 배항섭 교수의 글을 많이 참고, 인용했음을 밝힌다).

243 이이화, 앞의 책, 2006, 226쪽.

유림세력의 동학반대운동

동학농민혁명에 대한 탄압은 조정(정부)뿐 아니라 유림세력도 극심하게 자행하였다. 특히 "공자와 맹자의 고향이라는 뜻으로 예절을 알고 학문이 왕성한 곳"이라 하여 '추로지향鄒魯之鄉'으로 불리고, 동학교조 최제우가 태어난 영남지방 유림들이 동학반대운동에 앞장섰다.

최근 최승희崔承熙 교수가 찾아낸 동학 반대 '통문通文'에 따르면 유림들은 동학을 이단과는 비교할 수도 없는 저급한 미신으로 생각하였다. 이단은 사람을 금수로 떨어지게 하지만 동학은 사람을 도깨비로 떨어지게 한다고 인식하고 배척하였다.

유림들은 동학의 큰 죄를 동학이란 이름을 쓴 것부터 질타하는 통문을 각 서당에 돌렸다. "지금 '동東'으로써 명목을 삼는 것은 이 적賊의 흉악하고 음흉한 꾀이다. 이 '동' 한 자를 도적질하여 장차 우리 동방의 예의와 명교(유교)의 나라를 천하만세의 이목에 무궁한 욕을 입게 하는 것이다. 우리 동방의 선비와 벼슬아치들은 급히 눈을 밝히고 담을 키워 세차게 이단을 배척해야 하지 않겠는가.”

유림은 수백 년 동안 유교에 순화된 '명교지방名敎之邦'을 이단으로부터 지키기 위하여 동학을 배척할 것을 호소하였다. 다음은 〈통문2〉의 내용이다.

> 생生 등은 유교의 나라에서 성장하여 오랜 동안 인재를 교육하는데 힘써왔다. 조상 이래로부터 몇 십 세 동안 고향에는 이교가 없었으며, 사람들은 도에 어긋남이 없었고 태평시대를 구가하며 늙는 것을 알지 못하였다. 갑자기 괴이한 행동과 사악한 설이 나타나 하루아침에 풍미하니, 저들이 커지면 야만이 되는 탄식을 막지 못할 것이다. 이 어찌 깊이 염려하여 심하게 배척하는 말로써 그칠 수 있겠는가. 이에 통곡하며 급히 알리니 모든 군자는 이단을 배척하고 유교를 보위하자. 우려하는 뜻은 생각이 같으니, 이것이 마음에서 우러나는 참 정이다.[244]

유림들은 전국으로 확대되어가는 동학세력을 오랑캐가 조선에 섞여 사는 것과 같다고 보고 위기가 눈앞에 닥치고 있다고 우려하였다. “그들이 영위하고자 하는 일은 무슨 일

▨▨▨ **244** 최승희 교수가 찾아낸 동학반대 '통문(通文)' 내용(〈동학혁명과 유림세력의 동학배척 통문〉, 《종교신문》, 2006년 4월 19일자에서 재인용)

이든, 그들이 끝까지 가고자 하는 곳은 어느 곳이든 이는 오
랑캐가 강토에 섞이어 사는 것과 다름이 없으니 문득 위기가
조석간에 급박해 있는 것 같다"고 분개하였다.

유림들은 하루바삐 동학을 변별하고 이를 엄중히 성토할
것을 촉구하였다. 다음은 〈통문1〉의 내용이다.

> 오늘의 계획은 오직 조속히 분별하고, 엄히 토벌하는
> 것이다. 분별한다는 것은 무엇인가. 유학을 강하고 밝히
> 고 더욱 그 연원을 깊게 하는 것이며, 법을 엄히 세워 그
> 유를 빨리 구별하여, 선비가 된 자로 하여금 간사함을 분
> 명히 엿보게 하고 그 발꿈치를 가두는 것이 옳다. 토벌한
> 다는 것은 무엇인가. 그 죄악을 성토하여 세상에 드러내
> 고 준엄한 말로 끌어 막고, 세차게 이는 파도를 속히 막아
> 버려 유자儒者가 그 간사함을 밝히 알게 하고 그 마음을
> 크게 정하게 하는 것이 옳다. 무릇 이와 같으면 우리의 도
> (유학)는 다시 중천의 해와 같이 밝아질 것이며 백성의 덕
> 은 후한 데로 돌아갈 것이다.[245]

---

245 주 244와 같음.

제 20 장

동학혁명기의 민요와 참요

거기서 무엇을 하는지?
거기서 무슨 노래를 부르는지?
– 김준태, 〈좋은 세상〉 중에서

전봉준에 대한 기대와 좌절 담아

국난기이거나 혁명기 또는 역성혁명 때마다 어김없이 각종 민요나 참요 그리고 판소리 등 '민중의 소리'가 나타난다. 그것이 대부분 노랫말의 형태를 띠고 있지만 그 가사와 의미에는 각별한 뜻이 담긴다. 명확한 작사자·작곡자도 없이 민중의 입을 통해 불리고 전파되는 이들 민요·참요·판소리 등은 시대상황의 이유로 파자破字나 위서僞書의 형태로 나타나게 마련이다. 가사의 내용과는 전혀 다른 뜻이 들어있는가 하면 비유나 은어·은유 등을 섞어 당대 지배세력의 감시와 탄압을 피하고자 하였다.

동학농민혁명기에도 어김없이 각종 민요와 참요, 판소리가 나돌았다. 반봉건·반외세를 표방하며 봉기한 한국사상 최초의 민족운동인 동학농민혁명은 비록 좌절되었지만 민중의식을 일깨우는 데는 크게 기여하였다. 1894년부터 1년 여 동안 전개된 동학농민혁명은 관군과 일본군 연합군의 공격으로 30여 만 명의 희생자를 낸 채 끝나고 말았다.

대외적으로는 청·일 양군의 출병을 유발하여 청일전쟁의 직접적인 계기를 만들고, 대내적으로는 갑오경장을 불러왔다. 비록 동학농민혁명군의 지도자들은 붙잡혀서 참수되었지만 하부구조는 상당수가 뒤이어 일어난 의병운동에 참여하여 반외세·민족해방운동의 중심 역할을 하였다.

동학농민혁명 전개 과정에서 민중들 사이에서는 여러 가지 민요가 불리었다. 혁명기에는 으레 따르는 각종 참요도 나타났다. 당시 지배세력은 민중이 동학농민혁명에 가담하는 것을 두려워하였다. 봉건지배 체제에서도 민중은 여전히 두려운 존재였던 것이다. 그래서 자연발생적인 민요가 불리고, 이들 민요가 참요의 성격을 띠게 된 것을 두렵게 생각하였다.

동학농민혁명은 어느 날 갑자기 나타난 '화산폭발'이 아니었다. 화산이 오랜 세월 치열한 분화운동을 거쳐 폭발하듯이 동학농민혁명은 1860년대에 진주민란을 비롯하여 삼남지역 여러 곳에서 발생한 민란의 연장선상에서 일어난 민중운동의 일환이었다. 따라서 수많은 민중의 희생이 따랐지만 근대적 시민계급으로 성장하는 계기가 되었다.

동학농민혁명 과정에서 나타난 민요는 대부분이 혁명의 지도자 전봉준을 중심 소재로 삼아 엮어졌다. 동학농민군은 전라도와 충청도 여러 곳에서 관군을 크게 무찔렀다. 5월에는 전라도를 중심으로 충청도·경상도 일부를 포함하는 53개 고을에 집강소를 설치하여 동학농민군이 직접 폐정개혁에 나서기도 하였다.

이 무렵에 민중들 사이에는 〈파랑새 노래〉가 널리 소개되고 입으로 입으로 전해졌다.

파랑새 노래

새야 새야 파랑새야
녹두밭에 앉지 마라
녹두꽃이 떨어지면
청포장수 울고 간다.

이 노래는 누가 짓고 누가 가사를 붙였는지 알 수 없는, 그야말로 민요이고 참요의 하나이다. 예전부터 참요는 정치적인 징후를 암시하는 민요로서 은유·파자·동음이의 등을 사용하고 있었다. 그러므로 그 상징적 의미로 인해 여러 가지로 해석이 가능하게 되었다. 대체로 '파랑새'는 전봉준과 그를 따르는 민중을 의미하는 것으로 풀이되어왔다. '파랑'은 '팔왕八王' 즉 전全의 파자로 전봉준을 의미하며 '새'는 그를 따르는 민중 즉 동학농민혁명군을 뜻한다.

동학혁명기에 전봉준을 녹두장군이라 불렀다. '녹두'는 크기가 작고 딴딴하여 전봉준의 상징처럼 인식되었다. 전봉준의 키가 단신으로 녹두 같다고 하여 붙여진 이름이다.

이러한 전제에서 해석할 때 "새야 새야 파랑새야 녹두밭에 앉지 마라"는 부분이 이해하기 힘들게 된다. 그래서 파랑새는 청나라 군사, 녹두는 전봉준, 청포장수는 민중을 뜻한다는 해석도 나오게 되었다. 즉 파랑은 '청靑'이고 곧 동학농민혁명을 진압하기 위해 조선에 온 청나라 군사라는 풀이다. 여기서 '청포장수'는 녹말묵을 파는 행상으로 당시 천대받던 일반 민중을 일컫는다는 것이다.[246]

이 노랫말의 뜻을 풀이하면 "청나라 군사야, 동학농민군을 짓밟지 말라, 녹두장군이 쓰러지면 민중이 슬피 운다"는 의미가 된다. 〈파랑새 노래〉는 시기와 지역에 따라 구전되면서 여러 형태로 불렸다.

새야 새야 파랑새야
너 뭣하러 나왔느냐
솔잎 댓잎 푸릇푸릇
하절인 줄 알았더니
백설이 펑펑
엄동설한이 되었구나.
　　　　　　　　－정읍지방

---

246 최승범, 〈녹두장군과 파랑새노래〉, 《나라사랑(제15집)》.

새야 새야 파랑새야
녹두잎에 앉은 새야
녹두잎이 깐닥하면
너 죽을 줄 왜 모르니.

－평양지방

새야 새야 파랑새야
깝죽깝죽 잘 논다만
녹두꽃을 떨구고서
청포장수 부지깽이
맛이 좋다 어서 가라.

－원주지방

새야 새야 파랑새야
네 굽을랑 엇다 두고
조선굽에 나왔느냐
솔잎댓잎이 파릇파릇하길래
하절인 줄만 알고 왔더니
백설이 휘날린다.

－홍성지방

이들 노래에서는 청나라 병사들이 기세등등하게(하절기) 우
리나라에 출병하였으나 일본과의 전쟁에서 패배한(엄동설한)

사실을 표현하기도 하고, 거들먹거리며 동학농민군을 진압
하려다가는 조선 민중들에게서 혼이 난다는 경고('너 죽을 줄
왜 모르니', '청포장수 부지깽이 맛이 좋다 어서 가라')의 내용을 담
기도 하였다.[247]

      윗녘새는 우로 가고
      아랫녘새는 아래로 가고
      전주 고부 녹두새야
      두룸박딱딱 우여 …….
               −전주지방

      새야 새야 녹두새야
      윗녘 새야 아랫녘 새야
      전주 고부 녹두 새야
      함박 쪽박 열나무 딱 딱 휘여.
               −완주지방

    여기서 '윗녘새'는 청나라, '아랫녘 새'는 일본을 의미한
다. 동학혁명기에 한국에 군대를 파병하고 청일전쟁을 벌인
두 나라 군대를 비난하는 민중의 의지가 담긴 노래들이다.

---

247 이중연, 《일제강점기 겨레의 노래사》, 혜안, 1998.

'가보세'에 담긴 뜻은

삼남지방에 집강소를 설치하고 폐정개혁을 전개하던 동학농민군은 정부와 맺은 전주화약이 깨지면서 재차 기의起義하여 서울로 북진을 기도한다. 이 무렵에 불린 것이 〈가보세〉의 참요이다.

가보세 가보세
을미적 을미적
병신되면 못 가보리.

동학농민혁명기의 대표적 참요인 이 노랫말의 뜻은 "갑오세甲午歲(1894년, 갑오년)에 일어난 동학농민혁명이 을미乙未(1895년, 을미년)적거리며, 병신년丙申年(1896년)이 되면 실패하니 그때까지 끌지 말고 성공해야 한다"는 의미를 담고 있다. 더 지체하다가는 실패할지 모르니 모든 민중이 일어나 동학

농민혁명군에 가담할 것을 권고하는 내용이다. 그러나 농민
군의 총궐기를 호소하는 〈가보세〉의 노래에도 동학농민혁명
군은 충청도 지방에서 잇따라 관군과 일본군 연합군에 크게
패하여 혁명은 위기에 봉착하였다. 다음은 이를 안타깝게 여
긴 민중들의 노래이다.

　　　　봉준아 봉준아 전봉준아
　　　　양에야 양철을 짊어지고
　　　　놀미 갱갱이 패전했네.

　여기서 놀미는 논산, 갱갱이는 강경의 사투리이다. 한결
같이 혁명군 지도자의 패배를 아쉬워하는 노래들이다.

　　　　개남아 개남아 진개남아
　　　　수많은 군사를 어디다 두고
　　　　전주야 숱애는 유시했노.

　여기서 '개남'은 동학농민혁명의 한 축이었던 김개남 장
군을 뜻한다. 전주지역으로 후퇴한 김개남의 패전을 안타깝
게 노래하고 있다.

〈새타령〉과 〈농부가〉에 담긴 의미

  동학농민혁명이 좌절되고 나라의 운명이 풍전등화처럼 위태로울 때 전국 각처에서 의병들이 분연히 궐기하여 일제와 싸웠다. 동학농민혁명 때와 마찬가지로 의병들은 일제의 현대식 병기에 죽창으로 맞서면서 수많은 희생자를 냈다.

  의병들이 일제와 싸울 때 민중들은 방방곡곡에서 〈새타령〉 등 구국항쟁의 노래를 당시 유행하던 판소리 형식으로 불렀다. 판소리 〈새타령〉과 〈농부가〉는 지금까지 노랫말의 의미를 제대로 모르는 채 불리고 있다.

> 남원산성 올라가 이화문전 바라보니
> 수진이 날진이 해동청 보라매 떴다
> 보아라 종달새 이 산으로 가며 쑥국쑥국
> 저 산으로 가며 쑥국쑥국
> 어야허 어이야 디야허 등가 내사랑이라.

여기서 말하는 '남원산성'은 남원의 지명이 아니라 '남은 餘 산성山城' 곧 일제가 지배하지 못한 의병의 주둔지를 말하고, '이화문전梨花門前'은 이왕문전李王門殿의 뜻으로 조선왕조를 지칭한다. 수진이(사냥매) 날진이(야생매) 해동청海東淸 보라매는 모두 한국의 전통적인 사냥매를 일컫는 것으로 여기서는 의병을 말한다.

종달새는 백성(민중)을 의미하고, '쑥국'은 수국守國 즉 나라를 지키자는 뜻이고 '어야허'는 조상신 호국신을, '등가登歌'는 궁중의 종묘악으로 임금과 국태민안을 선왕에게 축원하는 아악을 말한다. 일종의 왕조시대 애국가인 셈이다.

이것을 정리하면 다음과 같은 뜻이 담겨져 있다.

"의병의 진지에 올라가 삼천리 강토를 바라보며 의병들의 활동을 목견하다. 민중들아 보아라. 이 산에서도 의병들이 나라를 지키고자 일어서고 저 산에서도 일어선다. 열성조여! 함께 애국가 부르며 나라 지켜나가세."

국운이 풍전등화와 같았을 때 의열지사들이 호국의 의지를 담아 부르던 이 노래가 후대에 원래의 애국정신은 간데없고 단순히 '새타령' 정도로 불려지고 있는 것은 안타까운 노릇이다.

다음은 모심기나 벼 베기를 할 때 부른 〈농부가〉이다. 먼저 가사를 살펴보자.

어라농부 말들어 어라농부 말들어
서마지기 논베미가 반달만치 남았네
일락서산 해 떨어지고 월출동령에 달 떠오르네
어화어화 상사디어 어화어화 상사디어.

　이 노랫말의 핵심은 '일락서산日落西山'과 '월출동령月出東嶺'
이다. 일락서산에는 해(일본)가 떨어지고 동녘에는 달(초승달 :
조선)이 떠오른다는 의미를 담고 있다. 일제의 패망과 조선의
독립을 갈망하는 소망을 은유적으로 표현한 것이다. 옛부터
일본은 해日를 상징으로 삼고 조선은 달月에 남다른 정서와
애착을 보였다. 그래서 해와 달의 상징성을 내세워 일본의
몰락과 조선의 독립정신을 고취시키고 있다.

　가사 중에 '서마지기 논베미가 반달만치 남았네'란 구절
은 "서(혀 : 남도지방의 방언) 빠지게 농사짓고도 수탈당하고 조
금(반달만큼)밖에 남지 않았다"는 참혹상을 상징하는 은어이
다. 농민들은 일제 관헌의 단속을 피하는 수단으로 은어를
통해 노래를 부르며 힘든 농사일을 하고 항일의지를 불태웠
던 것이다. 여기에는 전봉준이 실현하지 못하고 간 동학농민
군의 애절한 한과 소망도 함께 담겨 있다.

부록

- 전봉준 공초
- 전봉준 판결문
- 동학농민혁명 일지
- 전봉준 연보

전봉준 공초

1. 초초문목初招問目(1895년 2월 9일)

問 너의 성명은 무엇인가?

供 전봉준이다.

問 나이는 얼마인가?

供 41세이다.

問 거주는 어떤 읍에 하고 있는가?

供 태인군 산외면 동곡리이다.

問 직업은 무엇인가?

供 사士를 업으로 삼고 있었다.

問 오늘은 법관과 일본 영사領事가 회동會同하여 심판할
　　터이니 일일이 직고直告하라.

供 일일이 직고하겠다.

問 이미 명백하게 설명하였거니와 동학의 일은 한 사람

의 상관한 일이 아니라 즉 국가의 크게 상관된 일이니 아무리 높은 곳에 관계 있어도 감추지 말고 직고하라.

供 그리하겠다. 하라는 대로 하겠거니와 당초의 본심에서 나온 일이니 다른 사람과는 관계가 없다.

問 네가 전라도 동학 괴수라 하니 과연 그러한가?

供 처음에 창의倡義로 기포起包하였을 뿐 동학괴수라 할 것은 없다.

問 너는 어느 곳에서 인중人衆을 모았는가?

供 전주와 논산 등지에서 모았다.

問 작년 3개월 동안에 고부 등지에서 민중을 크게 모았다 하니 무슨 사연으로 그리하였는가?

供 그때 고부의 군수가 정액定額 외의 가렴苛斂이 수만 냥인고로 민심이 억울하고 한통스러워 이 의거가 있었다.

問 비록 이른바 탐관오리라도 명색이 반드시 있는 연후의 일이니 상세히 말하라.

供 이제 그 세목을 다 말할 수가 없으므로 그 개략을 간단히 말하겠다. 첫째는 민보民洑 밑에 보를 새로 만들고 늑정勒政으로 민간에게 영을 내리어 상답上畓은 1두락에 2두의 세를 거둬들이고 하답下畓은 1두락에 1두의 세를 거둬들여 총계의 거둬들인 것이 700여 석이요, 진황지陳荒地를 백성들에게 개간하여 경작할 것을 허락하고 관가에서 문권文券은 내어 주되 세는 징수하지 않겠다고 하더니 그 추수 때에 이르러 탈취하여 거둬들인

것이요, 둘째는 부민富民에게 탈취한 것이 엽전 2만여 냥이요, 셋째는 그 아비가 일찍이 태인원님을 지낸 이유로 그 아비를 위하여 비각을 세운다 하고 강제로 탈취한 돈이 1000여 냥이요, 넷째는 대동미를 민간에게서 징수하기는 정백미로 16두씩 준가準價로 거둬들이고 정부에 바칠 때는 나쁜 쌀로 바꾸어 차액을 착복한 것이요, 그 밖에 허다한 조목과 건수는 이루 다 기술할 수 없다.

問 지금 고한 중에 2만여 냥을 강제로 탈취하였다고 하였는데 그 돈은 무슨 명목으로 행하였느냐?

供 불효·불목·음행·잡기 등 죄목을 만들어 행하였다.

問 이들 일은 한 곳에서 행하였느냐, 또는 여러 곳에서 행하였느냐?

供 이들 일은 한 곳에서 그친 것이 아니고 수십 처에서 행하였다.

問 수십 처가 된다 하니 그중 혹시 이름을 아는 사람이 있느냐?

供 지금 이름을 기억할 수 없다.

問 이외에 고부군수가 어떠한 일을 행하였느냐?

供 지금 말한 일들이 모두 백성들에게 탐학한 일일 뿐더러 보를 쌓을 때에 다른 사람의 산에 수백 년 묵은 나무를 멋대로 자르고 보를 쌓을 때에 사역한 민정民丁을 1전도 지급하지 않고 탈취하여 사역하였다.

問 고부군수의 성명은 누구인가?

供 조병갑이다.

問 이들 탐학한 일은 고부군수만 행한 것이냐? 혹은 도리어 이속배吏屬輩의 작간作奸은 없었느냐?

供 고부군수가 혼자서 행하였다.

問 너는 태인땅에 거주하였다는데 무슨 이유로 고부에서 소란을 일으켰느냐?

供 태인에 살다가 고부에 이사한 지 수년이 된다.

問 그러면 고부에 너의 집이 있느냐?

供 이번에 불에 탔다.

問 너는 그때 탈취당한 피해가 없느냐?

供 없다.

問 일대의 인민이 탈취의 해를 모두 입었는데 너는 홀로 피해가 없음은 무슨 까닭인가?

供 학구로 업을 삼고 있었던 것으로 전답田畓이라 하는 것이 3두락밖에 없는 까닭이다.

問 너의 가족은 몇 명인가?

供 모두 6명이다.

問 그 지방 일대의 인민이 모두 탈취의 해를 입었는데 너만 홀로 피해가 없음은 참으로 매우 의혹스러운 일이다.

供 나는 조반석죽早飯夕粥할 뿐이니, 탈취당할 것이 무엇이 있겠는가!

問 고부군수의 임지任地 도착은 몇 년 몇 월인가?

供 재작년(1893) 11·12월 양월兩月 사이이다.

問 부임한 것이 정확히 몇 개월인가?

供 미상이나 지난 해가 1주년이었다.

問 부임 처음부터 학정을 즉시 행하였느냐?

供 처음부터 행하였다.

問 학정을 처음부터 행하였으면 왜 즉시 소요를 일으키지 아니하였느냐?

供 일경一境의 인민이 참고 또 참다가 종말에는 부득이하여 행한 것이다.

問 너는 해를 입음이 없는데 소란을 일으킨 것은 무슨 이유인가?

供 일신의 해로 말미암아 기포함이 어찌 남자의 일이 되리오. 중민衆民이 억울해 하고 한탄하는고로 백성을 위하여 해를 제거코자 한 것이다.

問 기포 때에 네가 어찌 주모가 되었느냐?

供 중민이 모두 이몸을 추대하여 주모하라 하기에 백성들의 말에 의거한 때문이다.

問 중민이 너에게 주모하라 할 때에 너의 집에 이르렀더냐?

供 중민 수천 명이 나의 집 근처에 모두 모여 있었던 고로 자연히 된 일이다.

問 수천 명 중민이 무슨 이유로 너를 추대하여 주모하게 하였느냐?

供 중민이 비록 수천 명이나 모두가 글 모르는 농민이요

나는 조금 문자를 해득하는 연고이다.

問 네가 고부의 접주로 있을 때에 동학을 가르치지 아니하였느냐?

供 나는 어린아이들을 훈도하고 동학을 가르친 일은 없다.

問 고부 땅에는 동학이 없느냐?

供 동학도 있다.

問 고부에서 기포할 때에 동학이 많았느냐, 원민寃民이 많았느냐?

供 기포할 때에 원민과 동학이 합하였으나 동학은 적고 원민은 많았다.

問 기포 후에 무슨 일을 행하였느냐?

供 기포 후에 진황지에서 탈취하여 징수한 세금을 되돌려 주고 쌓은 보를 부숴버렸다.

問 그때는 언제인가?

供 작년 3월 초이다.

問 그 후에는 어떠한 일을 행하였느냐?

供 그 후에는 흩어져 돌아갔다.

問 흩어져 돌아간 후에는 무슨 일로 인하여 다시 기포하였느냐?

供 그 후에 장흥부사 이용태가 조사관(안핵사)으로 본읍에 와서 기포한 인민을 동학이라고 통칭하고 이름을 나열하여 체포하며 그 집을 불태우며 당사자가 없으면 처자를 체포하여 그 집을 불태우며 살육을 행하는 고

527

로 다시 기포하였다.

問 그러면 네가 왜 관청에 한번도 글을 써서 호소하여 보지 아니하였느냐?

供 처음에 40여 명이 호소하여 보았으나 체포당하고, 재차 호소하다가 60여 명이 구축驅逐을 당하였다.

問 호소는 언제 했는가?

供 처음은 재작년 11월이고, 재차는 동년 12월이다.

問 재차 기포는 안핵사로 말미암았으며 네가 주모하였느냐?

供 그렇다.

問 재차 기포 후 어떠한 일을 행하였느냐?

供 영군營軍 만여 명이 고부 인민을 모두 살육하려 하는 고로 부득이하여 접전하였다.

問 어느 곳에서 접전하였느냐?

供 고부땅에서 접전하였다.

問 군기·군량은 어디서 마련하였느냐?

供 군기·군량은 모두 민간에서 마련하였다.

問 고부 군기고 군물은 네가 탈취하지 아니하였느냐?

供 그때는 탈취함이 없었다.

問 그때에도 네가 주모하였느냐?

供 그렇다.

問 그 후에는 오래 고부에 있었느냐?

供 장성으로 갔다.

問 장성에서 접전하였느냐?

供 경군과 접전하였다.

問 경군과 접전하여 누가 이기고 누가 패하였느냐?

供 아군이 식사를 할 때에 경군이 대포를 사격한 고로 죽은 자가 40~50명이기에 아군이 일제히 추격하니 경군이 패하여 도망하거늘 대포 2문과 약간의 실탄을 노획하여 돌아왔다.

問 그때에 양군의 수는 각각 얼마나 되었는가?

供 경군은 700명이요, 아군은 4000여 명이었다.

問 그때에 장성에서 행한 일을 일일이 직고하라.

供 경군이 패하여 도망한 후 아군이 길을 재촉하여 전주에 경군보다 먼저 들어가 수성하였다.

問 그때에 감사가 없었는가?

供 감사는 아군이 옴을 보고 도주하였다.

問 수성 후에는 어떠한 일을 행하였느냐?

供 그 후에 경군이 뒤따라 완산에 이르러서 용두현에 진을 치고 성중을 향하여 대포로 공격하여 경기전이 부서진고로 이 연유를 경군에게 알렸더니 경영京營 중에서 효유문을 지어 너의 소원대로 하자 하기에 감격하여 해산하였다.

問 그 후에는 어떠한 일을 행하였느냐?

供 그 후에는 각각 자기 집에 돌아가서 농사에 힘쓰고, 그 나머지 좋지 않은 무리가 민간에 떠돌아다니며 약탈

함도 있었다.

問 좋지 않은 무리의 약탈군은 너와 관계함이 없느냐?

供 관계함이 없다.

問 그 후에 행한 일이 다시 없느냐?

供 작년 10월에 나는 전주에서 기포하고 손화중은 광주에서 기포하였다.

問 다시 기포한 것은 무슨 이유인가?

供 그 후에 들은즉 귀국(일본)이 개화라 칭하고 처음부터 일언반구의 말도 민간에게 공포함이 없고 또 알리는 글(격서)도 없이 군대를 거느리고 우리의 서울에 들어와 밤중에 왕궁을 공격하여 임금을 놀라게 하였다 하기로 초야의 사민들이 충군애국지심으로 분개함을 이기지 못하여 의병을 규합하여 일본인과 접전하여 이 사실을 1차 묻고자 함이었다.

問 그 후에는 다시 어떠한 일을 행하였는가?

供 그 후에 생각한즉 공주 감영은 산으로 둘러싸이고 강을 끼어 지리가 유리한 형세를 가진고로 이곳에 근거하여 지키고자 하였다. 그러나 일본병을 용이하게 격파하지 못함에 공주에 들어가 일본병에게 격문을 전하여 대치코자 하였다. 일본병이 먼저 공주에 근거하였으니 사세가 접전하지 아니할 수 없는고로 2차 접전 후 1만여 명 군병을 점검한 즉 불과 500여 명인고로 패주하여 금구에 이르러 다시 군대를 모으니 수효는

약간 증가하였으나 기율이 없어 다시 개전하기 극히 어렵더니 일본병이 뒤따라오는 고로 2차 접전하다가 패주하여 각기 해산하였다. 금구에서 해산한 후에는 나는 서울의 안팎 사정을 알고자 상경하려 하다가 순창땅에서 민병에게 잡힌 바 되었다.

問 전주에 들어갈 때에 모집한 군사는 전라일도 인민만이 모인 것이냐?

供 각도 인민이 상당히 많았다.

問 공주로 향한 때에도 각도 인민이 상당히 많았느냐?

供 그때에도 역시 그러하였다.

問 재차 모집할 때에 어떠한 방책으로 규합하였느냐?

供 모집할 때에 충의지사는 같이 창의倡義하라 하고 방을 붙이었다.

問 모집할 때에 자원자만 규합하였으냐, 혹은 강제로 징발하였느냐?

供 나의 본래 거느린 4000명은 모두 자원자요, 그 밖에는 각처에 통문을 보내 만약 거사에 응치 아니하는 자는 불충무도不忠無道라 하였다.

問 작년 3월에 고부에서 기포하여 전주로 향하는 사이에 몇 개 읍을 거쳤으며 몇 차례 접전하였느냐?

供 거친 읍은 무장에서 고부를 경유하여 태인·금구를 거쳐 전주에 도달하려 하다가 영병 만여 명이 내려온다는 말을 듣고 부안에 가서 고부에서 돌아온 영군과

접전하였다.

問 그 후에 어느 곳으로 향하였느냐?

供 정읍에서 고창·무장·함평을 거쳐서 장성에 이르러 경군과 접전하였다.

問 전주에 입성함은 언제이며, 해산은 언제인가?

供 작년 4월 26~27일간에 전주에 입성하고, 5월 초 5~6일 간에 해산하였다.

問 재차 기포할 때에는 어느 곳에서 시작하였느냐?

供 전주에서 시작하였다.

問 재차 기포할 때에 모집한 병력이 몇 명이나 되었는가?

供 4000여 명이었다.

問 공주에 이르렀을 때에는 몇 명이나 되었는가?

供 1만여 명이었다.

問 공주에서의 접전은 언제인가?

供 작년 10월 23~24일간이었다.

問 당초 고부에서 기포할 때에 동모자同謀者는 모두 누구 누구인가?

供 손화중·최경선 모모 인사 등이었다.

問 그 외에 다른 사람은 없었는가?

供 이 3인 외에 허다 인사들은 다 셀 수 없다.

問 4000명 규합할 때에 이 3인이 그치지 아니하였으리니 그 사람들을 상세히 말하라.

供 그 외에 자질구레한 사람들을 어찌 족히 말하겠는가.

問 작년 10월 기포할 때에는 동모자同謀者는 없었는가?

供 그 밖에 손여옥·조준구 등뿐이었다.

問 손화중·최경선은 그때에 상관이 없었는가?

供 이 두 사람은 광주 일이 긴급하다 하여 미처 오지 못하였다.

問 손·최 두 사람은 광주에 있으면서 어떠한 일을 행하였느냐?

供 그 두 사람은 즉시 공주로 향하다가 일본병이 해로海路로 온다는 말을 듣고 바다를 막아야 되겠다 하여 광주만 고수하였다.

2. 재초문목再招問目(1895년 2월 11일)

(상략)

問 네가 고부군수에게 해를 입음이 많지 않은데 어떠한 생각에서 이 거사를 행하였느냐?

供 세상일이 날로 옳지 못한 방향으로 되어가므로 개탄하여 한번 세상을 구제하자는 의견이었다.

問 너와 동모한 손화중·최경선 등이 모두 동학을 몹시 좋아하는 자들이냐?

供 그렇다.

問 동학이란 것은 어떠한 주의主意, 어떠한 도학道學인가?

供 수심守心하여 충효로 본을 삼아 보국안민하자는 것
이다.

問 너도 동학을 몹시 좋아하는 자인가?

供 동학은 수심경천守心敬天하는 도道인고로 몹시 좋아
한다.

問 동학은 어느 때에 시작하였느냐?

供 동학은 30년 전에 시작되었다.

問 어떤 사람이 시작하였느냐?

供 경주에 살던 최제우가 시작하였다.

問 지금도 전라도내에 동학을 존중하는 사람이 많은가?

供 난을 거친 후에는 사망이 줄을 이어 지금은 크게 감소
하였다.

問 네가 기포할 때에 거느린 사람은 모두 동학이냐?

供 소위 접주는 모두 동학이요, 그 나머지 거느린 사람은
충의지사라 칭할 사람이 많다.

問 접주라는 것은 어떠한 이름인가?

供 영솔領率이란 뜻이다.

問 그러한즉 기포할 때에 군기·군량을 조달하는 자이냐?

供 모든 일에 다 지휘하는 자이다.

問 접주·접사接司는 본래부터 있었느냐?

供 기왕에도 있었고, 기포할 때에 창설한 것도 있었다.

問 동학 중에서 영솔하는 이름은 접주·접사뿐인가?

供 접주·접사 외에도 교장敎長·교수敎授·집강執綱·

도집都執 · 대정大正 · 중정中正 등 6종이 있다.

問 접주란 것은 평상시에는 어떠한 일을 행하느냐?

供 행하는 일이 별로 없다.

問 소위 법헌法軒은 어떠한 직책인가?

供 직책이 아니고 장로長老의 별호이다.

問 이상 이름한 6종은 어떠한 일을 행하느냐?

供 교장 · 교수는 우민愚民을 교도하고, 도집은 영향력이
있고 기강을 바로잡으며 경계經界를 맡는 자이고, 집
강은 시비와 기강을 바로잡는 자요, 대정은 공평과 신
중하고 중후함을 지키는 사람이요, 중정은 잘 직언하
고 강직한 사람이라 한다.

問 접주 · 접사는 직책이 같은 것인가?

供 접사는 접주의 지휘를 받아 행하는 자이다.

問 이상 허다한 이름의 직책은 누가 임명하느냐?

供 법헌으로부터 교도의 다소를 보아 차례로 임명한다.

問 동학 중에 남접 · 북접이 있다 하니 무엇에 의하여 남
북을 구별하느냐?

供 호湖의 이남(전라도)은 남접이라고 칭하고, 호중(충청도)
은 북접이라 칭한다.

問 작년 기포할 때에 이상의 각종 이름이 붙은 사람들에
게 어떠한 일을 시켜 지휘하였느냐?

供 각기 그 직장職掌대로 행하였다.

問 각기 직장은 모두 너의 지휘를 받아 행하였느냐?

供 내가 다 지휘하였다.

問 수심경천修心敬天하는 도를 어찌 동학이라 칭하느냐?

供 우리 도道는 동東에서 나왔으므로 동학이라 칭하나 처음의 본의는 시작한 사람이 분명히 알고 있었다. 나는 다른 사람의 칭함을 따라 칭할 뿐이다.

問 동학에 들어가면 괴질을 면한다 하니 과연 그러한가?

供 동학서東學書 중에 말하기를 3년 괴질이 앞에 있으니 경천수심해야 면한다 하였다.

問 동학이 8도에 다 전포하였느냐?

供 5도는 모두 행교行敎하였으나 서북 3도는 알 수 없다.

問 동학을 배운 즉 병을 면하는 외에 다른 이익은 없느냐?

供 다른 이익은 없다.

問 작년 3월 기포 때 탐관을 제거한 후에 또 무슨 주의主意가 있느냐?

供 다른 주의는 없다.

問 작년 홍계훈 대장에게 절목(폐정개혁안)을 바친 것이 있다 하니 과연 그러한가?

供 그렇다.

問 절목을 바친 후에 탐관을 제거한 증거가 있었던가?

供 별로 증거가 없었다.

問 그러면 홍 대장이 백성을 기만한 것이 아니냐?

供 그렇다.

問 그러면 백성이 다시 어찌 원통함을 외치겠는가.

供 홍 대장은 그 후에 서울에 있었으니 어찌 다시 원통함
　을 외치겠는가.

問 재차 기포는 일본병이 궁궐을 침범하였다 하므로 재
　거再擧하였다 하니, 재거한 후에는 일본병에게 무슨
　조치를 행하려 하였느냐?

供 궁궐을 침범한 연유를 꾸짖고자 함이었다.

問 그러면 일본병과 그리고 각국인으로 서울에 유주留住
　하는 자를 모두 내쫓으려 하였느냐?

供 그러함이 아니라, 각국인은 다만 통상만 하는데 일본
　인은 군대를 이끌고 서울에 진을 치고 체류하는고로
　우리나라 영토를 침략하려는 것이라고 의심을 품게
　되었기 때문이었다.

(하략)

전봉준 판결문*

제37호 1895년 3월 29일 선고문

판결선언서

전라도 태인 산외면 동곡 거居
농업 · 평민
피고 전봉준 년 41

우기자右記者의 전봉준에 대하여 형사피고사건을 심문하여보니, 피고는 동학당이라 칭하고 비도의 괴수로 접주라 부르고 개국 501년 정월에 전라도 고부군수 조병갑이가 처음 도임하여 자못 학정을 행함에 해지방인該地方人 등이 질고를 견디지 못하고 익년 11, 12월분에 군수를 향하여 그 가정苛政을 고쳐 달라 하고 애간愛諫 하였더니 비단 소원을 이루지 못할 뿐더러 도리어 다 잡히고 옥에 갇히고, 그후에도 수삼 차

＊ 《나라사랑(제15집)》, 외솔회, 1974, 147~149쪽.

청원하였건만 즉시 물리치고 호발毫髮도 효험이 없는 고로 인민 등은 매우 분하여 수십 명이 못 되어 장차 기사하려 할 때 피고도 마침 그 무리에 들어 드디어 중인에 밀려 접주로 삼아 작년 3월 상순에 영솔기도領率基徒하여 고부외촌 창고를 헐고 전곡錢穀을 빼서 진수盡數히 인민을 배급하고, 1, 2차에 작경作梗한 후 한번 해산하였으나 그후 안핵사 이용태가 고부로 내려와서 먼저 작경한 것은 다 동학당의 소위所爲라 하고 동학수도하는 자를 잡아 살육을 과히 함으로 이에 피고는 다시 그 도를 규합하여 모집하되 만일 불응자는 불충불의된 사람이니 반드시 벌을 주리라 하고 다른 사람을 협박하여 그 도 4000여 명을 얻어 가지고 각기 소유한 흉기를 가지고 양식은 그 지방 부민에게 징봉하여 시년是年 4월 상순분에 피고가 친히 그 도를 영솔하여 전라도 무장에서 일어나, 고부·태인·원평·금구 등처를 갈새 전라감영 포군 1만여 명이 동도를 치러 온단 말을 듣고 한번 고부로 몰려갔다가 하루 밤낮을 접전 후 영문포군을 파하고 전진하여 정읍·흥덕·고창·무장·영광·함평을 지나 장성에 이르러 경군 700여 명을 만나 또 격파하고 주야겸행으로 행진하여, 4월 26일~27일께 관군보다 먼저 전주성을 들어가니 기시其時 전라감사는 이미 도망하여 간 곳을 모르거늘 그 익일에 다달아 초토사 홍재희가 군사를 데리고 성하에 박도迫到하여 성밖에서 거포를 놓고 공격하기로 피고가 그 도로 더불어 응전하여 자못 관군을 괴롭게 하니라.

이에 초토사가 격문을 지어 성중으로 던지고 피고 등의 소
원을 들어줄 테니 속히 해산하라 효칙하였는데 피고 등이 곧

一. 전운소를 혁파할 것.

一. 국결을 더 이상 보태지 말 것.

一. 보부상들이 저지르는 폐단을 엄금할 것.

一. 도내의 환곡은 전임 감사가 이미 거두어 갔으므로 백
성들에게 다시 걷지 말 것.

一. 대동미를 상납하기 전에는 각 포구에서 암매상들이
쌀을 거래하지 못하도록 할 것.

一. 동네에서 걷는 포세는 매 가구마다 봄 가을에 두 냥으
로 정할 것.

一. 탐관오리들을 모두 몰아낼 것.

一. 임금의 총명을 가리고 관직을 팔고 국권을 농락하는
무리들을 모두 몰아낼 것.

一. 벼슬을 지내고 있는 사람이 이곳에 묘를 쓸 경우에라
도 논을 사들이지 말 것.

一. 밭세는 전과 같이 할 것.

一. 민간인을 잡역에 동원하는 일을 줄일 것.

一. 포구의 어염세를 개혁할 것.

一. 보세를 걷지 말고 왕실의 논을 없이할 것.

一. 방백 수령들이 부임하여 백성의 산지에 강제로 묘를
쓰는 일이 없도록 할 것.

27조목을 내어가지고 상주하기로 청하였더니 초토사가 즉시 승낙한 고로 피고는 동년 5월 초 5~6일께 쾌히 그 무리를 해산하여 각기 취업하게 하고 또 기시에 피고는 최경선 이하 20여 명을 데리고 전주로부터 금구·태인·장성·담양·순창옥에 창평·순천·남원·운봉 등 각처를 열력 유세하여 7월 하순 태인 제 집으로 귀거하니라.

기후 피고는 일본 군대가 대궐로 들어갔단 말 듣고 필시 일본이 아국을 병합코저 하는 것인 줄 알고 일본군을 쳐 물리치고 그 거류민을 국외로 구축할 마음으로 다시 기병을 도모하여 전주 근처 삼례역이 토지 광할하고 전라도 요충지이기로 동년 9월분에 태인을 발정發程하여 원평을 지나 삼례역에 이르러, 그곳에서 기병하는 대도소로 삼고 진안 거 동학 접주 문계팔·김영동·이종태, 금구 서접주 조준구, 전주 거 접주 최대봉·송일두, 정읍 거 손세옥, 부안 거 김석원·김세중·최경선·송희옥 등과 동모하여 상년 3월 이후 피고와 동사同事한 바도 거괴 손화중 이하 전주·진안·흥덕·무장·고창 등처 원근 각 지방인민들에 혹 격문을 돌리며, 혹 전인傳人하여 유세하고 전라에서 군사를 모으기를 4000여 명이 됨에 처처 관아에 들어가서 군기를 강탈하고 또 각 지방 부민에게 전곡을 징봉徵捧하여 삼례역을 지나가면서 도당을 모집하고 은진·논산을 지나 당수黨數 1만여 명을 거느리고 동년 10월 26일 쯤 충청도 공주에 다다랐더니 일본군이 먼저 공주성을 웅거하여 있기에 전후 2차 접전하여 보았지만 두

번 다 대패하였는지라.

그러나 피고는 더 일본군을 치려 하였더니 일본군이 공주에 있어 움직이지 않고 기면其面의 피고포중被告包中이 점점 도산하여 수습치 못하게 되었기로 부득이 하여 한번 고향으로 돌아가 다시 모병하여 전라도에서 일본군을 막으려 하더니 응모자가 없는 탓으로 동모同謀 3, 5인과 의논하고 각기 변복하여 가만히 경성으로 들어가 정탐코저 하여 피고는 상인商人처럼 하고 단신으로 상경, 태인을 떠나 전라도 순창을 지날 때 민병한테 잡힌 것이니라.

우右에 기록한 사실은 피고와 및 그 동모자 손화중 최경선 등이 자복한 공초압수한 증거문적이 분명할지라.

그 소위는 대전회통 형전 중의 '군복기마작변관문자부득시참軍服騎馬作變官門者不得時斬'이라 하는 율을 조照한 것이니라. 우에 이유로써 피고 전봉준을 사형에 처하노라.

개국 504년 3월 29일
법무아문 권설재판소 선고
법무아문 대신 서광범
협판 이재정
참의 장　박
주사 김기조
오용묵
회심
경성주재 일본제국영사 우치다 사다츠지內田定槌

1893. 11.	배들(이평) 농민들 고부군수 조병갑에 보세 감면 진정.
11. 30	고부군수 조병갑 익산군수로 전임되고 고부군수에 이은용李垠容(안주목사安州牧使)이 발령됨.
12. 24	고부군수 이은용이 안악安岳군수로 이임되고 신재묵申在默이 발령됨
12. 25	고부군수 신재묵이 신병身病으로 사임하고 이규백李奎白이 발령됨.
12. 27	고부군수 이규백이 신병으로 사임하고 하긍일河肯一이 발령됨.
12. 28	고부군수에 박희성朴喜聖을 발령함.
12. 29	고부군수 박희성이 내금장內禁將으로 전임되고 강인철康寅喆이 발령됨.
1894. 1. 2	고부군수 강인철이 신병으로 사임함.

갑오년甲午年

1. 9	전라감사 김문현金文鉉의 재임 요청으로 조병갑이 고부군수로 다시 부임함.
1. 10	전봉준이 군중을 이끌고 고부관아를 습격함.
2. 15	고부관아 습격사건이 의정부로부터 왕에게 보고되어 군수 조병갑이 파면되고 박원명朴源明이 발령되었으며 장흥부사 이용태李容泰를 고부군 안핵사로 임명하고 전라

	감사 김문현을 〈越俸三等之典〉에 처함.
3. 21	3월 봉기, 동학의 백산기포.
3. 29	무장의 손화중 포包 굴치屈峙(전북 고창군 아산 · 부안면 경계)를 넘어 고창을 경유 고부로 향함.
3. 29	장위영정령관壯衛營正領官 홍계훈洪啓薰 전라병사로 임명함.
4. 2	전라병사 홍계훈 양호초토사로 임명함.
	태인 금구의 동학농민군이 태인현의 인곡仁谷, 용산, 북촌에 집결함.
4. 3	동학농민군이 부안현의 부흥역(부안군 신안면)에 집결하고 4일에 무장과 고창의 동학농민군이 합류함.
4. 4	동학농민군이 부안현아를 점령함.
1894. 4. 4	전라감영군이 백산으로 출동함.
4. 6	태인과 부안의 동학농민군이 고부 도교산(정읍군 덕천면 하학리)으로 집결함.
	양호초토사 홍계훈의 경군이 군산群山에 상륙함.
4. 7	황토현(전북 정읍군 덕천면 하학리)에서 동학농민군이 전라감영군을 격파하고 대승함.
양력 5. 11	홍계훈의 경군이 전주 입성.
	동학농민군이 정읍으로 진출함.
4. 8	동학농민군이 흥덕현으로 진출함.
	충청도 회덕현에서 동학농민군이 현아를 습격.
	동학농민군이 고창현으로 진출함.
4. 9	동학농민군이 무장현으로 진출함.
4. 10	홍계훈이 전주영장 김시풍金始豊을 참수함.
4. 11	무장현 호산봉에서 동학포고문을 발표함.
양력 5. 15	경군선발대를 무장으로 관결함.
4. 12	동학농민군이 영광으로 진출함.
4. 15	강화병(四哨 · 沁營) 인천항 출발 전라도로 증파함.
4. 16	동학농민군 함평으로 진출
4. 18	홍계훈 경군 전주를 출발 영광으로 향함. 태인박泰仁泊.
	홍계훈이 전주영 수교首校 정석희鄭錫禧를 금구에서 참수함.
4. 18	전라감사 김문현이 파직되고 외무협판 김학진金鶴鎭이 제수됨.
4. 20	의금부에서 조병갑을 공주 관내에서 체포함.
4. 21	경군 영광 도착, 이용태 경상도 경산군으로 유배.

4. 22	동학농민군 장성, 나주 방면으로 향함.
4. 23	황룡촌에서 경군과 접전 동학농민군 대승 강화병 법성포 상륙.
4. 24	동학농민군 장산리에서 노령을 넘어 전주로 향함.
4. 25	경군이 영광에서 전주로 향발함.
4. 26	동학농민군이 원평에서 선전관 이주호李周鎬와 군관 이요웅, 배은환裵銀煥 등 관원 5명을 참수함.
4. 27	동학농민군 전주 입성, 판관 민영승閔泳昇이 조경묘위패肇慶廟位牌와 경기전 태조 영정景基殿太祖影幀을 위봉산성으로 이안함. 엄세영을 염찰사로, 이원회李元會를 양호순변사로 호남지방에 파견함.
4. 28	경군이 전주 완산에 포진함. 1차 접전이 있었음.
5. 3	전주 황악산黃鶴山(다가산多佳山)에서 2차 접전이 있었음.
5. 4	조병갑 강진 고금도로 유배됨.
5. 5	청국군이 충청도 아산에 상륙함.
5. 6	일본군 인천에 상륙함.
5. 7	전주화약 성립. 일본군이 경성(서울)로 입성함.
5. 8	동학농민군이 전주성에서 해산하고 관군이 복성함.
5. 13	전운사轉運使 조필영趙弼永 개차改差 이성열李聖烈(순창군수)이 발령됨.
5. 16	관군이 전주에서 철군하고 강화병 잔류殘留. 조경묘위패, 태조영정 위봉산에서 전주 환안.
5. 20	전운사 조필영 전라도 함열로 유배.
6. 21	일본군 경복궁 침입.
6. 27	성환에서 청·일 교전.
7. 1	최경선이 나주로 진군하여 금안동에 유진함.
7. 5	최경선 나주성 공격.
8. 12	천안에서 일본인 타살사건 발생.
9. 4	영동지방의 동학농민군이 평창에 집결하여 강릉부를 점령함.
9. 18	교주 최시형 무력봉기 선언.
9. 19	관군과 일본군이 경기 충청(기호)지방으로 출동함.
9. 21	동학군 진압을 위하여 순무영을 설치 순무사에 신정희申正熙 임명.
9. 24	진천에서 신재련申在連이 봉기.

9. 25	안동부에서 동학농민군 3000명이 봉기.
9. 26	충청도 음성 현아 습격.
9. 27	경상도 문경 석문리 싸움.
9. 29	안성·이천군아 습격.
9. 30	동학농민군이 청주성 습격. 천안의 김화성金化成, 목천의 김용희金鏞熙, 김복용金福用이 천안, 목천, 전의의 군기를 거두어 가지고 세성산에 집결함.
10. 1	동학농민군이 서산군아를 점령함.
양력 10. 29	동학농민군이 태안군아를 점령.
10. 3	강외江外싸움에서 동학농민 대승.
10. 5	덕산포의 동학농민군이 아산현아 습격.
	강릉부의 동학농민군이 이원회李元會의 민군에게 패하여 후퇴함.
10. 6	동학농민군이 괴산읍에서 일본군과 관군을 격파함.
	해주에서 동학농민군 수만 명 봉기, 강령현과 해주감영을 점령.
10. 7	홍주목사 이승우李承宇. 호연초토사로 임명.
10. 11	북접군 청산대회, 관군선봉장 이규태 군細 서울 출발.
양력 11. 8	금산 싸움.
10. 13	전주 고승당산高僧堂山 싸움, 일본군과 접전 동학농민군 180여 명 전사.
	일본군 참전.
10. 15	연기군아 습격. 일본군 후비보병독립 제 19대대 용산 출발.
10. 20	섬거역에서 일본군과 접전.
10. 21	세성산 싸움.
양력 11. 18	홍천 장야촌(장평리)싸움. 금산, 삽치, 민치 싸움에서 관군을 격파함(22, 23일 3일간 접전).
10. 22	동학농민군이 하동부 점령, 성주성 습격 홍천 풍암리(자작고개)싸움.
10. 23	평창의 蓬坪싸움에서 관군에 패함. 공주 이인 싸움.
10. 24	이규태 공주 입성, 대교 싸움.
	박봉양朴鳳陽이 남원에 입성.
10. 25	효포孝浦, 능치陵峙 싸움.
10. 26	회덕지명장懷德芝明場 싸움.
10. 27	유봉만劉奉萬의 동학농민군이 남원 점령, 하동 광평동에

서 일본군에 패함. 덕산에서 승리함.

10. 28	섬거역 2차 싸움. 곤양 금오산 싸움 일본군에 패하여 동학농민군 70여 명 전사.
	홍주(홍성) 싸움. 홍주성을 공격하였으나 일본군에 패함.
	농학농민군이 헤미현으로 진주함.
11. 4	황해감사 정현석鄭顯奭을 파면, 조희일趙熙一 임명.
11. 5	청산 석성리 싸움.
11. 6	해주영의 동학농민군이 자진 해산.
11. 7	해미에서 관군에 패함.
11. 8	공주 우금치 싸움. 서산 매현梅峴 싸움에서 동학농민군이 패함.
	옥천 양산장梁山場 싸움.
11. 9	용담 싸움.
양력 12. 4	일본군 해주에 출동.
11. 12	전봉준이 노성에서 관군에 민족의 자주를 호소.
11. 13	황해도 송화. 문화. 평산부를 동학농민군이 점령.
11. 14	일본군과 교도대 용담 입성.
	남응삼南應三이 남원 관음치觀音峙에서 운봉 수성군과 접전.
	용담 상조림장上照林場 싸움.
	동학농민군이 장연 신천군을 점령.
	관군 일본군이 용수막(공주군 탄천면)에 집결.
11. 15	노성魯城 싸움.
	동학농민군이 왕진군을 점령.
11. 16	논산 황화대(봉화산) 싸움.
	진안 싸움.
	서산군수 성하영이 경리청 군軍을 이끌고 서천지방 출동 (일본군 포함)
11. 17	고산 산천리 싸움.
	동학농민군이 연안부 점령.
11. 18	고산읍 싸움.
11. 19	남포藍浦 싸움에서 동학농민군 승리함.
	동학농민군이 은율현을 점령.
	동학농민군이 한산, 서천을 점령함.
11. 20	서천 삼수동 싸움에서 성하영 군軍에 패함.
	양경수의 동학농민군이 영광군아 점령.

	동학농민군이 나주성을 포위.
11. 21	동학농민군이 백천군 점령.
11. 23	전봉준 전주에서 원평으로 후퇴함.
	해주 취야翠野 싸움.
11. 24	일본군 대대장 미나야마 니시로南小西郎 전주 입성. 금구 싸움.
11. 25	이두황 군軍 전주 입성. 원평 싸움.
11. 26	이규태 선봉장 전주 입성.
	이규태를 좌선봉장, 이두황을 우선봉장으로 임명함.
11. 27	태인싸움. 전봉준 군軍 해산.
	해주싸움. 해주감영을 공격하였으나 패하였음.
	손화중 광주 입성.
11. 28	이규태 군軍 전주에서 일본군 모리오 미야가즈森尾雅一부대 와 나주로 향발.
	남원에서 유봉만劉奉萬이 곡성으로 후퇴하고 박봉양이 또 입성함.
11. 29	전봉준 입암산성 유숙, 일본군 천원 주숙駐宿.
11. 30	전봉준 백양사 유숙.
12. 1	손화중 광주 해산.
	김개남 태인 종송리種松里에서 피체됨.
	최경선 동복벽성同福碧城에서 피체됨.
	선봉진 일본군 장성에 진주.
	선봉진 입암산성 별장 체포령.
12. 2	전봉준 순창 피노리에서 피체됨.
12. 3	일본군 대대장 미나야마 니시로南小西郎와 이두황 남원 입성.
	영광진사 김응선의 민군에 양경수梁京洙 피체됨.
12. 4	이방언李邦彦이 장흥 벽사역을 점령함.
12. 5	이방언이 장흥부 점령.
양력 12. 31	관군 장성에서 흥덕, 고창으로 파병.
	일본군 장성에서 영광, 나주로 향발.
12. 6	관군 순천 입성.
12. 7	관군 광양 입성, 김인배金仁培 효수됨.
	동학농민군 강진 점령.
12. 9	동학농민군 병영 점령.

12. 11	손화중 피체됨.
양력 1. 6	일본군 장흥, 강진지구 총공격령.
	영동 용산장 싸움.
	장흥부 남문밖 싸움.
	김개남 전주에서 참수됨.
12. 14	강진, 칠량, 대구大口에서 동학농민군 170여 명 피살.
12. 15	우선봉 약안 입성.
	동학농민군 장흥 반격 제2차 싸움.
12. 17	장흥 죽천장 싸움.
12. 18	해남싸움. 이규태 해남 입성.
12. 24	최시형 북접군 충주 외서촌에서 해산.
12. 25	이방언 장흥에서 피체.
12. 27	순무영 철파, 관군, 일본군 서울로 환군.
1895. 1. 1	김덕명 원평 안정사동에서 태인 수성군에 피체.
3. 29	전봉준, 손화중, 김덕명, 최경선, 성두한 교수형.

연도(나이)	관계사항	국내외 사건
1855년(1세)	출생지 : 고창현 덕정면 당촌 부 : 전창혁, 모 : 광산 김씨	철종 즉위(1849. 6)
1859년(5세)	서당 입학(?)	
		동학 창도(1860) 1862년 농민항쟁(1862, 2~12) 최제우 피체(1863, 11) 고종 즉위(1863. 12)
1866년(12세)		최제우 사형(1864. 3)
1867년(13세)	전주로 이거(?) 정읍군 감곡면 계룡리 황새마 을 거주, 백구시 자작	청:태평천국 멸망(1864)
		일:메이지유신(1868) 신미양요(1871) 이필제의 난(1871)
1874, 1875년		

연도	관계사항	국내외 사건
(20, 21세)	결혼, 부인은 1894년 이전에 사망 20대 초반은 김제 금산면 삼봉리 거야마을 거주 20대 중후반은 태인 산외면 동곡리 지금실마을 거주	운요호사건(1875) 강화도조약(1876) 임오군란(1882. 6) 대원군 납치 갑신정변(1884. 10) 대원군 귀국(1885. 8) 영국함대 거문도 점령(1885)
1885년(34세)	손화중과 친교	청·일 : 톈진조약(1885) 방곡령(1889)
1890년(36세)	동학 입도(혹은 1891년?) 30대 중반까지 태인 동구천, 고부 양교리 등지서 거주	
1892년(38세)	고부접주로 임명됨 10월 서인주·서병학 공주집회 11월 삼례집회	
1893년(39세)	2월 복합상소, 척왜양운동 3월 삼남집회(보은·원평·밀양), 이때는 김봉집이라는 이름으로 활동 11월 고부군수 조병갑에게 등소, 사발통문 작성, 이 당시는 고부 조소마을에 거주	전국 각지에서 농민봉기 빈발 삼남지방 가뭄 조병갑 익산군수 발령(1883. 11. 30)
1894년(40세)	1월 전주 감영에 등소 10일 고부에서 봉기, 고부성 진격	조병갑 고부에 재부임(1894. 1. 9)

551

연도	관계사항	국내외 사건
1894년(40세)	12일 말목장터로 진을 옮김	
	25일 백산으로 진을 옮김	
	3월 3일 무렵 고부 농민군 기본 세력 해산	
	20일 무장에서 1차 기병, 창의 문 선포	
	22일 고부성 재점령	
	25일 백산으로 본진을 옮김. 호남 창의대장소 설치. 전봉준 대장으로 추대. 농민군 4대 행동강령 선포	
	29일 태인을 점령	
	4월 3일 전라감영군 백산으로 출동(이경호 지휘)	홍계훈 양호초토사 임명(4. 2)
	7일 황토재에서 감영군 격파, 정읍관아 점령	홍계훈 전주성 입성(4. 7)
	8일 흥덕, 고창 점령	
	9일 무장 점령	
	12일 무장 출발, 영광 점령	
	16일 영광 출발, 함평 점령	
	18일 전봉준 나주 공형에게 통문을 보냄	홍계훈 전주성 출발하여 21일에 영광 도착. 김학진 신임 전라감사로 제수(4. 18)
	19일 전봉준 함평에서 초토사에 원정서 보냄	
	21일 전봉준 농민군을 나주와 장성으로 진격시킴	
	23일 전봉준 장성 황룡촌에서 경군 격파	
	25일 전봉준 정읍, 태인, 원평 점령	

연도	관계사항	국내외 사건
1894년(40세)	26일 전봉준 전주 삼천에 주둔 27일 전봉준 전주성 점령	이원회를 양호순변사로, 엄세영을 삼남염찰사로 제수(4. 27) 청의 섭사싱 부대 아산만 상륙(5. 5) 오오토리 공사 인천항 상륙(5. 6)
	5월 7일 전주화약 체결 10일 전봉준 태인에 도착 농민군 집강소 통치 실시	
		일본군 경복궁 침범, 민씨 정권 몰락(5. 21) 풍도해전(5. 23)
	6월 25일 김개남 남원 입성	친일 개화파정권 수립(김홍집 내각), 군국기무처 설치(6. 25)
	7월 2일 전봉준 남원에 들어감. 일본군 궁궐 침입 소식 들음 15일 남원대회 개최 김학진을 우군으로 포섭 집강소 통치가 감사의 이름으로 공식적으로 인정됨 **8월** 10일 전봉준 일본 낭인을 전주 감영 안에서 만남. 이때는 김봉균이라는 이름으로 활동 13일 전봉준 집강소 설치 문제로 나주로 내려감	청일전쟁 선전포고(7. 1)

연도	관계사항	국내외 사건
1894년(40세)	**9월** 초 원평에서 2차 기병 문제를 숙고. 전주에서 직속부대 준비 완료, 삼례 진출. 최경선 · 조준구 · 송일두 · 최대봉 등 측근과 기병 문제 논의 12일 본격적 2차 기병 결정. 삼례집결 통문을 띄움	이두황이 죽산부사로, 성하영이 안성군수로 임명됨(9. 10)
	9월 하순 동학 북접교단과 갈등 해소	신정희가 도순무사로 임명됨. 양호순무영 설치(9. 21) 신임 조선주재 일본공사 이노우에 서울 부임(9. 28)
	10월 초 전봉준 여산과 은진을 거쳐 강경포에 진출	이규태 서울 출발 남하(10. 11) 일본군 용산 출발 남하(10. 15)
	16일 논산에서 충청도감사에게 격문을 띄워 항일전선 구축을 촉구 23일 이인에서 접선 24, 25일 효포와 곰티에서 접선 26일 전봉준 경천으로 철수. 논산으로 본진을 옮겨 진열 재정비 **11월** 초 전봉준 본대를 노성과 경천으로 진격 8일 공주로 진격 9일 공주 대회전(우금치, 효포, 곰티, 곰나루, 금학동) 10일 김개남 진잠. 진격	이두황 목천 세성산의 농민군 격파(10. 21)

연도	관계사항	국내외 사건
1894년(40세)	11일 곰티에서 관군의 기습공격 당함. 노성으로 철수. 김개남 회덕 함락	
	12일 전봉준 〈고시 경군여영병 이교시민〉을 띄워 항일전선을 재차 촉구	
	13일 김개남 청주 공격 실패	
	15일 정부 · 일본 연합군과 노성에서 접전. 논산 황화대에서 정부 · 일본 연합군과 접전. 전주로 철수	
	23일 전봉준 전주성 출발, 원평으로 남하	
	25일 원평 구미란에서 정부 · 일본 연합군과 접전	
	27일 태인에서 정부 · 일본 연합군과 접전. 농민군 해산. 직속부대에게 상경 지시	
	29일 전봉준 수하 몇 명과 입암산성에서 일박	
	30일 백양사에 도착	
	12월 1일 손화중 농민군 해산. 최경선 피체. 김개남 피체.	
	2일 전봉준 순창 피로리에서 피체	
	5일 전라도 남해안의 농민군 장흥 점령	
	7일 전봉준 일본군에 의해 담양부로 압송	

연도	관계사항	국내외 사건
1894년(40세)	10일 전라도 남해안의 농민군 　　강진병영 습격, 점령 11일 손화중 피체 12일 영동용산장터에서 관군과 　　싸워 농민군 승리	
1895년(41세)	2월 9일 제1차 신문 11일 제2차 신문 19일 제3차 신문 3월 9일 제4차 신문 10일 제5차 신문 29일 사형선고, 교수형	을미개혁(1895. 3)

전북 고창의 전봉준 생가에 봉안된 영정(전정호 作, 판화)

동학농민군 백산봉기 기록화(천안, 독립기념관 소재)

우금치 전투 모형(천안, 독립기념관 소재)

압송되는 전봉준

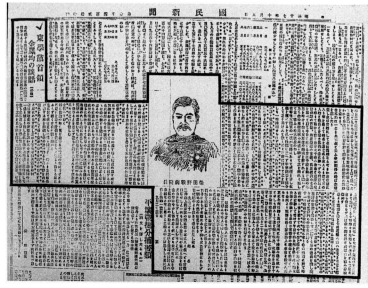

일본의 고쿠민신문에 실린 전봉준 담화 기사

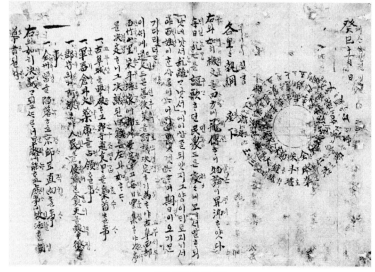

사발통문(1893. 11)

전봉준공초(1895) 전봉준공초 전(표지)

開國五百四年二月初九日東徒罪人全琫準初招問目

問 汝姓名為誰

供 全琫準

問 年幾何

供 四十一歲

問 居在何邑

供 泰仁山外面東谷

問 汝業은何事오

供 士로以業을爲호얏느가

問 今日은法衙官員호고日本領事가會同審判

전봉준공초(1895)

전봉준 활동 당시의 마을 전경(이평)

전봉준이 살던 집(이평)

공주 우금치 전경

오늘날 황토현의 모습

황토현 전투지에 세워진 동학농민혁명기념관

전봉준 어록비(천안, 독립기념관 소재)

전봉준 동상(전주, 덕진공원)

찾아보기

인 물

가

내 용

가

나

다